Geschichten aus dem Zweiten Weltkrieg

Geschichten aus dem Zweiten Weltkrieg

Herausgegeben von Hans Bender

Delphin Verlag

Satz: Fotosatz Otto Gutfreund, Darmstadt.
Druck und Bindung: May & Co, Darmstadt.
Printed in Germany.
ISBN 3-7735-5147-9

Inhalt

FREMDSPRACHIGE AUTOREN

Vorwort

»– es war eine große Schlacht, aber wir gingen nur in Stellung, wir nahmen Deckung, wir marschierten hin und her, bis uns jede Orientierung verlorengegangen war.« Wir waren »überwach bis zum Umfallen, verschmiert und schweißgetränkt«, heißt es weiter. Und: »Wir lagen zerschunden und zerkratzt.« Wir? Der Ich-Erzähler in Herbert Eisenreichs Geschichte »Doppelbödige Welt« spricht für alle anderen: für die Soldaten, die Landser, die Schachfiguren, die Befehlsempfänger, die Todeskandidaten auf den Schlachtfeldern des Zweiten Weltkriegs. Gewiß, Schlachten wurden geschlagen, Vormärsche bewältigt, Täler oder Ebenen erobert, Gefangene gemacht, Feinde in Hekatomben getötet – und in den Zeitungen und den Radios als »Siege« verkündet. Für die Soldaten waren die Schlachten Strapazen, Angst, Müdigkeit, Hitze und Kälte, Dreck und Läuse, Schmerzen und Tod. Die Cinemascopefilme lügen! Die Schlachtfelder des Zweiten Weltkriegs prunkten nicht in bunten Farben, und keine Musik hat den Kampf und das Sterben der Soldaten untermalt. Herbert Eisenreich und alle anderen Autoren erzählen in ihren Geschichten, wie es wirklich war. Sie enthalten ihr persönliches Erlebnis und Engagement.

Die Feinde von ehemals, Sieger und Besiegte, stehen in einem Buch beisammen. Darin sind sie sich nun ganz einig: Es war ein »hundsgemeiner« und ein »stinkender Krieg«. Bewährung, wie sie dem Soldaten und Offizier trotzdem noch möglich war, geschah im Widerstand gegen die Befehle und die allgemeine Hysterie. Keine Geschichte ist darunter, worin ein Held sich brüstet. Keine, die zur Verherrlichung des Krieges als »Vater aller Dinge« oder als Beweis sich verwenden ließ, es sei »süß und ehrenvoll fürs

Vaterland zu sterben«. Der Krieg als Erprobung von Mannesmut und Tapferkeit, gar als Prozeß der Auslese oder Läuterung, wie das Alte Testament, die antiken, auch die germanischen Epen ihn proklamierten, wurde im letzten »konventionellen« Weltkrieg endgültig als Lüge entlarvt. (Nur in den Geschichten von Fedin und Simonow ist diese Metaphysik vom Krieg noch unangezweifelt enthalten.)

In den Geschichten sagen es die Soldaten in ihrem Tonfall: »Ich habe den Krieg satt, ich habe Lust auf Busen und Hüften.« Sie sagen: »Ich schätze das Leben.« Sie fragen verstört: »Warum läßt man uns nicht leben, arbeiten, etwas Gutes anfangen mit dem Leben?« Gerade im Sterben erwachen nochmal die intensiven Sehnsuchtsbilder vom Leben, von der Heimat, vom Frieden. »Schicksal« stöhnen die einen; die anderen bäumen sich auf gegen das »brutale Prinzip des Gehorsams« und gegen die Ideologie, die dahinter sich erhebt. Die Soldaten fluchen. Sie »heulen« – wie in der Geschichte von Heinrich Böll –, ohne sich dessen zu schämen. Die Verwundeten schreien und die, die nachdenken, wie Wolfang Borcherts Soldat im russischen Schnee, werden verrückt. Kameradschaft kommt auf, wenn die Gefahr alle bedroht. Beispiele von Fairneß noch gibt es zu berichten.

In Wolfdietrich Schnurres Geschichte »Die Reise zur Babuschka« hebt der Soldat Karl sich als Vorbild ab. Er wird, weil er dem Hiwi Aljoscha zu Hilfe kommt, selber tödlich verwundet. Dem »Fremdenhaß« der Mehrheit setzt er seinen mitmenschlichen Mut entgegen und besiegelt ihn – wie Tolstojs »Herr und Knecht« – im gemeinsamen Delirium und Sterben. In Paul Schallücks verbürgter autobiographischer Geschichte »Am Ufer der Seine« erfahren zwei deutsche Soldaten die Menschlichkeit des Feindes. Medizinstudenten in Paris holen die verwundeten *sales boches* aus dem Gewehrfeuer aufgebrachter Résistancekämpfer. Sie bringen die deutschen Soldaten, seien sie ihnen auch noch so verhaßt, ins Hospital, wo ihr Leben gerettet wird. (Für Paul Schallück wurde diese Tat zum Erweckungserlebnis: Er wurde zu einem Autor der Versöhnung.)

Sind es spannende Geschichten? Es sind packende, rührende, ehrliche, traurige, sentimentale Geschichten; short stories, Erinnerungen, Reporte. Die deutschen Geschichten um einige Grade hoffnungsloser, verschämter, auch weniger perfekt in der Form und Sprache als die Geschichten aus den anderen Ländern. Die Voraussetzungen waren verschieden. Ihre Heere kämpften gegen die »Wehrmacht« eines eroberungslüsternen Diktators; gegen die Zerstörer und Besetzer ihrer Heimat. Aber auch ihre Geschichten sind deshalb nicht weniger entschieden in der Verdammung des Krieges. Der polnische Soldat in der Geschichte »Korporal Koziolek und ich«, der den jungen deutschen Gefangenen erschossen hat, wird von da an gebeugt gehen unter der Last seiner Schuld. Die Geschichte des Amerikaners George Garrett »Wie Weltkrieg II zu Ende ging« erklärt den Krieg als »äußerste Sinnlosigkeit« und »Perversität«. »Eine schreckliche Geschichte«, kommentiert ein Captain, obgleich er doch zu denen zählt, die gesiegt haben.

Keine Geschichte protestiert im vordergründigen Sinn. Auch nicht Wolfang Borcherts lyrische Prosa »Der viele viele Schnee«. Sein unvergessenes »Sag NEIN!« zur Aufrüstung und zum Krieg steht in einem anderen Text. Italo Calvinos Geschichte mit dem magischen, beunruhigenden Titel will sagen: Der Töter wird getötet, die Gerechtigkeit siegt: »Zuletzt kommt der Rabe«. Alle Erzähler halten ihren Zorn zurück. Sie klagen. Kein Zweifel jedoch kann aufkommen, daß sie alle auch ein entschiedenes »Nie-Wieder« propagieren – und es weitergeben wollen in die Gegenwart, die ein wohl kaum noch beschreibbarer Krieg bedroht.

Hans Bender

Heinrich Böll

Der Angriff

Über den müden, grauen Gestalten, die in ihren Erdlöchern hockten, stieg mit seiner unbarmherzigen Rosigkeit, zärtlich und lächelnd, der Tag auf; erst huschten wie tastend einige Lichter über den Horizont, dann quoll es unaufhaltsam auf, rötlich und hell, als werde es mit vollen Händen ausgestreut, bis der ganze Ball der Sonne frei über der fernen Linie jenseits des Flusses schwebte...

Sie duckten sich fröstelnd in den frisch aufgeworfenen Gruben und schüttelten mit schaudernden Schultern die Last der Nacht von sich... immer wieder... aber ihre Schultern wurden nicht frei; es war ein vergebliches Spiel, ein sinnloses, törichtes Unterfangen. Wer hätte die Last von ihren Schultern nehmen können? Mit verzagten Augen blickten sie in der sich ausbreitenden Helligkeit um sich, um die Stellung zu besichtigen, die sie in der Nacht erst bezogen hatten. Sie lagen auf einem kleinen Kamm vor einer Geländewelle, die nach Osten jäh wieder anstieg bis zu den dunklen, feindlichen Wäldern, die das Steilufer des Flusses umsäumten. Hinter ihnen spärliche Büsche, ein von Panzern zerwühltes Sonnenblumenfeld, und wieder ein Wald, ein hellerer, grüner Wald; aber es war ja so gleichgültig: Erde blieb Erde und Krieg blieb Krieg.

Am Tage vorher waren sie viele Kilometer weit durch die sengende Glut marschiert; umwirbelt von Staubwolken, die von den zerpulverten trockenen Äckern und Wegen aufgestiegen. Erschöpft waren sie im Dunkeln in diese sogenannte Bereitstellung getaumelt, hatten mit ihren letzten Kräften – ach, wieviel letzte Kräfte hatten sie! – ihre Erdlöcher mühevoll in den Boden gewühlt, und hatten sich schlaflos, schlotternd und schweißnaß, durstig, mit schrecklichen Wunschträumen nach Wasser und Wärme, durch den finsteren Berg der langen Nacht gekämpft.

Die gleichgültige Starre der grauen Gestalten belebte sich mit einer gespenstischen Schnelligkeit, als plötzlich jemand mit einem ganzen Kochgeschirr voll Wasser auftauchte, und mit einem triumphierenden Lächeln in die Richtung wies, woher er es geholt. »Es ist ein wenig schmutzig«, sagte er wie entschuldigend, immer noch lächelnd. Es war ein junger blasser Bursche, hilflos und verschmiert. Eine wilde Meute stob mit klappernden Kochgeschirren davon. Ein Melder huschte von Loch zu Loch und sagte hastig: »Uhrzeit vier Uhr fünfundvierzig. Angriff fünf Uhr fünfzehn.« Aber die Gedanken aller Zurückgebliebenen kreisten nur um die Kochgeschirre voll schmutzigen Wassers, die sie an den Mund setzen und trinken würden... trinken... trinken. Sie rissen den Zurückkommenden die Näpfe aus den Händen und setzten das kalte Blech an die zuckenden Lippen. Aber der unsagbar köstliche, elementare Genuß des Trinkens währte nach der stundenlangen Qual des Durstes nur wenige Sekunden; die leeren Mägen nahmen die lauwarme, schmutzige Brühe nur widerwillig auf. Ein ekelhaftes Aufstoßen, das scheußliche Gefühl, sich noch mehr beschmutzt zu haben, und es blieb nichts als das gräßliche Bewußtsein, mit einem Magen voll kalten, dreckigen Wassers in den Angriff zu laufen.

Kurz vor Fünf ging der blasse Leutnant an den Löchern vorbei, erklärte noch einmal das Vorhaben, versuchte ein paar tröstende Worte auszustreuen, schreckte aber vor der starren Gleichgültigkeit der Männer zurück. Als das vorbereitende Feuer der Artillerie einsetzte, duckte er sich unwillkürlich und sprang dann, da die Lage unmittelbar vor die Stellung ging, mit ärgerlichem Gesicht in das zunächst liegende Loch und rief laut nach rechts: »Lassen Sie durchsagen – Bauer soll Grün schießen... die schießen uns selbst noch mit ihren paar Granaten kaputt.« Aber die nächste Lage ging schon weiter nach vorne, auch sinnlos, ins feindliche Gelände. Dann wälzte sich das kümmerliche Feuer bis zum Wald, schlug splitternd in die Bäume, und man hörte, wie es mit fernerem Grollen in das Flußtal krachte.

Der Leutnant blickte in dem Loch um sich; seine Augen

glitten von dem kühlen Gesicht eines älteren Soldaten verwirrt ab und trafen auf einen Kleinen, der sich in hilfloser Angst vor dem eigenen Feuer flach an den Boden der Grube drückte. Man sah die zitternden Schultern, die Hände wie zum Gebet vorne auf der Brust. Der Leutnant packte ihn mit einem gequälten Lächeln am Arm, zog ihn hoch und sagte lachend: »Komm, Junge..., das ist nicht gefährlich... das ist unsere eigene Vorbereitung für den Angriff.« Und er erklärte ihm mit ein paar Worten die simple Technik eines Angriffs. Der junge Soldat, ein rundköpfiger, fast noch rotwangiger Bauernjunge, mit borstigem, braunem Haar, blickte gläubig in das schmerzlich verzogene Gesicht des Offiziers, setzte die heruntergerutschte Mütze auf und wandte sich gehorsam zum Feind. Aber bei jedem neuen Feuerschlag zuckte er zusammen.

Unwillkürlich blickte der Offizier nun auf die Zigarette des älteren Soldaten und zog schnuppernd den so geliebten Geruch des Tabaks ein; das gleichgültige und kalte Gesicht des bärtigen, schmalen Soldaten verzog sich zu einem merkwürdigen, halb spöttischen, halb mitleidigen Lächeln: »Wollen Sie eine? Da!« Er hielt die ganze Schachtel hin, packte dann, als habe er sich plötzlich entschlossen, mehrere Schachteln aus der Tasche und sagte gleichmütig: »Lassen Sie jedem eine geben!« Der junge Offizier konnte das Zittern seiner Hände nicht zurückhalten, als er seine Zigarette an der Glut des anderen entzündete. Er sog mit wildem, fast sehnsüchtigem Behagen den Rauch tief, tief ein. Dann stammelte er verlegen »Danke« und fragte stokkend: »Mensch, woher haben Sie die...?«

»Geklaut«, sagte der Soldat lakonisch. »Woher sonst? Von den Panzern, diese Nacht.« Der Leutnant blickte sich plötzlich erschreckt um und murmelte: »Wo bleiben überhaupt die Panzer? – es ist fünf Uhr drei...« Dann rief er wieder zum nächsten Loch, lauter: »Bauer soll kommen... sofort... es gibt für jeden eine Zigarette!«

In der verlegenen Pause murmelte die schwache Artillerie mit regelmäßigem Kauen über sie hinweg. Fremd und seltsam grell krepierten die Granaten jenseits des Waldes, dort, wo der Fluß sein mußte... der Fluß, den sie mindestens erreichen, wenn möglich überschreiten sollten. Aber es war kein Mensch in der ganzen Division, der glaubte, daß sie ihn überhaupt zu sehen bekämen.

Der Soldat schnippte die Glut von seiner Zigarette, barg den Rest sorgfältig in seiner Tasche und fragte dann höhnisch: »Haben Sie wirklich geglaubt, die Panzer würden uns unterstützen?« Das junge Gesicht des Leutnants veränderte sich in einer heftigen Angst, die wie eine Maske der Starrheit über das noch kindliche Gesicht fiel.

Er starrte den Soldaten an, murmelte verlegen: »Ja!« Dann sprang er aus dem Loch und rief noch im Wegrennen: »Mal sehen...« Es war fünf Uhr und fünf Minuten.

Das Feuer steigerte sich ein wenig, schwoll drohender und gefährlicher an und schlug dann mit glühenden Fäusten wieder vorne in den Wald. Der Soldat wandte sich zu dem immer noch zitternden Kleinen, faßte ihn ruhig an der Schulter und sagte fast liebevoll »So, nun wollen wir uns mal fertig machen...«

Er schnallte ruhig das Koppel um, an dem nur der pralle Brotbeutel hing, nestelte den blinkenden Orden los, steckte ihn in die Tasche, dann rückte er seine Mütze zurecht. Der Kleine hatte das ganze Gerät der Infanterie vor sich auf der Brüstung liegen: Gasmaske, Panzerfaust, einen Munitionskasten, Handgranaten, das Sturmgepäck, den Spaten, eine Tuchhülle, die Flaggen enthielt, das Koppel mit schweren Patronentaschen und dem Brotbeutel; und er fing nun an, mit bebenden Händen den ganzen Krempel aufzuladen... bebend, denn immer drohender schwoll das Feuer nun wirklich wie eine Walze gegen den Fluß.

Die Sonne war schon hochgestiegen, sie schwamm schon im eigenen Licht, warm und hell floß es über die dunkle Erde. Die Soldaten, kaum erwacht aus der kalten Umarmung der Mainacht, fürchteten schon wieder die langsam steigende Wärme, die heiß, heiß, mit dem Staub vermengt ebenso grausam sein würde wie die Kälte der Nacht.

Paul, der schmale Soldat, packte plötzlich, das Gesicht von einer blinden Wut verzerrt, das ganze Gerät des Kleinen, alles bis aufs Gewehr, und schleuderte es nach rückwärts den sanften Abhang hinunter. Er hielt erschöpft inne, holte tief Atem und zündete eine neue Zigarette an. Sein zitterndes Gesicht beruhigte sich allmählich, er klopfte dem erschreckten, entsetzten Kleinen beruhigend auf die Schulter und sagte heiser: »So, das brauchst du alles nicht... ist schon manch einer gefallen, weil er wegen dieses ganzen Krempels nicht schnell genug zurücklaufen konnte... sei ruhig!« Der Kleine blickte verstört seinem Gerät nach und wollte den Mund öffnen: »Herr... Ober...« Aber Paul machte ihn mit einem energischen Kopfschütteln verstummen.

Der Lärm der Artillerie erlosch plötzlich, und eine halbe Sekunde lang schwebte eine grauenhafte Stille über den Linien, dann aber erhob sich hilflos und seltsam kreischend die helle Stimme des Leutnants, die sich mit gröberen Stimmen von rechts und links vereinte: »Auf! Marsch, Marsch!« Die spitze Stimme stieg wie ein dünner Vogel in die Höhe, zerriß die lähmende Stille. Und die grauen Gestalten sprangen aus ihren Löchern und sahen nun rechts und links die unabsehbare Kette der Division wie eine Schlange, die sich quer wälzt – dem stummen, feindseligen Wald entgegen.

Der Leutnant ging mit großen, nervösen Schritten an der Spitze und blickte unruhig, ob die Kette nach rechts und links angeschlossen war. Der Hang zog sie fast hinunter; sie erreichten die Sohle der Mulde. Paul hielt sich in der Nähe des Kleinen, der sein Gewehr verstört von einer Hand in die andere wechselte und sich nervös bemühte, die vorschriftsmäßigen Abstände zu halten. Nur wenige hörten das leise, knackende Geräusch der Abschüsse. Paul warf sich plötzlich, den Kleinen, der harmlos voranrannte, nachzerrend, zu Boden... und dann rasselte der eiserne Vorhang eines irrsinnigen Feuers vor ihnen nieder in die aufwirbelnde Erde. Und nun wühlte sich Wurf auf Wurf in die verstörte Reihe; mit einer grinsenden Wollust brachen die Granaten, kaum durch ein sanftes Summen hörbar, wie eine reißende Mauer in die Erde: vor ihnen, hinter ihnen und mitten hinein in die erstarrte Kette der grauen Leiber. Jaulend und pfeifend und brüllend und krachend öffnete das grausame Schweigen seinen abscheulichen Rachen und spie das Verderben aus. In die kleinen Pausen hinein schrie die arme Stimme des Leutnants: »MG. hierher... das MG...« Einer erhob sich plötzlich in einem starren, schrecklichen Schrei und lief, die Glieder bewegend wie eine aufgezogene Puppe, in irrsinniger Schnelligkeit gegen den Wald; er verschwand wie in einem Abgrund.

Der erste Schock entschied über den Verlauf des Angriffs. Noch wäre es Zeit gewesen, in einem Sprung sinnlos, aber tapfer durch den Vorhang zu stürmen; aber die Sekunde der Entscheidung war schon vorbei; die Lähmung der Angst war vollzogen und die grauen Leiber lagen auf der Schlachtbank ausgestreckt; das Geschrei der Verwundeten brach gräßlich und unablässig durch die Pausen hindurch. Paul hatte den Kleinen fest an sich gezogen, als könne er durch die Nähe seines Leibes dieses hilflose, wimmernde Bündel beruhigen. Er hatte ihn in einen der seltsam flachen, harmlos aussehenden Trichter gezerrt.

Und wieder fiel die Stille wie ein Würgengel über die Liegenden. Sie türmte sich über ihnen auf wie ein Gebirge aus Blei und Grauen. Selbst die Verwundeten schwiegen eine Weile. Und wieder brach das schrille »Auf! – Marsch, Marsch!« des Leutnants auf. Er sprang hoch, lief einige Schritte und brach dann, hilflos mit den Armen wirbelnd, zusammen.

Aus dem Walde wälzten sich mit dunklem Brummen Panzer vorwärts. Lähmung löste sich. Die Überlebenden erhoben sich mit wildem Geschrei und rasten gegen den Hügel zurück, schreiende Verwundete mit sich schleppend.

Paul rüttelt den Kleinen, aber der rührte sich nicht mehr: kein Splitter und kein Geschoß hatte ihn erreicht; sein Kinderherz war von der Angst erdrosselt worden... und noch im Tode bebte es – leise, leise wie der Wind, der morgens in den Bäumen vor seines Vaters Haus gespielt hatte. Als Paul schließlich, fast wider seinen Willen, floh vor den anrollenden Ungeheuern, mußte er sich immer wieder umwenden und hinabblicken auf den grauen Körper des Kleinen, der unten im Tale lag, still und ruhig. Und er wußte es selber nicht, daß er heulte – einfach losheulte, obwohl er schon so viele Tote gesehen hatte.

Wolfgang Borchert

Der viele viele Schnee

Schnee hing im Astwerk. Der Maschinengewehrschütze sang. Er stand in einem russischen Wald auf weit vorgeschobenem Posten. Er sang Weihnachtslieder und dabei war es schon Anfang Februar. Aber das kam, weil Schnee meterhoch lag. Schnee zwischen den schwarzen Stämmen. Schnee auf den schwarzgrünen Zweigen. Im Astwerk hängen geblieben, auf Büsche geweht, wattig, und an schwarze Stämme gebackt. Viel viel Schnee. Und der Maschinengewehrschütze sang Weihnachtslieder, obgleich es schon Februar war.

Hin und wieder mußt du mal ein paar Schüsse loslassen. Sonst friert das Ding ein. Einfach geradeaus ins Dunkle halten. Damit es nicht einfriert. Schieß man auf die Büsche da. Ja, die da, dann weißt du gleich, daß da keiner drin sitzt. Das beruhigt. Kannst ruhig alle Viertelstunde mal eine Serie loslassen. Das beruhigt. Sonst friert das Ding ein. Dann ist es auch nicht so still, wenn man hin und wieder mal schießt. Das hatte der gesagt, den er abgelöst hatte. Und dazu noch: Du mußt den Kopfschützer von den Ohren machen. Befehl vom Regiment. Auf Posten muß man den Kopfschützer von den Ohren machen. Sonst hört man ja nichts. Das ist Befehl. Aber man hört sowieso nichts. Es ist alles still. Kein Mucks. Die ganzen Wochen schon. Kein Mucks. Na, also dann. Schieß man hin und wieder mal. Das beruhigt.

Das hatte der gesagt. Dann stand er allein. Er nahm den Kopfschützer von den Ohren und die Kälte griff mit spitzen Fingern nach ihnen. Er stand allein. Und Schnee hing im Astwerk. Klebte an blauschwarzen Stämmen. Angehäuft überm Gesträuch. Aufgetürmt, in Mulden gesackt und hingeweht. Viel viel Schnee.

Und der Schnee, in dem er stand, machte die Gefahr so leise. So weit ab. Und sie konnte schon hinter einem stehen. Er verschwieg sie. Und der Schnee, in dem er stand, allein stand in der Nacht, zum erstenmal allein stand, er machte die Nähe der andern so leise. So weit ab machte er sie. Er verschwieg sie, denn er machte alles so leise, daß das eigene Blut in den Ohren laut wurde, so laut wurde, daß man ihm nicht mehr entgehen konnte. So verschwieg der Schnee.

Da seufzte es. Links. Vorne. Dann rechts. Links wieder. Und hinten mit einmal. Der Maschinengewehrschütze hielt den Atem an. Da, wieder. Es seufzte. Das Rauschen in seinen Ohren wurde ganz groß. Da seufzte es wieder. Er riß sich den Mantelkragen auf. Die Finger zerrten, zitterten. Den Mantelkragen zerrten sie auf, daß er das Ohr nicht verdeckte. Da. Es seufzte. Der Schweiß kam kalt unter dem Helm heraus und gefror auf der Stirn. Gefror dort. Es waren zweiundvierzig Grad Kälte. Unterm Helm kam der Schweiß heraus und gefror. Es seufzte. Hinten. Und rechts. Weit vorne. Dann hier. Da. Da auch.

Der Maschinengewehrschütze stand im russischen Wald. Schnee hing im Astwerk. Und das Blut rauschte groß in den Ohren. Und der Schweiß gefror auf der Stirn. Und der Schweiß kam unterm Helm heraus. Denn es seufzte. Irgendwas. Oder irgendwer. Der Schnee verschwieg den. Davon gefror der Schweiß auf der Stirn. Denn die Angst war groß in den Ohren. Denn es seufzte.

Da sang er. Laut sang er, daß er die Angst nicht mehr hörte. Und das Seufzen nicht mehr. Und daß der Schweiß nicht mehr fror. Er sang. Und er hörte die Angst nicht mehr. Weihnachtslieder sang er, und er hörte das Seufzen nicht mehr. Laut sang er Weihnachtslieder im russischen Wald. Denn Schnee hing im schwarzblauen Astwerk im russischen Wald. Viel Schnee.

Aber dann brach plötzlich ein Zweig. Und der Maschinengewehrschütze schwieg. Und fuhr herum. Und riß die Pistole heraus. Da kam der Feldwebel durch den Schnee in großen Sätzen auf ihn zu.

Jetzt werde ich erschossen, dachte der Maschinengewehrschütze. Ich habe auf Posten gesungen. Und jetzt werde ich erschossen. Da kommt schon der Feldwebel. Und wie er läuft. Ich habe auf Posten gesungen und jetzt kommen sie und erschießen mich.

Und er hielt die Pistole fest in der Hand.

Da war der Feldwebel da. Und hielt sich an ihm. Und sah sich um. Und flog. Und keuchte dann:

Mein Gott. Halt mich fest, Mensch. Mein Gott! Mein Gott! Und dann lachte er. Flog an den Händen. Und lachte doch: Weihnachtslieder hört man schon. Weihnachtslieder in diesem verdammten russischen Wald. Weihnachtslieder. Haben wir nicht Februar? Wir haben doch schon Februar. Dabei hört man Weihnachtslieder. Das kommt von dieser furchtbaren Stille. Weihnachtslieder! Mein Gott nochmal! Mensch, halt mich bloß fest. Sei mal still. Da! Nein. Jetzt ist es weg. Lach nicht, sagte der Feldwebel und keuchte noch und hielt den Maschinengewehrschützen fest, lach nicht, du. Aber das kommt von der Stille. Wochenlang diese Stille. Kein Mucks! Nichts! Da hört man denn nachher schon Weihnachtslieder. Und dabei haben wir doch längst Februar. Aber das kommt von dem Schnee. Der ist so viel hier. Lach nicht, du. Das macht verrückt, sag ich dir. Du bist erst zwei Tage hier. Aber wir sitzen hier nun schon wochenlang drin. Kein Mucks. Nichts. Das macht verrückt. Immer alles still. Kein Mucks. Wochenlang. Dann hört man allmählich Weihnachtslieder, du. Lach nicht. Erst als ich dich sah, waren sie plötzlich weg. Mein Gott. Das macht verrückt. Diese ewige Stille. Diese ewige!

Der Feldwebel keuchte noch. Und lachte. Und hielt ihn fest. Und der Maschinengewehrschütze hielt ihn wieder fest. Dann lachten sie beide. Im russischen Wald. Im Februar.

Manchmal bog sich ein Ast von dem Schnee. Und der rutschte dann zwischen den schwarzblauen Zweigen zu Boden. Und seufzte dabei. Ganz leise. Vorne mal. Links. Dann hier. Da auch. Überall seufzte es. Denn Schnee hing im Astwerk. Der viele viele Schnee.

Wolfdietrich Schnurre

Die Reise zur Babuschka

Karl glaubte nicht, daß es mal so kommen könnte, wie Aljoscha gesagt hatte; es lag ihm nicht, sich vorzustellen, daß jede Selbstverständlichkeit von irgendeinem himmlischen Auge registriert und dann pedantisch verzinst werden sollte. War ein Mensch in Not, half man ihm. Ging man selbst dabei drauf – Pech gehabt. Wenn nicht, auch gut.

Aljoscha sah das anders. Für ihn war Karls Tat eine Leistung; er hatte Tränen in den Augen, als Karl ihn aus dem Feuer schleppte. Nicht vor Schmerz, obwohl es ihn ganz schön geschnappt hatte diesmal; nein, vor Rührung, vor Dankbarkeit oder so was. »Du sollst sehn«, sagte er über Karls Schulter weg, »du sollst sehn, einmal bin auch ich dran, dir zu helfen. Dann sollst du's gut haben. Und pflegen will ich dich dann, Goshpodin, will ich dich pflegen.«

»Fein«, keuchte Karl, »da freu ich mich drauf.«

Als er mit Aljoscha zum Gefechtsstand kam, war der Chef da. Er hatte einen Splitter im Arm, und ein Sanitäter dokterte an ihm herum, obwohl die Schwerverwundeten in Reihen dalagen.

»Jetzt schmeißen Sie sich auch noch für einen Hiwi weg«, sagte der Chef, »für einen russischen Pferdeknecht! Ehre haben Sie wohl gar nicht mehr im Leib?«

Karl ließ Aljoscha zur Erde gleiten, er legte ihn zu den übrigen und setzte sich. »Er hat den Bauch kaputt«, sagte er; »sollte ich ihn liegenlassen?« Er hustete.

»Und Sie –?« fragte der Chef.

Karl fuhr sich mit dem Handrücken über den Mund. Blut klebte daran; es troff ihm aus den Mundwinkeln, er merkte es erst jetzt.

»Wär Ihnen nie passiert, wenn Sie nicht diesen blödsinnigen Hiwi rausgeholt hätten«, sagte der Chef. »Au!« schrie er den Sanitäter an, »passen Sie doch auf, Mensch!«

Karl sah zu Aljoscha hin. Der preßte die Kinnbacken aufeinander. Als er Karls Blick spürte, lächelte er.

Der Chef sagte: »Ich warne Sie, Obergefreiter Gruber. Sie wissen, daß Sie dem Kommandeur schon öfter aufgefallen sind. Dieses dauernde Rumglucken mit den Russen. Außerdem –« Er zündete sich mit dem freien Arm eine Zigarette an, »außerdem weiß man auf Kriegsgerichten in der Regel zwischen forciertem Draufgängertum und beabsichtigter Selbstverstümmelung verdammt gut zu unterscheiden, Obergefreiter Gruber.«

Arschriese, dachte Karl; in die Schnauze schlagen müßte man dir.

»Willste dich mal hinlegen!« sagte der Oberarzt. »Sitzt der Kerl mit m Lungenschuß, so was.«

Karl legte sich. Erst auf den Rücken; doch da verschluckte er sich. Dann auf die Seite; das ging; das Blut lief ihm in zwei Bächen, die sich unter dem Kinn vereinigten, den Hals runter. Er fühlte sich leicht, wunderbar leicht.

Behandelt wurden nur die Arm- und Beinverletzungen; die übrigen kamen in die Vorhölle, in den Abkratzpalast. Das war das Zelt, in dem die mit den Kopfverletzungen, mit den Bauch- und Lungenschüssen herumlagen, bis man sie auf die Panjewagen verlud, die sie zum Verbandsplatz bringen sollten. Wenn das dann noch Sinn hatte.

Was sie alle bekamen, ob Lungenschuß oder Splitter im Knie: die Tetanusspritze. Auch Aljoscha; auch Karl.

»Laßt uns zusammen«, sagte Karl zu den Sanitätern, die sie reintrugen.

Es war komisch; daß er Aljoscha aus dem Granatwerferfeuer geholt hatte, war noch ein Experiment gewesen. Aber daß er ihn jetzt plötzlich brauchte, war echt.

Im Zelt drin war es dunkel. Sie lagen auf Stroh.

»In zwei Stunden kommen die Wagen, Leute«, sagte der Sanitäter. Dann fiel die Zeltklappe zu.

»Nu«, sagte Aljoscha, »was ist –: Wie geht's dir?«

»Nicht schlecht«, keuchte Karl; »und dir?«

»Ich flieg«, sagte Aljoscha; »eine Taube bin ich.«

»Mich kannst du wegblasen wie n Löwenzahnfallschirm.«

Aljoscha blies die Backen auf. »Nu, was ist, warum fliegst du nicht?«

»Schade«, sagte Karl, »aber mir muß einer n Stein in die Hose genäht haben.«

Sie lachten lautlos.

»Weißt du«, sagte Aljoscha; »nicht, daß mein Leben was taugte, nein. Aber die Babuschka, siehst du – die Großmutter –«

»Du liebst sie?« fragte Karl und dachte an seine Frau, von der er sich getrennt hatte, weil er anfing, Mitleid mit ihr zu bekommen.

»Du müßtest sie sehn«, sagte Aljoscha; »wenn sie sich in den Ofen bückt und die Pfanne rausholt, die schwarze, mit dem brutzelnden Talg drauf und den weißen Kartoffeln. Goshpodin! So emsig. Und erst wenn sie sich umdreht: Setz dich, Ljoschinka, Täubchen; hast genug rumrennen müssen, diesen unguten Krieg lang. Ruh jetzt; mach Schluß mit dem Ärger. Und setz mich und rühr nur im Napf und starr zu ihr hin, und ich seh, daß es ihr ebenso geht, daß sie auch nur mich ansieht; bis ihr das Angestarre zu dumm wird. Ißt du jetzt! schreit sie und schüttelt die Fäuste.

Nu, was sollst du da machen? Tauchst den Kopf in den Dampf und fängst an zu löffeln.«

»Wir werden zu ihr gehn«, sagte Karl.

Aljoscha drehte das Gesicht zu ihm hin. »Sie wird dir einen Speckkuchen backen«, sagte er, »mit Buttermilch drüber. *So* dick. Und gelb; viel Eier. Du schläfst im Bett. Ich und die Babka, wir gehn in die Nische. Wenn du Lust hast, gehn wir abends auch auf die Kolchose; da gibt's Musik, und auch Wodka manchmal, und Mädchen.«

Sie mußten aufhören, ein Verwundeter schrie.

»Was ist los«, fragte der Sanitäter durch den Zeltspalt.

»Verpfeif dich«, sagte einer; »laß ihn wenigstens in Ruhe krepieren.«

»Wie ein Pferd«, sagte Aljoscha; »weißt du, ein Pferd.

Hast du schon mal ein Pferd schreien hören? So wenn es sterben muß, wie es dann schreit, ja?«

»Nein« sagte Karl.

»Genauso.« Aljoscha hielt den Atem an.

»Was ist?« fragte Karl.

»Meine Pferde«, sagte Aljoscha. »Das wär was: der Babuschka sie mitbringen. Hm?«

»Schade«, sagte Karl; »aber das geht nicht, Aljoscha.«

»Nein«, sagte Aljoscha. »Aber wenn sie jetzt nur nicht der Dimitry kriegt. Der Dimitry nämlich,weißt du, der hat neulich einer Eidechse den Kopf abgerissen. Der ist aus einem Dorf bei Tiflis; da tun sie das noch. Einer Eidechse, Karel!«

»Vielleicht kriegt sie Wassil.«

»Ja«, sagte Aljoscha; »Wassil ist gut. Wassils Pferde waren immer blank. Und rund waren sie, was?«

»Ja«, sagte Karl. »Und am dicksten warn sie, als die Bombe ihnen die Füße weggerissen hatte und die Sonne ihnen den Bauch wie Kürbisse auftrieb.«

»Das war ein Kummer«, sagte Aljoscha. »Goshpodin, wie sie dalagen, der Sascha und die kleine Kathinka. War das auch ein Pferdchen, die Kathinka, was? War das ein Stutchen, die Kleine? So was Schmales, der ihre Fesseln. Und erst die Mähne! Ganz blau. Er hat sie geflochten, der Wassil, geflochten hat er die Mähne; mit Stroh, weißt du, und mit roten Bändern.«

»Ja«, sagte Karl; »schön sah das aus. Ich glaub bestimmt, daß Wassil die Pferde kriegt.«

Aljoscha schwieg.

Er denkt an seine Pferde, dachte Karl. Er hat einen Bauchschuß, krepiert in ein paar Stunden und denkt an seine Großmutter und an die Pferde.

Von draußen schimmerte eine Leuchtkugel durch die Zeltplane. Die Verwundeten stöhnten.

Woran er wohl jetzt denkt, dachte Aljoscha und versuchte, in dem blauen Leuchtkugellicht zu Karl hinzusehen. Lauter rote Bläschen hat er vorm Mund. Ob er jetzt sterben muß? Wenn er kaputtgeht, geht er wegen dir kaputt, Ljoscha.

Der Sterbende schrie wieder.

»Halt doch die Schnauze, Kerl«, sagte jemand; »wir machen's doch auch ruhig ab.«

»Was sagt er, Karel« flüsterte Aljoscha; »darf er nicht schrein?«

»Er will, daß er ruhig sein soll«, sagte Karl.

»Aber er stirbt doch.«

»Warum muß er schrein, wenn er stirbt?« fragte Karl.

»Nu, ist doch schlimm.«

»Was –: Sterben –?«

»Totsein mein ich; so all das Dunkel um einen, und niemand da, den du kennst.«

»Was willst du«, sagte Karl; »vielleicht war hier schon niemand da, der ihn gekannt hat.«

Aljoscha dachte nach. »Dann braucht er aber doch nicht zu schrein.«

»*Er* schreit ja auch nicht«, sagte Karl; »das Leben schreit.«

»Das Leben?« fragte Aljoscha; »was hat es? Wird es gequält, daß es so schreit?«

»Es ärgert sich«, sagte Karl; »es hat wieder verloren; es verliert immer.«

»Nein«, sagte Aljoscha.

»Nein?« Karl sah zu ihm rüber.

»Sieh mal«, sagte Aljoscha; »die Babuschka, nicht, die ist jetzt so alt geworden. Goshpodin, und was hat sie alles gesehn! Krieg und Teufel, Dreck und Blut; was du willst. Aber meinst du, sie hätte mal was vom Sterben gesagt? Nein, nie hat sie das. Nichts, gar nichts. Schön, mal in die Ecke gegangen zur Ikone und sich bekreuzigt und was gemurmelt. Aber ans Sterben gedacht? Die Babuschka –? Die denkt nicht ans Sterben. Die will gar nicht sterben. Siehst du, *so* ist das.«

»Aha«, sagte Karl; »so ist das also. Sie will nicht. Und warum nicht?«

»Nu«, sagte Aljoscha, »weil's gut ist.«

»Was.«

»Na so: übers Feld gehn. Das Backen. Das Melken. Das Essen. Feuer anmachen. Alles eben.«

»Aber die Babuschka hat doch nicht bloß immer nur Sonnenblumenkerne gekaut, sie hat doch auch deine Mutter geboren und deinen Großvater geliebt.«

»Na, das ist doch auch gut.«

»Was –? Das Gernhaben –? Das Kinderkriegen –?«

Aljoscha drehte den Kopf zu Karl hin. »Nu sicher; was fragst du?«

Karl schwieg. So noch mal anfangen können, dachte er. Und er dachte wieder an seine Ehe, diese Schinderei. Dieses dauernde Experimentieren, dachte er. Ehe, Krieg, Freundschaft, Mut –: Experimente, Experimente. Ausweichen, Flucht; Staub, Wirbel; nur sich's nicht setzen lassen. Nicht, so war es doch? Er dachte: Der hat sich; und du willst dich nicht; das ist der ganze Unterschied. Er sagte: »Aljoscha. Du mußt mir helfen.«

»Nu«, sagte Aljoscha; »wenn ich kann. Was ist, Karel?«

Der Wind trieb MG-Geknatter herüber.

»Wie ist das, Aljoscha«, sagte Karl; »du hast doch sicher auch jemand sehr gern; irgendein Mädchen, nicht?«

»Ein Mädchen?« fragte Aljoscha; »ich hab doch die Babuschka. Ich kann doch nicht... Wenn ich die Babuschka hab, sieh mal, da kann ich doch nicht noch ein Mädchen haben.«

»Nein?« Karl stemmte den Oberkörper hoch. Er verschluckte sich. Er hustete; sein Atem keuchte. »Wirklich nicht?«

»Zwei –?« sagte Aljoscha; »das würd mich verrückt machen.«

»Ja, ist das so?« Karl sank wieder zurück. »Denk mal, ich könnte das.«

»Was –«, fragte Aljoscha; »die Babuschka und noch ein Mädchen? Zwei –? Nein, das könntest du nicht.«

»Nicht nur zwei«, sagte Karl. »Zum Beispiel meine Frau und noch zwei oder drei andre. Dutzende. Jeden Tag eine andre.«

»Warum?« fragte Aljoscha; »warum so viele?«

»Ich weiß nicht«, sagte Karl.

Draußen war Wagenrumpeln zu hören.

»Jetzt fahren sie uns ins Lazarett«, sagte Aljoscha. »Alles weiß, was? Die Betten –; die Hemden –; und Vorhänge, ja? Weiße Vorhänge –?«

»Ja«, sagte Karl. »Sie flicken uns zusammen, und dann gehn wir nach Hause.«

»Na, na«, sagte Aljoscha; »einfach nach Hause?«

»Was willst du machen mit deinem kaputten Bauch?« fragte Karl.

»Das ist wahr. Ich werd immer nur Weißbrot und Kascha essen dürfen, was?«

Die Zeltklappe hob sich; der Oberarzt kam herein. »So«, sagte er und steckte einen Kerzenstumpf an, »die ersten zwölf.«

Er beugte sich über Aljoscha und hob dessen blutigen Mantel etwas an.

Karl sah dem Arzt ins Gesicht. Beherrscht oder abgestumpft, dachte er.

»Der geht mit«, sagte der Oberarzt. »Was ist mit dir?«

»Lunge«, sagte Karl.

»Richtig.« Der Oberarzt drehte ihn um und betastete unter der Feldbluse Karls Schulterblätter. »Was machst du bloß für n Quatsch?«

»Aus –?«

Der Oberarzt blickte ihn über die Brille weg an. »Noch mal versuchen?«

Karl sah zu Aljoscha hin, den gerade zwei Sanitäter raustrugen. Ich brauch ihn, dachte er. Und er hängt an mir. Endlich mal einer, der an mir hängt.

»Los«, sagte er.

Die Sanitäter hoben Karl auf. Experiment Nummer tausendundeins, dachte er.

Sie wurden Kopf an Kopf auf denselben Wagen gelegt. Der Fahrer breitete eine Decke über sie aus.

Sie standen eine halbe Stunde. Der Mond kam. Im Wald sang der Sprosser. Aljoscha hatte Schmerzen; er knirschte mit den Zähnen.

Die Pferde vorm Wagen rupften Gras, der Fahrer war eingenickt.

Karl sah in den Himmel. Etwas wie Genugtuung war in

ihm. Geschafft, dachte er. Ein Leben lang bin ich ihm weggelaufen; immer war's hinter mir her. Jetzt hab ich's eingeholt, jetzt hab ich Vorsprung. Eine Nasenlänge Ewigkeit; die holt's nicht mehr auf.

»Karel –«, sagte Aljoscha plötzlich.

»Ja«, sagte Karl; »Ljoscha, was ist?«

»Warum bist du in den Krieg gegangen?«

»Siehst du«, sagte Karl, »das ist es. Genau das. Ja, warum eigentlich.«

»Mußtest du?«

»Nein«, sagte Karl. »Ich wollte.«

»Warum?«

»Aufsitzen!« rief der Sanitätsfeldwebel.

Die Fahrer setzen sich auf ihre Wagen.

»Maaaaarsch!«

Karls und Aljoschas Wagen war der letzte in der Kolonne.

Ihr Fahrer schlief noch; aber die Pferde liefen von allein los.

»Es widerte mich an«, sagte Karl und schob sich auf der Strohschütte des Wagens zurecht; »verstehst du. Ich wollte nicht mehr.«

»Was –: Leben –?«

»Doch; leben schon. Aber anders.«

»Wie anders.«

»Nicht mehr so feige, so – so dreckig, so viehisch, so – so egoistisch.«

»Egoistisch – was ist das.«

»Nichts Besondres. Wir sind's alle. Aber *ich* wollt's nicht mehr sein, verstehst du, ich nicht mehr. Ewig andre Menschen kaputtmachen. Leben – diesen ganzen Mist. Diese Lüge. Satt hatt ich's, verstehst du: satt.«

»Aber im Krieg, da macht doch auch einer den andern kaputt. Da ist's doch noch viel schlimmer, im Krieg.«

»Im Krieg ist man ehrlich, Aljoscha. Da sagt man gleich: Dir hau ich den Schädel ein. Und nicht erst: Ich liebe dich. Und dann murkst er die Selbstliebe ab, der Krieg. *So* klein wirst du im Krieg; *so* winzig. Tut gut, wenn du dir über bist; ist verlockend, wenn du dich haßt.«

Aljoscha starrte in den Himmel. Er ist krank, dachte er; er reißt vor sich selber aus. »Die Babuschka«, sagte er langsam, »die Babuschka sagt immer: Wenn du *mich* gern hast, Ljoscha, mußt du auch *dich* gern haben. Nu, Karel, hat sie nicht recht? Wie kann ich hassen, was sie gern hat, hm?«

»Wenn man eine Babuschka hat«, sagte Karl, »sieht das alles anders aus.«

»Na, du hast doch die Frau gehabt, Karel, die Kinder –. Ist das weniger, als eine Babuschka ist?«

Karl hustete, er mußte achtgeben, daß er sich nicht verschluckte. »Eine Babuschka, die versteht dich; aber eine Frau, Ljoscha, die liebt. Und Liebe, nichts als Liebe – das ist was Furchtbares.«

»Los, hüsta, ihr Zossen!« rief der Fahrer und trieb die Pferde an. Die setzten sich in Trab. Aljoscha stöhnte.

»Fahr langsam«, sagte Karl auf deutsch, so laut er konnte; »er hat den Bauch kaputt.«

»Herrje«, sagte der Fahrer, »ich dacht, du wärst auch bloß so n Hiwi.« Er ließ die Pferde wieder im Schritt gehen.

Eine Kette Leuchtspurgeschosse perlte über sie weg. Die Radachsen knarrten.

Aljoscha drehte den Kopf zu Karl hin. Im Mondlicht sah das Blutgerinnsel um dessen Mund und Kinn wie ein Bartgestrüpp aus.

»Wir fahrn jetzt zur Babuschka«, sagte Aljoscha, »weißt du das? Das Lazarett ist nur eine Station auf dem Weg zu ihr hin; nur ein Halteplatz, ja.«

»Was wird sie sagen«, fragte Karl, »wenn wir kommen? Wird sie sich die Hände an der Schürze abputzen, wenn sie dich sieht? Wird sie rausgerannt kommen? Wird sie sich freuen?«

»Paß auf«, sagte Aljoscha, »das ist so. Sie guckt aus dem Fenster, wenn der Wagen rasselt; sie hat ihn ja gehört, den Wagen, nicht? Goshpodin! schreit sie, und nichts zu essen gemacht! Und rein wieder ins Haus mit dem Kopf und rennt auf ihren emsigen Beinen den Kellergang runter, die Sauermilch holen im Steintopf. Hier, sagt sie, und schneidet uns Brot ab und legt die Löffel neben den Borschtsch, eßt das erst mal, Kinderchen, eßt; ich mach euch was Beßres inzwischen. So sagt sie, siehst du, und steht keinen Augenblick still; keinen Augenblick, nein.«

»Aber sie wird dich doch erst mal fragen, wie dir's gegangen ist, nein?«

»Wird sie nicht. Warum denn? Bin ja da. Bin ja gesund. Lauf ja und eß ja, nicht? Gar nichts wird sie fragen. Schimpfen wird sie auf sich, schimpfen und lachen und wieder in den Keller laufen und zwei Stück Fleisch aus dem Pökelfaß holen. Das ist von Mischa, weißt du, das Fleisch. Karel, ich sag dir, du, das war ein Schweinchen! Zwei Zentner hat es gehabt, das geliebte. Und sauber war es. Geputzt hat sie's immer, die Babka, geputzt und gewaschen. Hast du auch eins zu Hause?«

»Nein«, sagte Karl; »aber einen Hund hab ich mal gehabt.«

»Wie war der«, fragte Aljoscha; »groß? Hat er sie gebissen, die du nicht leiden konntest, hat er aufgepaßt?«

»Einmal hat er mich selber gebissen«, sagte Karl. »Ich – ich hatte die Uniform an, weißt du; er konnte Uniformen nicht leiden.«

»Siehst du«, sagte Aljoscha; »wie die Babuschka. Die Babuschka hat immer gesagt: Es gibt Bauern, und es gibt Städter; es gibt Arbeiter, und es gibt Ingenieure, Aljoscha. Jeder hat sein Tuch, und jeder hat seine Mütze; der Kleine eine kleine, der Dicke eine weite. Der Reiche hat eine Weste mit Silberknöpfen, und wir haben ein Sackhemd. So ist es vorgesehn, so ist es richtig. Aber, hat die Babuschka gesagt, aber, Aljoscha: Wenn der Reiche ein braunes Tuch kriegt mit Blechknöpfen dran, was ist dann, Aljoscha? Weiß nicht, Babuschka, hab ich gesagt, sag's mir. Dann, hat die Babuschka gesagt, glaubt der Arme, daß er reich ist, und der Reiche, daß er arm ist; dann geht alles Gesetz kaputt, und niemand weiß mehr, wer der andre jetzt ist, weil sie doch alle jetzt gleich sind von außen. Weil doch der Faule so aussieht wie der Tüchtige jetzt, und der Gute so wie der Böse, Aljoscha.«

Und der Mörder wie der Gemordete, und der Feige wie

der Tapfere, dachte Karl. »Ja«, sagte er, »da hat die Babuschka wieder was Richtiges gesagt.«

»Nicht?« sagte Aljoscha; »ja, so was hat sie gewußt. Nicht, daß sie klug wäre, die Liebe. Nein, gut ist sie; gut, weißt du.«

»Und wer gut ist«, fragte Karl mühsam, »der weiß so was alles?«

»Was?«

»Was richtig ist. Was man tun muß.«

»Nu«, sagte Aljoscha, »was fragst du.«

Ja, dachte Karl; was frag ich. Er sagte: »Ob die Babuschka auch gewußt hätte, was man tun muß, wenn es hinter einem her ist?«

»Wer«, fragte Aljoscha; »wer ist hinter dir her?«

»Das Nichts«, sagte Karl.

Im Osten blitzten Mündungsfeuer auf; Sekunden später zuckte der Abschußknall über sie hinweg.

»Der Iwan«, sagte Aljoscha.

Karl hielt die Augen geschlossen. Wenn er bloß nicht vor mir stirbt, dachte er; wenn er bloß nicht vor mir stirbt.

»Das Nichts –?« fragte Aljoscha und sah zu Karl hin. Was er für Blut verliert, dachte er.

Karl nickte.

»Was ist das.«

»Wenn ich's wüßte, würd ich nicht vor ihm wegrennen.«

»Du rennst vor was weg, das du nicht kennst?«

»Ja«, keuchte Karl; »denk mal.«

»Das versteh ich nicht.«

»Hör zu«, sagte Karl, ohne die Augen zu öffnen; »warum lebst du, Aljoscha?« Er hustete.

Aljoscha überlegte. »Weil – weil es die Babuschka jetzt allein auch nicht immer so schafft. Dann der Acker – das Sonnenblumenfeld –; oder das Haus gar, die Risse im Lehm: Wer soll die heilmachen, was? Na, und die Kuh erst, die Hühner – was soll denn mit denen sein, hm? Soll die *Babka* vielleicht im Winter das Futter stehlen auf der Kolchose –?«

»Nein«, sagte Karl, »sicher nicht.« Er versuchte sich

etwas aufzurichten. »Und weißt du, warum *ich* lebe?« Ein Hustenanfall warf ihn wieder zurück.

»Na?« fragte Aljoscha. Er weiß es nicht, dachte er; Goshpodin, er weiß es nicht.

Karl schwieg; sein Atem rasselte.

Lauter Bläschen, dachte Aljoscha, lauter rote Bläschen hat er vorm Mund. »Sieh mal«, sagte er bedächtig, »der Gregory, nicht, mein Bruder – ihr habt ihn vor Kremetschugg totgemacht –, der hat die Babuschka auch mal gefragt. Wie ist das, Babka, hat er gesagt, manchmal, wenn ich übers Feld gehe abends und hol die Lisaweta nach Hause, die Kuh, da frag ich mich so: Und wenn du sie jetzt nicht holst, die Kuh, und dich hinlegst und einschläfst und nie wieder aufwachst, Gregory, was ist dann? Du weinst, hat er zur Babka gesagt, gut. Aber sonst –: was ist? Die Kuh geht allein nach Hause; und am Abend, Babuschka, hat er gesagt, am Abend, da machst du dem Ljoscha genauso seine Bratkartoffeln wie immer.«

Karl hob ächzend den Kopf. »Und –? Was hat ihm die Babka darauf gesagt?«

»Was sie ihm gesagt hat? Nu, hat sie gesagt, nu, Gregory, was soll ich dem Ljoscha auch *keine* Bratkartoffeln machen. Du bist tot; soll er hungern deswegen?«

»Weiter hat sie nichts gesagt?«

»Nein«, sagte Aljoscha, »weiter nichts.«

»Und was war«, fragte Karl angestrengt, »als der Gregory dann wirklich tot war?«

»Nichts«, sagte Aljoscha; »sie hat die Ikone verhängt für zwei Tage, und am Mittag sind wir aufs Feld gegangen.«

Sie fuhren über eine Wiese. Schlamm saugte sich in den Radspeichen fest; Kiebitze kreischten. Ein Brachvogel pfiff.

Sie hat die Ikone verhängt für zwei Tage, und am Mittag sind sie aufs Feld gegangen, dachte Karl, Was, der Gregory tot? Nu ja. Komm, Ljoscha, wir müssen die Kartoffeln noch häufeln. Er lächelte.

»Was ist?« fragte Aljoscha, der ihn angesehen hatte.

»Ich freu mich«, sagte Karl; »kannst du dir das vorstellen: Ich freu mich.«

Der Wagen hielt. Weiter vorn war ein anderer in einen Graben gefahren. »Hoooo-ruck!« riefen ein paar Stimmen zugleich; »hooo-ruck!«

Die Pferde schüttelten sich. Das Geschirr klatschte auf die schweißigen Leiber; die dampften.

»Auf die Babuschka, ja?« fragte Aljoscha; »auf die Babuschka freust du dich, Karel?«

»Ja«, sagte Karl; »ich freu mich, daß wir zusammen zur Babuschka fahren.« So kann man's auch nennen, dachte er. Und er fragte: »Wie liegt euer Haus? Am Rand vom Dorf oder mittendrin? Stehn Bäume davor? Pappeln vielleicht?«

»Was ist«, fragte Aljoscha und stützte sich etwas auf; »warum sprichst du so leise?«

»Ich sprech doch nicht leise«, flüsterte Karl; »hör doch, ich sprech ja ganz laut.« Er lächelte wieder; die Augen hielt er geschlossen. Das Haus, dachte er, das Haus der Babuschka. Wetten, daß Sonnenblumen davor stehn? »Stehn Sonnenblumen davor«, fragte er; »ja?«

»Nein«, sagte Aljoscha, »Mais; für die Kuh, weißt du. Das heißt, die Kolben essen wir selber.«

»Hüh!« rief der Kutscher.

Sie fuhren wieder.

»Melkt sie selber?« fragte Karl.

»Was –?« fragte Aljoscha und beugte sich über ihn.

Er versteht mich nicht, dachte Karl. »Natürlich melkt sie selber«, sagte er; »nicht, Ljoscha?«

Aljoscha hatte Schmerzen; aber er spürte sie nicht. Er sah Karl ins Gesicht, er schluckte. »Es – es sind nur ein paar Häuser«, sagte er stockend und brachte den Mund dicht an Karls Ohr; »fünf oder sechs, weißt du. Wir liegen ganz außen; wenn du vom Westen kommst, vom Wald her, weit links; an den Pappeln; ja, an der Pappelgruppe. Viel Sand; aber guter Kartoffelboden. Auch Roggen kommt leidlich; manchmal auch Mohn. Hörst du mich noch –?«

Karl bewegte die Lippen. Er lächelte.

Aljoscha hielt sein Ohr über Karls Mund.

»Ist es weiß«, flüsterte Karl; »ja, Ljoscha? Ganz weiß, das Haus mit der Babuschka drin?«

Es ist braun, dachte Aljoscha, rissig und braun. »Ja, es ist weiß«, sagte er. »Es leuchtet wie ein Segel mittags, wie eine Wolke, Karel.«

»Und der Stall«, flüsterte Karl, »der Stall mit den Tieren drin; erzähl, wie es im Stall aussieht, ja?«

Aljoscha biß sich auf die Lippen. Das blutet und blutet aus seinem Mund, dachte er, und hört nicht auf. »Wenn man reinkommt«, sagte er heiser, »wenn man reinkommt, ist rechts gleich die Bucht für das Schwein; da stapeln wir Brennholz. Oben drüber liegt die Stange für die Hühner. Vier Stück haben wir; eins hat der Habicht geholt. Und links, links steht die Kuh, die Lisaweta; vier Liter gibt sie am Tag; vier, ja. Manchmal auch nur zwei oder einen; manchmal auch gar nichts; wie die Weide ist, je nachdem.«

Die Wiesen, durch die sie fuhren, waren mit Tümpeln durchsetzt; Nebel stieg auf aus ihnen, Frösche quarrten.

Karls Kopf war seitlich auf die Schulter gesunken. Aljoschas Wange lag dicht neben Karls Mund; der Atemhauch, der sie traf, hätte von einem Falterflügel herrühren können.

»Über den Hühnern«, sagte Aljoscha gepreßt und schmeckte das Salz seiner Tränen, »über den Hühnern liegen Kiefernstangen, frisch geschälte. Da kommt im Herbst das Winterheu drauf. Von außen ist der Stall noch mal mit Holz verschalt; innen sind die Wände aus Weidengeflecht und aus Lehm; aber gekalkt: weiß; das haben sie gern, die Tiere.«

»Aljoscha«, sagte Karl plötzlich laut, »das Mohnfeld, das Mohnfeld –«

»Was?« fragte Aljoscha. »Warum sprichst du nicht russisch?« Karl schwieg.

Aljoscha beugte sich über sein Gesicht. Den Mund konnte er wegen des Bluts nicht erkennen. Aber die Augen. Sie waren starr.

»Was denn für n Mohnfeld?« fragte der Fahrer und drehte sich um.

Aljoscha zitterte. Er hatte wahnsinnige Angst, der Fahrer könnte merken, daß Karl gestorben wäre, und würde ihn abladen.

»Manchmal haben wir auch ein Lamm aufgezogen«, sagte Aljoscha laut zu dem toten Karl und starrte auf den Rücken des Fahrers; »so ein krausliges, weißt du. Wenn es ein Schaf war, so ein richtiges, haben wir es geschoren. Gab allerhand Wolle. Die haben wir eingetauscht auf dem Kolchos; gegen fertiges Leinen. Hat die Babka Hemden gemacht draus, auch mal ein Bettuch.«

Der Fahrer bewegte sich.

»Den Flachs allerdings«, sagte Aljoscha noch lauter und fing wieder an zu zittern, »den Flachs hat sie selber gesponnen; abends vorm Haus meist. Wenn der Mond schien, auch nachts noch. Ich hab daneben gesessen und Löffel geschnitzt oder so was.«

Als der Fahrer auf der Bank vorn zusammengesackt war und zu schnarchen begann, hörte Aljoscha auf zu reden. Er hatte sich schon vorher mehrmals unterbrochen, hatte den Kopf gehoben und sich umgesehen; die Gegend kam ihm bekannt vor. Wenn er nur diese irrsinnigen Schmerzen in den Eingeweiden nicht gehabt hätte; so kriegte er nur immer den Kopf etwas hoch; sobald er die Ellenbogen dazunehmen wollte, hätte er aufschreien können vor Qual.

Aber dann erkannte er es doch; an einer Baumgruppe sah er es: Pappeln; und dahinter lagen die Häuser; fünf oder sechs, graubraun, strohgedeckt und aus Lehm: Er war da. Dort drüben, links zum Wald hin, das letzte mit dem Holzstall daneben, das war es – das Haus, in dem die Babuschka wohnte.

»Paß auf«, sagte Aljoscha zu Karl, »paß auf jetzt, da ist es.« Er lachte vor Freude. Er richtete sich auf ohne den geringsten Schmerz. »Langsam, Pferdchen, langsam«, sagte er und half Karl, sich hochzustützen. »So«, sagte er, »geht's?«

Karl setzte sich auf. »Natürlich geht's. Wo ist es«, fragte er.

»Da«, sagte Aljoscha, »zum Wald hin; das linke.«

»Braun?« fragte Karl; »du hast doch gesagt, daß es weiß wär.«

»Ist es auch«, sagte Aljoscha; »das täuscht. Aber komm jetzt.«

Er schwang sich vom Wagen.

Karl folgte ihm.

»Nu –?« fragte Aljoscha.

Sie standen einen Augenblick still und lauschten auf das leiser werdende Wagengerumpel.

In Aljoschas Schläfen summte das Blut; ein Messer bohrte sich in seine Eingeweide. Er taumelte. Dann packte er Karls Handgelenk. »Komm«, keuchte er, »komm, Karel.«

Aber Karl war zu müde; er blieb stehen.

Da lief Aljoscha allein. Er lief geradewegs auf die Lehmkate zu, auf die linke, auf die mit dem Holzstall daneben.

Auch die Pferde waren müde. Die Deichsel des letzten Wagens krachte dem vorderen in die Rückwand.

Der Fahrer fuhr hoch. »Was ist los?« fragte er.

»Idiot«, sagte der vorletzte, »Pinkelpause.«

Der andere sprang ab und ließ Wasser am Hinterrad. »Na«, sagte er dabei zu Aljoscha und Karl, »na, ihr beiden –? Fritze!« rief er dann, »komm mal her.«

»Wo brennt's denn?« fragte der zweite.

»Sieh dir mal die beiden hier an.«

Der andere sah über die Rückwand weg: »Die Fuhre hättst du dir sparen können.«

Hans Bender

Iljas Tauben

Mein Leutnant hatte immer Hunger. Wenn er nicht schoß, hatte er ein Stück Brot zwischen den Zähnen, ein Wurstbrot, ein Schmalzbrot, Fleisch oder Speck.

Aber nichts aß er lieber als Tauben. Wenn wir durch die Dörfer marschierten, und auf einem Dach oder in der Luft zeigte sich eine Taube, schoß er sie ab. Das machte auch mir Spaß. Ich hatte ein Gewehr mit einem Zielfernrohr und traf immer. Das Geschoß des Infanteriegewehrs war eigentlich zu groß für den kleinen Körper. Die Federn flogen in Büscheln davon, und der Balg war meist völlig zerrissen.

Ich war der Bursche des Leutnants. Ich mußte die Tauben auch braten. Ich hatte da meine eigene Methode. Ich nahm sie aus, rupfte sie und legte sie in einen Topf, in dem ein Klacks Butter zerschmolz, dazu Salz, Pfeffer und, wenn ein Garten in der Nähe war, ein Bündel zerschnittener Petersilie. Nach zehn Minuten brotzelte die Taube. Ich drehte sie um. Nach zwanzig Minuten war sie auf beiden Seiten braun, und der Duft hob den Deckel. Ich legte sie auf einen Teller und brachte sie dem Leutnant. Mit einem Stück Brot strich ich die Topfwände und den Topfboden sauber.

In Sewastopol hatten wir, gleich in den ersten Tagen, hohe Ausfälle. Als wir noch zwölf waren, zog uns der Kommandant heraus und schickte uns an die entgegengesetzte Küste der Krim, wo wir eine Schutzstellung besetzen und uns erholen sollten.

In dem Dorf Ossowiny stiegen wir von den Fahrzeugen. An der Straße stand eines dieser waschblau gekalkten russischen Häuser. Es hatte blanke Fensterscheiben. Immer, wenn ich Quartier suchte, sah ich nach den Fensterscheiben, denn wie die Scheiben waren ihre Bewohner und die Zimmer.

Auch der Leutnant sah wie hypnotisiert nach dem Haus. »Da schau«, sagte er und zeigte mit dem Stöckchen nach dem Dach. Auf den Schindeln saßen etwa zwei Dutzend gutgenährter Tauben mit geplustertem Schwanz.

»Hier bleiben wir«, sagte er zu mir. Und zu den anderen sagte er: »Sucht euch was, in der Nähe!«

Wir ließen unser Fahrzeug, einen Panjewagen mit zwei Pferden, vor der Gattertür halten, zerrten das Gepäck herunter und gingen in den Hof. Links lag das Haus, rechts ein Garten mit Rosenbüschen, Kartoffelbeeten und Zwiebelstauden. In der Mitte, geradeaus, stand ein gemauerter Herd, daneben aufgeschichtet getrocknete Kuhmistfladen. Ja, mit Mist feuern sie auf der Krim, weil es da keine Wälder gibt.

Die Frau fanden wir in der Küche. Als sie uns verstanden hatte, öffnete sie die linke Tür im Flur, ging hinein und begann das Zimmer aufzuräumen, ein großes Zimmer mit sechs Fenstern, zwei Eisenbetten mit hohen Kissen, mit Tisch und Stühlen. An der Wand hing ein Spiegel, mit Papierblumen verziert, Heiligenbilder, eine Ampel und Reihen gerahmter Fotografien. Wir zogen die Röcke und Hosen aus und warfen uns auf die Betten.

Der Leutnant rüttelte mich aus dem Schlaf. »Ich habe Hunger.« Ich stand auf und schnallte meine Töpfe vom Tornister.

»Du hast doch die Tauben gesehen?« sagte er.

»Selbstverständlich.«

»Sagen wir vier Stück. Für mich drei und für dich eine.«

»Also vier Tauben«, sagte ich.

»Ja, vier Tauben.«

Als ich in den Hof kam, kniete die Frau vor dem Herd und hielt einen eisernen Topf über das Feuer. Eine unkenntliche Masse verschiedener Gemüse kochte darin. Ich sah ihr zu, sagte einige Worte, die sie zum Lachen bringen sollten, aber sie lachte nicht. Ein Mädchen kam aus dem Haus, ihre Tochter, mit dem schönen Namen Tarsia. Ein Junge kam mit ihr, Nikola, ihr Bruder. Sie begafften mich, wie das so war. Die Frau sagte, wir könnten etwas von ihr bekommen. »Danke«, sagte ich, »bei uns gibt es was Besseres!« Mein Leutnant und ich hätten heute abend Appetit auf Tauben. Fragende, erstaunte Gesichter. »Was ist das?« fragten sie. Ich sprach einigermaßen Russisch, aber das Wort für Tauben wußte ich nicht. Da sie im Schlag waren, konnte ich nicht nach ihnen zeigen, also markierte ich Tauben. Ich konnte das. Ich hatte schon da und dort Erfolg mit meinen Tierimitationen; bei der Weihnachtsfeier der Kompanie, bei Offiziersabenden im Kasino. Allerdings waren andere Tiere, Schafe, Ziegen oder Affen, leichter nachzuahmen als gerade Tauben. Trotzdem, ich versuchte es. Ich ging in die Hocke, hielt meine gestreckten Finger als radähnlichen Schwanz über den Hintern, hopste im Hof umher, blähte meinen Hals und gurrte.

Aber die drei lachten nicht. Und als sie nicht mehr daran zweifelten, was ich meinte, schrien sie durcheinander wie die Wilden. Ich fragte: »Was ist daran so schlimm? Haben andere Soldaten, die vorher da waren, sich nicht auch geholt, nach was sie Lust hatten? Schließlich ist Krieg.«

Tarsia sagte: »Du darfst alles nehmen, was wir haben, nur nicht die Tauben. Die Tauben gehören nicht uns. Die Tauben gehören Ilja, meinem Bruder. Er kämpft in Sewastopol.«

Gewiß, ich war beeindruckt. Aber was sollte ich meinem Leutnant sagen? – Ich zeigte ihnen mein Verständnis. »Ja, ja, Iljas Tauben, ich nicht Iljas Tauben. Offizier! Versteht ihr? Offizier Tauben essen!«

Ich ging zur Scheune, die offenstand, um über die Leiter ins Gebälk zu steigen und von da an den Schlag zu kommen. Die Frau durchschaute mich. Sie lief an mir vorbei, stellte sich vor die Leiter und hielt sich mit den Händen rückwärts an den Holmen fest. Ich versuchte sie wegzureißen. Es war nicht zu schaffen. Der größte Widerstand waren ihre Augen. Auch Nikola begriff. Er hob die Sense vom Boden auf –

Ich gab nach.

Am nächsten Morgen kamen Befehle. Der Küste entlang mußten Stellungen ausgehoben werden. Der Leutnant war den Tag über unterwegs. Am Abend kam er müde zurück. Ich hatte zwei Tauben von einem anderen Dach geschossen und briet sie, während Iljas Tauben mich umflatterten.

Ich liebte und haßte diese Tauben. Sie gehörten einem, der eigentlich in der gleichen Lage war wie ich. Er war Soldat, er war weit weg von daheim. Seine Mutter hütete die Tauben für ihn. Nein, ich hätte keine schlachten können. Es schien so, als wüßten sie, daß ich sie verschonte. Sie waren frech, übermütig. Sie flogen auf den Hof herab und saßen vor meinen Füßen, bettelten, gurrten und ruchsten. Sie flogen auf den Gartenzaun, pickten in den Beeten, flogen auf die Flugbretter vor dem Schlag, flogen zurück, setzten sich auf den Herd und guckten in den Topf, wo die Nachbartauben brotzelten. Zwei oder drei waren darunter, die sich beim Flug überschlagen konnten. Es waren schöne, junge Tauben, Pfauentauben, Kropftauben und Türkische Tauben, die ich noch nie gesehen hatte.

Wir wohnten etwa zehn Tage im Haus, als Nikola eines Morgens nach Baksi fuhr. Er wollte dort Verwandte besuchen und einen Sack Gemüse hinbringen. Nach Baksi waren es vierzig Kilometer. Es war ein größerer Ort, in dem unsere Stäbe und Verpflegungsdepots lagen. Das Proviantauto nahm Nikola mit. Am Abend kam er zurück. Er lief durch den Hof in die Küche. Drinnen entstand großes Geschrei. Bald darauf kam die Frau in unsere Stube, zum ersten Male, seit wir da wohnten. Sie erzählte mit vielen Worten und Gesten, Nikola habe in Baksi Ilja gesehen! »Er ist gefangen, von den Deutschen. – Jetzt ist er in einem Lager in Baksi. – In Baksi! So nahe von hier! Sicher kann der Herr Offizier Ilja von dort nach Hause holen. Ich will meinen Ilja sehen, umarmen und nicht mehr fortlassen. Ich gebe alles, was der Herr Offizier wünscht. – Ich gebe ihm die Hühner und die Ziegen, die Kartoffeln, das Mehl, das Rosenöl und aserbeidschanischen Tee. Auch die Ikonen, die ich versteckt habe und die von den Offizieren so begehrt sind, und ein seidenes Tuch, eine goldene Brosche und – die Tauben, ja, Iljas Tauben.«

Ich übersetzte, und der Leutnant sagte zu mir: »Was machen wir Gauner nicht alles für Tauben!« Und zu ihr sagte er: »Hör auf, Alte, du kriegst deinen Ilja. Morgen ist Sonntag. Wir fahren hin und bringen ihn dir. Hierher. Ja, hierher. Du wirst inzwischen hübsch seine Täubchen zubereiten, verstanden?«

Sie verstand die Worte, aber sie verstand nicht den Ton der Worte. Sie fiel vor ihm auf den Fußboden, heulte und küßte seine Stiefel ab.

Tarsia kam mit Iljas Fotografie. Er trug eine Marineuniform, ein weiß-blau gestreiftes Hemd und eine Mütze mit dem Band der Schwarzmeerflotte. Er hatte vorstehende Backenknochen und gekniffene, freche Matrosenaugen.

Ich redete dem Leutnant zu. Ich sagte, wir könnten Ilja vielleicht als Hilfskoch anfordern oder als Arbeitskraft für den Stellungsbau.

»Du Idealist«, sagte er.

Ja, ich war ein Idealist! Ich hatte verrückte Ideen in der Nacht, am Morgen und auf der Fahrt nach Baksi. Ich wollte Ilja durch einen Streich, durch eine Tat befreien, wenn der Leutnant wirklich so gemein wäre und die Affäre als einen Spaß betrachtete. Es war ein herrlicher Krim-Morgen. Ein klarer Himmel. Kalte Schatten und flammende Sonnenstrahlen. Im Westen immer das Jailagebirge, wie Backenzähne. Auch Nikola fuhr mit. Er hatte den Leutnant darum gebeten. Er war gewaschen und hatte den Kamm durch das nasse Haar gezogen.

In Baksi, erfuhren wir, waren viertausend Gefangene. Man hatte sie in der ehemaligen Schule untergebracht. Stacheldrahtrollen waren um den Zaun gelegt, Maschinengewehre aufgebaut. Wir hielten. Der Leutnant nahm mir die Zügel weg und sagte: »Steigt ab, ihr Befreier, und sucht den Kerl. In einer Stunde bin ich zurück.«

»Sie gehen zum Kommandanten?« fragte ich.

»Du stellst dir alles so einfach vor«, sagte er und schlug auf die Pferde ein.

Er hatte Nikola und mich vor dem Eingang des Lagers abgesetzt. Das war ein vergittertes Tor, daneben eine Baracke, ein Posten, einer vom Wachbataillon, ein Dicker in schmuddliger Uniform, Schnürschuhen und Gamaschenhosen.

»Was willst du?« fragte er.
»Ich muß ins Lager, einen Gefangenen suchen.«
»Verboten.«
»Es ist ein Sonderfall. Der Bruder des Kleinen da ist im Lager. Er will ihn nur sehen«, sagte ich.
Der Posten tippfte mit dem Zeigefinger an die Stirn. »Bei dir piept's wohl?«
»Mein Chef ist beim Kommandanten. Er wird ihn anfordern, als Arbeitskraft.«
Aber auch das machte keinen Eindruck. Ich beschimpfte ihn, und er holte seinen Feldwebel aus der Baracke. Der vertrieb uns.
Wir gingen den Stacheldraht entlang, und Nikola entdeckte seinen Bruder. Er saß im Schneidersitz auf der Erde. Als Nikola ihn anrief, stand er auf und ging auf uns zu. Nikola rief die aufregenden Neuigkeiten über den Zaun. Ilja sprach wenig. Manchmal lächelte er.
Er fragte: »Wie geht es meinen Tauben?«
»Gut, sehr gut«, sagte Nikola. »Sie leben alle noch. Der Offizier wollte sie essen, aber Mutter hat es nicht zugelassen.«
»Füttere sie gut«, sagte Ilja, »und wenn ich nicht wiederkomme, gehören sie dir.«
Nach einer Stunde kam der Leutnant zurück. Er hatte getrunken. Immer, wenn er vom Verpflegungsdepot kam, hatte er getrunken.
»Marsch, ihr beiden«, empfing er uns, »wir fahren!«
»Was wird mit ihm?« fragte ich.
»Mit wem?«
»Ilja! Wir müssen ihn mitbringen. Wir dürfen nicht ohne Ilja –«
»Ilja! Ilja! Laß mich endlich in Ruhe damit.«
»Sie haben es seiner Mutter versprochen.«
»Versprochen, ja. Aber Gefangene lassen sich nicht auslösen. Zudem werden sie heute nacht abtransportiert. Weg. Heim ins Reich. Dort haben sie's besser. Verstehen, Nikola, dein Bruder Ilja nach Deutschland. Nix domoi. Germania domoi.«
»Ich verstehe, Offizier«, sagte Nikola.

Auch Ilja hinter dem Stacheldraht begriff, was vor sich ging. Er drehte sich um und ging langsam in das Schulgebäude.

Iljas Mutter und Tarsia standen unter der Tür, als wir anfuhren. Sie trugen ihre Sonntagskleider. Nikola erzählte ihnen, was vorgefallen war.

Ich spannte aus, fütterte, tränkte, putzte die Stiefel, wusch mich, ließ mir viel Zeit. Dann erst ging ich in die Stube.

Der Leutnant saß am Tisch und aß Tauben. Iljas Tauben. Über ein Dutzend lagen noch auf der Platte. Seine Mutter hatte sie getötet, gerupft und gebraten. Auf der Kommode lagen die anderen versprochenen Dinge.

Der Leutnant sagte: »Wenn du die Tauben machst, sind sie entschieden schmackhafter.«

Ich gab ihm keine Antwort.

»Appetit hast du auch keinen?«

»Wie?«

»Wie? Wie? Du willst wohl, daß ich eklig werde, ja? Ich frage dich, ob du keinen Appetit hast, weil ich's nicht allein schaffe.«

Nein, ich hatte keinen Appetit auf diese Tauben.

Ob ich überhaupt mal wieder Tauben esse?

Am nächsten Morgen mußte ich dem Leutnant vier der übriggebliebenen Tauben in Zeitungspapier packen und in die Kartentasche stecken. Er wollte sie zu Mittag draußen auf der Stellung verzehren. Doch auf dem Weg dorthin, an einer unübersichtlichen Stelle, wurde er erschossen.

Von Partisanen, hieß es.

Herbert Zand

Tödliche Heimkehr

Die leuchtenden Geschosse der Maschinengewehrgarbe trafen ihn von hinten, polternd, wie Steinschlag; er taumelte einige Schritte zur Seite, stand still, gedankenlos, spürte heiße Messer in seinen Körper eindringen und warf sich mit einem Schrei zu Boden. Über ihn hinweg zischten die Geschosse einer zweiten Garbe und verschwanden mit einem bellenden Geräusch im Nachthimmel.

Die Erde dröhnte. Weiter die Front nach rechts hinauf waren Panzer im Einsatz. Der Soldat Alfeir krümmte sich und betastete mit schweren Händen seinen Rücken. Er bohrte die Finger in die Löcher der zerfetzten Uniform und spürte Blut. Eine Weile lang setzten Gedanken ein, und er dachte einen Satz:

»Doch nicht in die Eingeweide!« Den dachte er in langen Wiederholungen, dann setzte das Denken wieder aus.

Vor sich sah er in einiger Entfernung einen hellen Fleck. Ein Haus brannte dort. Auf dieses Haus war er zugelaufen, als er getroffen wurde. Das Feuer bewegte sich nach der einen Seite, dann nach der anderen, duckte sich, sprang auf, als wollte es sich von der Erde lösen und mitsamt dem Haus davonfliegen, brannte dann wieder ruhig, von einem riesigen Funkenregen überwölbt, von Rauchfäden durchzogen, schmutzig hellgelb in der Mitte, trübrot an den Rändern der Flamme.

Der Soldat Alfeir wischte sich mit der Hand über das Gesicht, mischte so kalten Schweiß, Tränen, Blut, Speichel. Zwischen den Fingern spürte er einen keuchenden kurzen Atem. Nicht in die Eingeweide! Aber es war doch in die Eingeweide gegangen, und es waren die eigenen Leute gewesen, die da geschossen hatten.

Warum lag er hier allein im Niemandsland? Er wußte es

nicht. Er war gegangen, obwohl ihm klar war, daß er nicht gehen durfte, nicht hier, nicht jetzt. Auch wenn die Verlockung übermächtig wurde, zu mehr als einer Verlockung, zu einem Zwang. Nun lag er hier und biß vor Schmerzen in die Erde. Er konnte schreien, soviel er wollte, sie würden ihn nicht hören, er war schon zu weit von den eigenen Linien; und wenn sie ihn hörten, sie würden nicht kommen, um ihn zu holen; und wenn sie kämen, um ihn zu holen, so würden sie ihn wegen Desertation vor ein Kriegsgericht stellen. Da sie ihn nicht hören konnten, und da es ihm gleichgültig war, ob sie ihn hörten, schrie er, schamlos, schrie sich hinaus, versuchte die Schmerzen wegzuschreien, aber es gelang ihm nicht. Die Erde, über die seine Finger hintasteten, war rauh, und er glaubte sich an etwas zu erinnern, woran er sich noch nie erinnert hatte, an etwas ähnlich Rauhes, Dunkles. Vielleicht war es das Kleid seiner Mutter, an das er sich jetzt erinnerte, an das er sich einmal angeklammert hatte mit Säuglingsfingern, ähnlich unfähig zu begreifen, schreiend, von unverständlichen Schmerzen gequält.

Für einige Augenblicke verlor er das Bewußtsein, und in der Bewußtlosigkeit träumte er, daß er sich in einem Dorf befände, das verschneit war und dennoch brannte. Flammen schlugen aus den Häusern, schmelzender Schnee rutschte von den Dächern. Er fragte einen der Männer, die über die Schneewächten kletterten – sei es, um das Feuer zu bekämpfen, sei es, um sich vor dem Feuer zu retten –, wie das Dorf heiße, und der Mann antwortete ihm, es heiße Kismet. Stärker aber als Feuer und Schnee erregte ein schwarzer Hund Alfeirs Aufmerksamkeit, der seit nicht mehr erinnerbarer Zeit das Dorf umkreiste und sich dabei in einem Spiralbogen näherte. Alfeir bemühte sich nicht, die Häuser vor den Flammen zu schützen. Es herrschte in dem Dorf auch keine Panik; offenbar waren die Häuser leer, man hörte keine Hilferufe. So hatte Alfeir Muße, den Hund zu beobachten, der unermüdlich seinen Spiralbogen zog, manchmal im Schnee versank, sich aber jedesmal wieder an die Oberfläche wühlte und näher kam. War es ein großer Hund? War es ein kleiner Hund? Manchmal schien er ihm groß wie ein Kalb und manchmal klein wie ein Pudel.

Der Hund rannte in eine Schleife und kauerte sich dann zu Alfeirs Füßen nieder. Alfeir setzte sich in den Schnee und kraulte ihm das Fell. Während seine Hand in das weiche Fell tauchte, erwachte Alfeir. Obwohl er erwachte, löste sich der Traumhund nur widerwillig von ihm. Zwischen Schlaf und Wachen dachte Alfeir: Nun ist es zu spät, umzukehren.

Als der Soldat Alfeir aus seiner Bewußtlosigkeit erwachte, spürte er seinen Körper zuerst nicht. Nur sein Gehirn war wieder fähig, Eindrücke aufzunehmen, und er sah wieder den brennenden Fleck des Hauses. Er sah ihn, da ihm schwindelte und die Erde unter ihm sich drehte, wie sie sich auch wirklich dreht, so sagt man, sausend im Nichts, da sich also die Erde drehte, sah er das Haus wie einen brennenden Ball dahinrollen am Horizont, und da der Horizont nach unten abrutschte in das Nichts, mußte der Ball aufwärts rollen wie eine schnelle Sonne, die mitten in der Nacht aufsteigt, um einen schrecklichen Tag zu machen. In einem Flammenbogen also stieg das Haus auf, oder vielmehr, es stieg nicht, das merkte Alfeir jetzt wohl, es rollte an der Stelle, nur die Erde drehte sich, nirgendwohin, jedoch abwärts, und es wurde ihm zum erstenmal übel, und er erbrach sich.

Vom Krampf des Erbrechens geschüttelt, erwachte sein Körper, und auch in diesem Körper war ein heller Fleck, war ein rotierender Ball; das war in der Mitte; dahinter setzte sich der Körper fort und verlor sich irgendwo in klumpigen Beinen, die er von der Erde nicht deutlich unterscheiden konnte. Vielleicht waren sie zugedeckt, vielleicht staken sie in der Erde – bewegen ließen sie sich nicht mehr, oder vielleicht bewegten sie sich, und er wußte nichts davon, bewegten sich noch immer, liefen auf das Haus zu, auf den brennenden Ball, um ihn aufzuhalten oder um den Ball, den er selber in der Mitte trug, wo er nicht hingehörte, hineinzuwerfen.

Als er sich erbrochen hatte, wurde das Kreisen der Erde langsamer, und der Feuerball kam zum Stillstand. Er konnte das ferne Dröhnen der Panzer wieder unterscheiden vom Dröhnen eines Flugzeuges über ihm, vom Dröhnen der Sonne, die sich in seinen Rücken einfraß und ihre Strahlenbündel aussandte, die Wirbelsäule entlang, den Nacken versengend, und sein Gehirn mit Rauch und Funken füllte, so lange, bis das brennende Haus vor ihm und die Sonne in seinem Rücken wieder rauschend in eins verschmolzen und er von neuem das Bewußtsein verlor.

In seiner zweiten Bewußtlosigkeit träumte der Soldat Alfeir, daß er in dem verschneiten Dorf in eine Schneewächte einsank. Er glitt auf das Fenster eines der Häuser zu, das nur angelehnt war, so daß er es öffnen und hineinblicken konnte in eine Stube mit einem alten Bauernherd, einem Tisch in der Ecke und Bank und Stühlen. Er erinnerte sich, daß er diese Stube kannte, und stieg hinein und setzte sich an den Tisch. Hinter ihm sprang der schwarze Hund in die Stube. Alfeir setzte sich an den Tisch, untenan, wo er als Kind gesessen war, und wartete. Alles war wie früher, nur der Wind hatte Schnee in die Stube getrieben, die Wächte reichte durch das Fenster über die Bank bis in die Mitte der Stube und strahlte von dort sternförmig aus. So wird es bleiben, dachte Alfeir. Der Schnee dringt überall ein. Indessen lief der schwarze Hund eifrig schnuppernd durch das Haus und legte sich dann neben dem Ofen nieder. Auf der Treppe zum Oberstock waren Schritte zu hören. Jemand kam die Treppe herab und blieb im Hausflur stehen, ein Mann, in dem Alfeir seinen Großvater zu erkennen glaubte, aber sicher war er nicht.

»So bist du nun doch heimgekehrt«, sagte der Mann. »Sie haben dich nicht hindern können.«

»Ich wollte nur Abschied nehmen«, sagte Alfeir, »aber ich komme zu spät.«

Der Mann schien ihn nicht gehört zu haben. »Du bringst viel Helligkeit mit«, sagte er.

Der Soldat Alfeir versuchte, in sich selbst hineinzusehen, das Feuer wahrzunehmen, die Sonne in seiner Mitte, und wie er sich bemühte, erwachte er wieder zum Bewußtsein, und das Feuer war Schmerz. Er wälzte sich auf den Rükken, aber der Schmerz blieb, er strahlte von seinem Rükken aus, ein Schild aus Helligkeit, der den ganzen Horizont umspannte und sich bis zum Himmel aufwölbte, eine riesige Muschel aus Licht. Hineingebogen in die Wölbung der Muschel waren die flachen Hügel und die Baumgruppen darauf, die Straße, die in das Dorf hineinführte, die Gartenzäune, die Apfelbäume dahinter, grüne Laubkronen, die sich im Feuerhauch wie in einer Strömung unter Wasser bewegten. Er hätte nicht sagen können, ob ihn dieser Schild trug oder ob der Schild auf seinen Schultern lastete; er war in den Schild hineingebettet und trug ihn zugleich, wie der schmale runzelige Körper eines Schmetterlings seine Flügel trägt, und auf den Flügeln ist die Welt des Schmetterlings in Figuren eingezeichnet, Blattwerk, Griffel, Pollen, Sonnen, Monde, aber es waren keine Flügel, er konnte nicht fliegen damit. Er brauchte auch nicht zu fliegen, denn außerhalb des hellen Schmerzschildes, auf dem die Welt mit klaren Strichen eingezeichnet war, gab es keine andere Welt. Mit der Ausbildung des Schildes änderte sich auch der Schmerz. Er war nicht mehr nur im Rücken, sondern umfaßte den Horizont. Wie er in ihn eingedrungen war, so strömte er wieder aus, in langen, heftigen Wellen durch Erde und Gras, Luft und Stein, mit Hitzeschauern und eisigen Frösten, Feuer und Schnee. Alles wurde Schmerz; war Schmerz; die Konturen der brennenden Häuser sengten wie Ätzungen seine Netzhaut. Undeutlich erinnerte er sich Augenblicke lang noch, wie er hierhergekommen war, seine Einheit verlassen hatte, um sein Dorf noch einmal zu sehen, seine Heimat, von der man ihm gesagt hatte, daß er sie verteidigen müsse und die dann unverteidigt im Niemandsland zurückblieb, aber er wußte noch immer nicht, wollte es auch gar nicht mehr wissen, was ihn dann über alle Verbote hinwegspringen ließ, als wäre der Krieg auf einmal zu Ende, als wäre es von Anfang an nur um diese Heimkehr gegangen, um dieses Stück Erde, das ihn hervorgebracht hatte und nun wieder in sich einschlang, mit der Gefräßigkeit eines reißenden Tieres, aber ruhig, geduldig, ohne Hast. Was ihn da im Schild des Schmerzes umstand, war in allen vier Windrichtungen seine Erde und sein Himmel. Und sie wandten sich zu ihm, von allen Seiten, augenlos blickten sie ihn an, sprachlos sprachen sie zu ihm. Sie sahen ihn liegen, ihr eigenes Geschöpf, hingeworfen, auf dem Rücken, die Arme ausgebreitet, die Hände in die Erde gekrallt. Seine Augen standen offen, aber es waren schon nicht mehr die Augen eines Sehenden. Der brennende Himmel über ihnen spiegelte sich darin nicht anders als in einem Wassertropfen. Aus dem brennenden Dorf herüber kam ein Hund angestreunt, schnupperte an ihm, wich zurück und legte sich in einigen Schritten Entfernung nieder.

Im Morgengrauen begann auch an diesem Frontabschnitt der Angriff der Panzer. Durch ein dünnes Sperrfeuer der Artillerie rollten sie auf das Dorf zu und dann an dem Dorf vorbei. Hinter den Panzern kam in Schützenkette Infanterie. Einer dieser Infanteristen stutzte, als er den Toten liegen sah und daneben den Hund, aber er hatte keine Zeit, sich Gedanken zu machen. Es fiel ihm nur auf, daß einer allein so weit von der Front lag. Er beugte sich über Alfeir, spiegelte sich in seinen offenen Augen, dann ging er weiter. Der Hund begann leise zu klagen. Als die Sonne aufging, war es im ganzen Frontabschnitt schon wieder still. Im Dorf krochen einige alte Frauen und Männer aus den Kellern. Gegen Nachmittag fiel ihnen der Hund auf, sie gingen hinaus und fanden Alfeir und trugen ihn auf einer Scheunentür, die aus den Angeln gebrochen und von den Flammen angesengt war, in das Dorf. Vor dem abgebrannten Haus der Alfeirs legten sie ihn nieder und nagelten aus Brettern einen Sarg zusammen. Sie fanden es ganz selbstverständlich, daß er versucht hatte heimzukehren.

Herbert Eisenreich
Doppelbödige Welt

Es war gar nicht so gewesen, wie ich es gefürchtet hatte. Das Schlimmste an der ganzen Sache war die Angst gewesen, die Angst vorher, den ganzen Abend lang dieses 4. Jänner. Und die Angst war auch eine der Ursachen gewesen; vielleicht die letzte, die entscheidende Ursache.

Es dämmerte, als wir unseren Bunker verließen, und dann marschierten wir stundenlang. Wir kamen durch eine geräumte Ortschaft, dann durch einen zerstörten Vorort der Stadt. Dort fragten wir in der Wachstube eines Stabes, aber sie wußten nicht mit Sicherheit, wo das Korpskommando lag, und wir marschierten weiter. Am Nachmittag war wieder Schnee gefallen, in Schichten haftete er den Schuhsohlen an, wir ermüdeten rasch auf diesen Stöckeln. In der Stadt verirrte sich Täding mehrmals, obwohl er seit seiner Heirat dort beheimatet war: er erkannte sie in den Trümmern nicht wieder. Der Mond, welcher zeitweis durch die Wolken trat, profilierte die Ruinen unbarmherzig hart und scharf, wie aus Pappendeckel geschnitten ragten die Mauern. Wir hielten uns meist auf der linken Seite der Straßen, weil ein einzelnes Geschütz, von der anderen Seite des Flusses herüber, in wechselnden Abständen seine Geschosse in die Gegend setzte; seit mehr als einer Stunde schon hörten wir die Einschläge, manche weit weg, manche ziemlich nahe: sie schossen planloses Störfeuer. Die Stadt war fast menschenleer. Einmal begegneten wir einer Patrouille, und auf der Brücke stand ein Posten. Der wies uns den Weg nach Völklingen. Die Hoffnung, heut noch das Korpskommando zu finden, hatten wir ohne viel Worte aufgegeben, Täding wollte in der Wohnung seiner Schwiegereltern übernachten. Ich sagte zu ihm: »Am besten, wir übernachten hier irgend wo.« Er war nicht so müde wie ich, nicht so hungrig wie ich, und er hatte keine Angst, oder nicht so viel Angst wie ich, und er sagte: »Ich hab' mich schon zurechtgefunden, es ist nicht mehr weit.« Ich fragte: »Wie weit?«,und er antwortete: »Zwanzig Minuten höchstens.« Die Straße nach Völklingen war leer, nur einmal huschte ein unbeleuchtetes Auto in rascher Fahrt an uns vorbei. In Abständen von fünf oder sechs, sogar bis zehn Minuten krepierten die Granaten, nahe und fern, als tappe blindlings ein Finger eine Landkarte ab. Rechts war es finster, links senkte sich das unbebaute Land kilometerweit sanft zum Fluß hinab; hier hoben sich, dicht am Straßenrand, einzelstehende Ruinen gegen den Himmel ab. Sonst gab es wenig Deckung, untertags war die Straße zweifellos eingesehen und kaum passierbar. Nach einer halben Stunde kamen wir an ein Haus, das anscheinend wenig gelitten hatte, denn hinter einem Fenster zu ebener Erde brannte Licht; ich sah es in zwei schmalen Streifen links und rechts neben dem Verdunkelungsvorhang. Ich sagte zu Täding: »Wir sollten hier übernachten.« Täding war Unteroffizier, ich war ihm ausgeliefert. Er sagte: »Noch zehn Minuten höchstens, dann sind wir dort.« Der augenlose Finger wanderte unstet über die Gegend, es ließ mir keine Ruhe und ich fragte: »Können wir nicht eine Weile rasten?« Wir klopften an das Fenster. Ein älterer Mann in schmuckloser Uniform ließ uns ein. In dem Zimmer saßen drei oder vier Landwehrsoldaten, sie gaben uns Milch, und wir rauchten mit ihnen eine Zigarette. Ich wäre gern geblieben, aber Täding sagte, indes er sich die erwarmenden Hände rieb: »Bei mir zu Hause gibt's richtige Betten, wir können uns ausschlafen, wir können uns waschen, wir können uns saubere Wäsche anziehn: das ist doch eine feine Sache!« In wechselnden Abständen krepierten die Granaten, aber ich konnte ihn zu nichts zwingen. Der Mann, der uns eingelassen hatte, begleitete uns bis zur Tür. Wir gingen einige hundert Schritt weit, dann sah ich, wie sich links, jenseits des Flusses, der Himmel in einem schwachen Halbkreis rötete, rosarot wie ein gemalter, ganz kleiner, eng begrenzter lieblicher Sonnenaufgang. Ich machte zwei Schritte, noch immer den

Kopf zur Seite gewandt. Aber pfeifen hörte ich es nicht mehr. Nachher wußte ich nur, daß es blendend hell gewesen war, und daß es betäubend laut gewesen war, und als ich das wußte, indes das Geläute zahlloser winziger Schellen in meinen Ohren verlöschte, rieselten kleine Steine, Dreck und gefrorene Erdbrocken auf mich herab, und ein Stein war mir auf die rechte Schulter gefallen, denn als ich die Mütze, die sich im Hinwerfen gelockert hatte, wieder fest auf den Schädel zog, um ihn vor den herabfallenden Brocken zu schützen, schmerzte das Gelenk und ich hatte Mühe, den Arm zu bewegen. Es war ein tauber Schmerz, ohne bestimmbare Spitze, ganz anders als der Schmerz im Fuß; dieser brannte, stach und konzentrierte sich auf einen ganz bestimmten begrenzten Ort. Als keine Steine und Erdbrocken mehr herunterkamen, merkte ich, daß es still war. Täding war einige Schritte links neben mir gegangen, ich rief in diese Richtung: »Harry, mich hat's erwischt!« Keine Antwort kam. Ich wußte, was das zu bedeuten hatte: ich lag allein, bewegungsunfähig, mählich verblutend auf der leeren Straße, mitten in finsterer Nacht. ›Das also ist das Ende‹, dachte ich bei mir, und ich rief nochmals: »Harry, mich hat's erwischt!« Als ich's gerufen hatte, stand er neben mir. Ich sagte: »Am Fuß.« Er packte mich um die Brust, ich hüpfte auf dem linken Bein. Nach wenigen Schritten schon gab alles in mir nach und ich glitt aus seiner Umklammerung. Er packte mich wieder; aber auf dem Rücken, wie er's versuchte, konnte er mich nicht tragen, weil ich mich mit dem kraftlosen rechten Arm nicht an ihn anklammern konnte. So schleifte er mich quer über die Straße, an die zwanzig Schritt weit, bis zu einem ausgebrannten Haus, zerrte mich in den finstern, von Mauerbrocken und verkohlten Gebälkresten knirschenden Flur, Glasscherben knackten unter seinen Sohlen, und dann lief er zurück zu den Landwehrsoldaten. Der Fuß schmerzte, ich dachte an die Milch, ich versuchte mich zu erinnern, ob ich, als die Granate krepierte, mich selber hingeschmissen, oder ob es mich umgeworfen hatte, und ich überlegte, wie spät es sein mochte: zehn Uhr, oder schon später; und ich dachte an die Nacht vor dem Heiligen Abend, als ich von

Mitternacht an mit dem siebzehnjährigen Kussitzki auf Posten stand und ihm von der Demokratie erzählte, mein Gott, ich meinte es gut, aber ich sagte es verdammt schlecht, er muß mich völlig mißverstanden haben, und nach einer Stunde schickte ich ihn zurück in den Bunker, denn ich gönnte ihm seinen Schlaf, und ich zündete mir eine Zigarre an und legte mich in der leeren Villa gleich hinter der Holzbrücke, welche den Panzergraben überspannte und, wenn vorn an einer bestimmten Stelle zwei Mal zwei grüne Leuchtkugeln geschossen würden, von uns zu sprengen gewesen wäre, auf ein Bett und beobachtete das Glimmen der Glut, ihren kaum merklichen Fraß und die Spur von Helligkeit in dem Zimmer, wenn ich kräftig zog daran, und ich baute einen Turm aus weißer Asche, und als es an die Tür pochte, rührte ich mich nicht, und als es abermals pochte, stand ich auf, der Aschenturm brach ab und zerschellte lautlos auf dem Boden, ich drückte die Glut an meiner Stiefelsohle aus, und als ich zur Türe kam, sah ich zwei Männer im Türrahmen stehen, den einen kannte ich, es war ein Gefreiter vom Nachbarabschnitt, der andere trug eine Offiziersmütze, und ich sagte, daß ich plötzlich Leibkrämpfe gehabt und mich deshalb ein wenig hingelegt habe, und der Offizier sagte nichts Besonderes und ging mit seinem Begleiter zur Brücke zurück, und ich schlenderte hinter ihnen her, und als ich auf der Brücke war, hörten sie meine Tritte und drehten sich um, der Offizier blieb stehen und fragte mich, ob ich der Posten sei, und ich sagte: »Jawohl!«, und er sagte: »Sie haben ja nicht einmal eine Waffe mit«, er sagte es ganz ruhig, fast uninteressiert, und eben so uninteressiert schob ich meine Pistole am Koppel nach vorne und zog sie aus der Tasche, und er sagte nichts und ich steckte die Pistole zurück und schob die Tasche wieder nach hinten übers Gesäß, und er fragte, warum ich keinen Stahlhelm trage, und ich sagte, ich habe ihn verloren, und er sagte: »Wie kann man einen Stahlhelm verlieren!«, und ich dachte bei mir: ›Ach herrje, wenn du dort gewesen wärst, wo ich gewesen bin, hättest du mehr als deinen Stahlhelm verloren‹, und dann ließ er sich den Bunker meines Vorgesetzten zeigen, das war Täding, er schlief in meinem Bunker, und was sich oben abspielte, erfuhr ich erst nachher, er kroch in den Bunker hinein und weckte Täding, und er sagte zu ihm: »Ich komme von der Armee, um die Wachsamkeit des Westwalls zu überprüfen«, er nannte seinen Namen, er war Leutnant, und er sagte: »Ihr Posten draußen schläft, ich mußte den Mann aus einem Haus herbeiholen«, und Täding, schlaftrunken, ärgerlich und verdutzt, sagte: »Verflucht nochmal, und wo ist der zweite?«, und der zweite, nämlich Kussitzki, flog von seiner Schlafstelle herunter, warf sich die Jacke um die Schultern, stülpte einen Helm auf den Kopf und griff nach dem nächsten Gewehr, und draußen fror er erbärmlich, weil er den Mantel nicht angezogen hatte, und drinnen sagte der Leutnant: »Ach so, ein Doppelposten...«, und dann ließ er sich von Täding das Stellungssystem beschreiben, wie die Bunker ausgestattet, mit wie viel Leuten sie belegt, welche Waffen eingebaut waren, was mit der Brükke zu geschehen habe, und Täding erklärte ihm alles, er zeigte sich aufs genaueste informiert, um die Scharte wenigstens einigermaßen und für seine Person auszuwetzen, und als er fertig war, sagte der Leutnant: »Und auf den Gedanken, daß ich ein Spion sein könnte, sind Sie nicht gekommen?«, und er blickte Täding fragend an, und er sagte: »Sie erzählen mir alles über die Stellung, ohne mich zu kennen, ohne einen Ausweis von mir zu fordern!«, und er machte sich nicht einmal eine Notiz, er hatte nicht gebrüllt, kein lautes, kein unfreundliches Wort gesagt, aber am nächsten Tag wußten wir's, wie gefährlich dieser Mensch war, wir wurden zum Chef befohlen, und nachher meinte Täding: »Tja, wenn einer brüllt wie ein Stier, dann braucht man keine Angst zu haben, aber wenn einer so leise ist wie der, dann ist's gefährlich«, und als wenige Tage später die Kompanie nach hinten verlegt wurde und nur ein Nachkommando, welchem auch Täding und ich angehörten, in den Bunkern zurückblieb, erfuhren wir, daß Kussitzki zwar noch nicht inhaftiert worden war, daß er aber seine Waffen und sein Koppel hatte abliefern müssen, wir wußten also, was uns bevorstand, und daran dachte ich, als ich in dem finsteren Hausflur lag und auf Täding wartete, und ich dachte daran, daß ich ihn mit seinem Vornamen gerufen hatte, ich, der Gefreite, den Unteroffizier – ich dachte an lauter sinnlose, für mich völlig unbrauchbare Dinge; und ich horchte auf jeden Einschlag, aber keiner war ganz nahe. ›Hoffentlich kommt Täding durch‹, dachte ich auch, und ich dachte an den kaum zwanzigjährigen Leutnant Priene, der nach unserem Einsatz an der Invasionsfront, von wo ein knappes Drittel der Kampfgruppe unverwundet zurückgekommen war, sich erkundigt hatte, wer zurückgekommen und wer nicht zurückgekommen sei, und, als er erfuhr, daß auch Täding zurückgekommen war, sagte: »Der hätte meinetwegen draußenbleiben können«, und ich versuchte, mir das fahle, ein wenig aufgedunsene Gesicht mit den verquollenen, blauwäßrigen Augen und den dicken, sehr blassen Lippen unter der breiten Nase recht gegenwärtig zu machen, unter dem dünnwüchsigen, lang zurückgestrichenen aschblonden Haar die massive, wulstige Stirn, auf der sich stets, wenn er die Mütze abnahm, deren Innenrand mit einer etwas schiefen, geschwungenen roten Linie abzeichnete: Täding war kein Held, er war ein verläßlicher Kamerad. Dann war er da. Zwei der Landwehrsoldaten kamen mit ihm, sie hatten eine Tragbahre gesucht, deshalb hatte ich so lange warten müssen. Ich hatte früher einmal gewußt, wie viel Blut der Mensch verlieren kann, ohne ernstlich Schaden zu nehmen, aber ich vermochte nicht, es zu erinnern. Sie hoben mich ungeschickt auf die Bahre, der Fuß schmerzte bei jeder Bewegung, und wenn ich mich nicht bewegte, schmerzte er auch. Im Freien trieb ich sie zur Eile an; denn ich wußte, daß sie drüben ihre Geschütze auf bestimmte Punkte eingerichtet hatten, so daß sie – wie wir zu sagen pflegten – nur auf den Knopf zu drücken brauchten. Straßenkreuzungen hatte ich gesehen, deren allernächster Umkreis von hundert und mehr Einschlägen umgeackert war. »Lauft!« rief ich meinen Trägern zu, »so lauft doch, verdammt nochmal!« Und wirklich, sie liefen; sie schleppten mich in stolperndem Laufschritt zurück in das Haus, in dem wir die Milch getrunken hatten. In demselben Zimmer stellten sie die Bahre ab, dann machten sie sich über mich her. Sie versuchten, mir den Stiefel vom Fuß zu ziehen, es tat erbärmlich weh und ich sagte: »Aufschneiden, Leute, aufschneiden!« Sie hantierten ungeschickt und unerfahren, zögernd und so vorsichtig, als hätten sie's mit einem Neugeborenen zu tun. Das ärgerte und belustigte mich zugleich. Während sie mir die Fußwunde verbanden, schälte mich Täding aus dem schweren Mantel. Er sah, daß die Bluse blutig war, und sie schnitten mir Bluse, Pullover und Hemd mit kleinen, fahrigen Schnitten auf. Ich trug ein kragenloses Hemd, das einige Wochen vorher weiß gewesen war, nach einer Woche hatte ich es umgedreht und nach zwei weiteren Wochen hatte ich es nochmals umgedreht, weil es nun auf der richtigen Seite weniger schmutzig war, ich hatte es in einem verlassenen Pfarrhof mitgenommen, es war ein Ministrantenhemd, aber jetzt war es dunkelrot und klebrig von Blut, und es war feucht und schwer. Ich betrachtete die roten Fetzen, die sie mir vom Leibe lösten, ich dachte, daß es also doch kein Stein gewesen war, und ich fühlte eine gelinde Wollust bei der Vorstellung, daß nun all die Läuse, die ich wochenlang vergeblich bekämpft hatte, in dem vielen Blut ertrinken müßten. Sie legten die Schulter bloß, reinigten die Umgebung der Wunde vorn und die der anderen Wunde hinten, der Splitter hatte die Schulter durchschlagen, und sie wikkelten Verbände herum. Alle blickten ernst vor sich hin. Mich fröstelte, ich bat um Schnaps. Sie gaben mir ein Gläschen, aber als ich noch eins begehrte, sagten sie zu einander: »Es ist gewiß nicht gut, wenn er so viel trinkt.« Ich fühlte mich nicht kräftig genug, um darüber zu diskutieren, und ich schwieg; eigentlich hielt ich sie für geizig.

Täding bekam meine Pistole. Der gerippte hölzerne Griff war schwarz gemustert von Blut. Es war aber nicht das meine, sondern das längst vertrocknete Blut des Feldwebels Schenk, der die Pistole, an einer geflochtenen Lederschnur, in der Hosentasche getragen hatte, als er, das Gesicht nach unten, mit dem Bauchschuß in der Hecke hing, zwei Stunden lang unter der mittäglichen Julisonne zwischen den Linien, bis er nicht mehr lebte; und Bertram wurde abgeknallt und Eckel kriegte einen Schuß ins Bein, als sie versuchten ihn herauszuholen, und grad als er starb, kamen Schanko und Eisemann, die Rote-Kreuz-Fahne schwenkend, zu ihm gekrochen, und bevor sie ihn freikriegten aus dem steifen Gestrüpp, sah er sie an, und wenn er noch hätte sprechen können, hätte er sicherlich etwas gesagt, vielleicht hätte er gesagt: »Ihr seid eine gottverfluchte Saubande, aber ihr seid feine Kerle, ich werd's euch eine Zeitlang nicht vergessen, daß ihr mich aus dieser gottverfluchten Schweinerei herausholt«, jedoch er konnte nicht mehr sprechen, er sah sie nur an und starb, und als mir Schanko die Pistole gab, sah ich in seinem dreckverschmierten Gesicht, daß er geweint hatte. Jetzt gab ich die Pistole an Täding weiter. Ich hatte niemanden damit getötet, außer ein Huhn, auf das ich ein ganzes Magazin verfeuerte, und während ich das neue Magazin einschob, flatterte es in die offene Holzhütte hinein und verkroch sich, todwund, so tief hinter den gestapelten Scheitern, daß ich es nicht mehr sah und nicht mehr aufstöbern konnte, und da ich mich ärgerte über die ganze Sache, verging mir der Appetit; Täding jedoch würde sicherlich jemanden töten damit, denn seine Frau war totgeschossen worden von einem Jagdflieger, der Jagd machte auf alles, was über den Erdboden kroch: auf Autos, Pferde, Pflüge, Panzer, Radfahrer, Eisenbahnzüge; und Täding, der sie vom Bahnhof abholen wollte, hatte sie gesehen im Wartesaal, wo sie aufgebahrt lagen, die Männer und Weiber und Kinder und Soldaten, er hatte sie gesehen mit zerfetzter Brust, Blut zwischen den Lippen, unerweckbar tot, und ich glaube, daß er oft daran denken mußte, und sicherlich wird er immer dran denken müssen, wenn er diese gottverdammte fremde Uniform sieht, und das kann ein Unglück sein für den, der drinsteckt. Mir war es gleich, was Täding mit der Pistole tun würde. Jetzt zwängte er sie in seine Manteltasche.

Ich war verbunden worden, es gab nicht mehr viel zu reden. Der Mann, der bei unserem ersten Aufenthalt in dem Hause uns eingelassen und dann bis zur Tür begleitet hatte, sagte zu Täding: »Als wir's krachen hörten, hab' ich zu meinen Kameraden gesagt: Hoppla, ich fürchte, denen ist was passiert. So habe ich gesagt. Ich bin zur Tür gegangen, aber es war nichts zu sehen und nichts zu hören, doch ich hab' mir's nicht nehmen lassen, daß euch was passiert ist.« Sie breiteten eine Decke über meinen halbnackten Körper, von den Füßen zogen sie den braunen Kotzen herauf bis zum Hals. Im Herbst, als ich krank in einem Feldlazarett lag, in welchem so wenig Platz war, daß viele chirurgische Fälle in der internen Abteilung untergebracht werden mußten, wurde ein Mann mit einem Unterarmdurchschuß eingeliefert, er bekam das Bett schräg gegenüber dem meinen, im Eck neben einer Querschnittslähmung. Außerdem gab es eine Gehirnerschütterung, eine Gelbsucht, eine schwere Rückgratverwundung, eine Darminfektion, eine Beinamputation nach Gasbrand und einen leichten Bauchschuß. Der Neue, er hieß Engelmann, war am Vormittag eingeliefert worden, gegen Abend kaufte er von der Stationsschwester einen Rasierapparat und eine Zahnbürste. Etwas später klingelte er und verlangte eine Leibschüssel. Die Nachtschwester schob sie ihm unters Gesäß und wartete neben seinem Bett. Sie sah – wie sie nachher erzählte –, daß er seine Beine in Krämpfen streckte, es kam ihr sonderbar vor und sie rief den Unterarzt. Der sah sich die Sache an und holte den Chef. Sie gaben ihm eine Spritze, und nach einer Weile, während der sie schweigend vor seinem Bett verharrten, legten sie ihn auf eine rasch geholte Bahre. Ich lag in dem Bett neben der Tür, sie stellten die Bahre neben mein Bett. Ich sah ihn liegen, unbewegt, mit geschlossenen Augen. Ich wunderte mich über die spitze Nase. Die Schwester nahm die Decke vom Bett und breitete sie über ihn. Von den Füßen zogen sie die Decke hinauf, über die Beine, den Bauch, die Brust, bis zum Hals, und weiter über das Gesicht und den ganzen Kopf. Da erst merkte ich, was los war, mir klopfte das Herz und ich sprach hastig ein Vaterunser für Engelmann, dem sie die Decke über das Gesicht gezogen hatten.

Wir warteten auf das Sanitätsauto. Ich war müde, aber es war nicht so schlimm gewesen, wie ich es immer gefürchtet hatte. Ich wollte schlafen, aber der schmerzende Fuß hielt mich wach. Die Männer glaubten, ich schliefe; sie redeten leise, ohne die Augen von mir zu wenden. Sie sahen aus, als wäre ihnen ein Mißgeschick widerfahren, über dessen Ausmaß und Wichtigkeit, oder Unwichtigkeit, sie sich noch nicht klar geworden waren. Sie glaubten, ich schliefe, oder sie glaubten, ich stürbe schon; und sie blickten einander mit ernsten, hilflosen Gesichtern an, und sie sagten mit undeutlichen Worten und mit deutlichen Mienen und Gebärden, daß all ihre Mühe vergeblich gewesen, daß für mich nichts mehr zu tun und nichts mehr zu hoffen, daß ich verloren sei. Sie schüttelten ratlos die Köpfe, ganz vorsichtig und verheimlichend, um mich nichts merken zu lassen. Flüsternd sagten sie zueinander: »Nein, er schafft es nicht. Es ist ganz ausgeschlossen, daß er es schafft. Mit diesen Wunden, nach diesem Blutverlust...« Sie gaben mir keine Chance mehr, sie beerdigten mich bei lebendigem Leib. Ich merkte, daß es ihnen leid tat, aber es war mir nicht mehr wichtig. Sie hätten es laut zu mir sagen können: »Hör uns, du«, hätten sie sagen können, »du hast wirklich keine Chance mehr. Es tut uns leid, es dir sagen zu müssen, und es tut uns leid um dich; aber wir machen uns keine Illusionen, und es ist am besten für dich, wenn auch du dir keine Illusionen machst.« So hätten sie sagen können zu mir, ohne mich zu verwirren. Denn ich spürte kein Interesse mehr an mir, und ich hatte nur den einen Wunsch, daß die Schmerzen im Fuß nicht ärger wurden. Dann interessierte mich auch der Fuß nicht mehr sehr.

Wir warteten auf das Sanitätsauto. Wenn irgend wo draußen eine Granate krepierte, hörte es sich herinnen an wie das über die eigene Schwäche ärgerliche Pfauchen jener Handgranate, die Kroll in das Ofenrohr unseres Bunkers hatte fallen lassen, um den Kamin zu reinigen, wir lungerten im Halbkreis, sieben oder acht Schritt entfernt von dem Blechrohr, das aus der grasbewachsenen Erdkuppe über dem Bunker herausragte, und Kroll zog ab und ließ die Handgranate in das Rohr gleiten und sprang zurück, wir warteten auf eine paffende Rauchwolke, auf einen schwarzen Pilz, auf einen Aschenregen hinterher, aber nichts geschah, bis plötzlich, vor unseren Füßen fast, außen an der Bunkerwand, die Handgranate krepierte, denn diese Bunker waren verdammt praktisch gebaut, der Kamin war innen vergittert, und ober diesem Gitter führte ein schräger, abwärts geneigter Schacht nach außen, sonst wär' es gar zu leicht gewesen, einen Bunker von oben her auszuräuchern, und daran hatte keiner von uns gedacht, und Kralik hatte einen kleinen Splitter im Oberschenkel sitzen, aber sonst war nichts passiert, und unser Ofen qualmte uns weiter den Bunker voll; aber da war auch jene andere Handgranate, in jener Mondnacht, als der Angriff des Nachbarregiments scheiterte, während in unserem Abschnitt ein Stoßtrupp eingedrungen war, und Täding hatte die Handgranate fliegen gesehen, genau dort hin, wo ich lag, und es hatte keine Möglichkeit gegeben für ihn, mich zu warnen, er hatte es gesehen, aber er konnte nichts mehr dagegen tun, er mußte warten, bis sie krepierte, und sie krepierte nicht, und am nächsten Morgen sprachen wir darüber, und jetzt dachte ich daran. Aber diese Erinnerung war, wie all die anderen, völlig unbrauchbar.

Einer der Männer hatte sofort telephoniert, aber wir mußten lange warten; es ging wohl schon gegen Mitternacht. Mir selber kam die Zeit weder lang noch kurz vor, aber daß sie lang war, merkte ich an der Zahl der Zigaretten, die Täding rauchte. Wenn er mir eine Zigarette gereicht hätte, ohne Aufforderung, von sich aus, hätte ich auch geraucht. Aber er reichte mir keine Zigarette, und ihn darum zu bitten, kam mir nicht in den Sinn; als scheute ich die Anstrengung des Formulierens. Und doch sind Zigaretten eine wichtige Sache. An jenem 19. Juli, an dem Tag, an dem ich zum einzigen Male weinende Soldaten gesehen habe, hielt mich Glaser in der Diele des Bauernhofes, der als Gefechtsstand eingerichtet war, mit der Bitte um eine Zigarette auf, ich war zum Chef unterwegs und hatte Eile, und ich sagte: »Nachher.« Und nachher war Glaser tot, zwei Geschosse zerrissen ihm den Hals. Er war aber nicht sogleich tot, sondern hatte noch Zeit, an etwas zu denken, vielleicht dachte er an eine Zigarette, angeblich denkt man in den letzten Minuten an lauter unwichtige, völlig unbrauchbare Dinge; aber ich weiß es nicht.

Als das Auto da war, legten mich die Sanitäter auf eine

andere Bahre, stemmten mich hoch und schoben mich, mit den Beinen voran, in den Wagen. Täding drückte mir die Hand und reichte mir die lederne Kartentasche, in der ein Buch, ein Notizkalender, ein paar vielfach gefaltete, zerknitterte Landkarten, ein Beutel mit Zigarettenstummeln, ein angebrauchtes Päckchen Zigaretten, mein Soldbuch, eine Geldtasche, ein paar leere Feldpostkarten, einige monatealte Briefe von zu Hause und ein kleines Ledersäckchen mit meiner Erkennungsmarke und einer kaputten Damenarmbanduhr staken. Ich hörte, wie die Tür des Autos von außen geschlossen wurde, ich war im Finstern allein; dann fuhr es los. Die Straße war löcherig, Bombentrichter hatte man rasch und uneben zugeschüttet, Trümmer lagen umher, der Schnee war nicht geräumt, so daß das Fahrzeug holperte, wackelte, rumpelte und schlitterte. Man hatte mich in der Eile so ohne Bedacht gebettet, daß der verletzte Knöchel genau über der unteren Querlatte der Bahre lag, und jeder Stoß des schlecht gefederten Wagens übertrug sich auf den beschädigten Fuß. Die ganze Fahrt hindurch dachte ich daran, aber ich dachte nicht an Abhilfe; vielleicht auch wäre ich schon zu entkräftet gewesen, um das Bein hochzuheben, anzuziehen und anders wo zu lagern.

Einmal hörte ich einen fernen Einschlag, er war leise, der Schall hatte sich auf dem Weg zu mir zerdehnt, der kompakte Schrei des Pulvers im Eisen war fransig geworden, es war etwas ganz anderes als die Einschläge damals, als wir den Weinkeller ausräumten; gleich war nur die Stunde der Nacht. Tags zuvor hatten wir einem durchfahrenden Soldaten sein Kettenkrad abgehandelt, er bekam eine Flasche Schnaps dafür und war sehr zufrieden. An dem folgenden Nachmittag sah ein junger Infanterist, welcher bei uns rastete, daß wir Schokolade hatten, für eine Tafel wollte er uns einen Weinkeller zeigen. Wir hatten drei Kohlensäcke voll Schokolade, wir hatten sie im Wäscheschrank eines verlassenen Kaufhauses gefunden, wir gaben ihm eine Tafel und er führte uns zu dem Weinkeller. Es war in dem Ort, bei dessen Verteidigung etliche Tage später der kleine Winkler gefallen ist, er war frisch vom

Ersatz gekommen, schweigsam, träumerisch, fremdlinghaft, blöde, er war mir der Liebste von allen. Der Infanterist nahm einige Flaschen und verdrückte sich, Slavik, welcher mit mir war, und ich packten ein paar Tragkörbe voll, nachdem wir von jeder Sorte gekostet hatten, gekostet ohne zu entkorken, wir schlugen die Hälse ab, und bevor wir mit unserer Beute zurück zu unserem Lagerplatz gingen, erschoß Slavik den Hund, der im Hofe angekettet bellte. Mit zwei Pistolenschüssen erledigte er ihn, das Tier legte sich nieder, als hätte ihm sein Herr befohlen; aber die Augen, ehe sie brachen, blickten mich an, voll Unverstehen und Verwunderung. Menschenaugen flehen um Hilfe oder beschuldigen dich, aber davon war keine Spur in diesem Blick. Heimlich verwünschte ich Slavik, aber damit war dem Hund nicht mehr gedient. In der Nacht gingen wir zu viert in das Dorf, um noch einmal Wein zu holen, wir zogen einen Infanteriekarren mit. Wir arbeiteten eine Stunde lang, und als wir das kleine Gefährt nahezu voll beladen hatten, fing die Schießerei an. Wir warfen uns in den seichten Straßengraben, die Einschläge lagen in nächster Nähe; ganz kurz nur hörten wir die Granaten heranpfeifen, dann rissen und rüttelten die Detonationen an unseren Trommelfellen, und die Splitter schlugen Funken aus dem Pflaster der Straße, und es klirrte in den von Splittern zerscherbten Weinflaschen, und das dauerte ein paar endlose lange Minuten, in denen ich hundertmal gelobte, nie wieder Wein zu stehlen, es war ein richtiger Feuerüberfall von zwei Batterien, und als sie aufhörten, konnte Slavik nicht gerade auftreten, aber es war weiter nichts als ein Splitter, der in der Schuhsohle stak. Wir luden den Rest der Flaschen auf den Karren und eilten im Laufschritt hinaus aus dem Ort und hinunter zu unserem Lagerplatz. Am nächsten Morgen fuhren wir mit einem Auto hinauf und räumten den Keller restlos aus.

Das Sanitätsauto hielt mit einem jähen, erschütternden Ruck, der Motor setzte aus, es war still, als wäre ein Tier verendet, ich wurde ausgeladen und in ein Gebäude getragen, dessen Inneres mir seltsam vertraut erschien; ich hatte die Vorstellung eines Schulhauses. In einem dunklen Gang wurde die Bahre abgesetzt, ein Sanitäter kauerte neben mir. Er sprach ruhig und leise, kein Wort von der Verwundung, kein Wort vom Krieg. Er fragte um meinen Beruf, und was ich werden wolle. Ich sagte, weil mir nichts anderes einfiel, daß ich in einem Verlag unterzukommen hoffe, und er sagte, daß er selber in einem Verlag sei. Ich erfuhr nicht (denn ich fragte nicht), ob er dort Bote war oder Lektor, und nicht, ob es ein schöngeistiger Verlag oder ein Verlag illustrierter Wochenblätter war. Ich hatte jedoch das Gefühl, daß er ein nobler Mensch war, denn er belästigte mich nicht mit unnützen und weitläufigen Fragen, er irritierte mich nicht, weder durch medizinische Andeutungen noch mit der Aufforderung, an daheim zu denken oder zu beten. Dann lag ich auf einem Tisch, noch immer kam mir alles dunkel vor; doch muß es hell gewesen sein, denn man hantierte an mir, auf einmal hatte ich etwas auf der Nase, ich mußte zählen, ich zählte von eins bis sieben, immer langsamer, schweratmiger werdend, aber ohne Unlust, Beklemmung oder gar Ekel, ich hörte mich die Zahlen hersagen, langsam, deutlich, hell wie zum Spaß.

Am nächsten Tag öffnete ich die Augen. Daß es der nächste Tag war, merkte ich daran, daß es hell war, schneehell und winterdunkel zugleich, wie jeder Tag im Jänner. Ich erwachte, weil ein Mann in Offiziersuniform an meinem Bett stand; er sprach ein paar formelhafte Worte und legte mir eine Urkunde und das Verwundeten-Abzeichen auf die Bettdecke. Die Stimme des Mannes – es war wohl ein höherer Arzt – war unaufdringlich, sachlich, erfahren, ohne Geheimnis. Es war der einzige Orden, den ich mir erwarb. Meine erste Verwundung, fünf Monate vorher, hatte ich nicht gemeldet; der winzige Splitter im Handteller, knapp über der Wurzel, eiterte von selber heraus, ich bekam feuchte Umschläge, Salben und Verbände von unserem Sanitäter, und ich blieb bei der Truppe. Während der Mann in der Offiziersuniform mir das Verwundeten-Abzeichen verlieh, sah ich in einer Ecke, halbrechts von mir, ein Bündel blutig verschmierter, zerschlitzter Kleider liegen: die grauen Fetzen meiner Uniform und die weißen, schwarzrot gefleckten, verklebten Reste der Wäsche.

Wieder öffnete ich die Augen gegen Abend, als ich in ein nahes Feldlazarett der Luftwaffe transportiert wurde, wo ich ein oder zwei, vielleicht auch drei Tage lang blieb. Man schob mir eine dreieckige Schiene, ein mit Papierbinden gepolstertes Drahtgeflecht, unter den seitwärts gewinkelten Arm und wickelte feuchte Verbände herum, welche rasch erstarrten, und der Fuß wurde in einer kurzen Schiene ruhiggelagert. Einmal trat ein junger Arzt an mein Bett und sagte, indem er auf die Zigarette in meiner Hand deutete: »Das darfst du, wenn du's schon nicht lassen kannst«, und indem er auf meine nackten Beine zeigte, von denen ich mir die Decke weggezogen hatte: »Aber das darfst du nicht, mein Junge, sonst gibt's eine Lungenentzündung, und dann ist's bös.« Mit dem gesunden Bein schob und strampelte ich die Decke zurecht, denn ich war gewohnt, den Ärzten zu gehorchen; vielleicht auch wollte ich seine Freundlichkeit nicht enttäuschen. Zu meiner Rechten lag ein Mann, dem ein Geschoß die Bauchdecke geschlitzt hatte, quer durch von rechts nach links, ein paar Finger unter dem Nabel; es war eine lange, gegen die Mitte zu klaffende Wunde, auf die er sehr stolz war, denn das Gedärm war nicht einmal angeritzt. Sonst war nichts von Bedeutung in diesem Lazarett; nichts war böse, nichts war erfreulich. Gegessen habe ich ein Stück Schokolade in der Größe eines Suppenwürfels. Ein größeres Stück lag auf dem Schemel neben dem Kopfende meines Bettes, aber ich aß es nicht. Genau so wie jene Tafel Schokolade, die mir Brunner aus dem Panzer reichte, an jenem 8. August, inmitten der großen Schlacht in der Ebene hinter Le Mans, die still und sauber war wie ein Tischtuch, auf dem etwas serviert wird, über der die Luft so erstarrt war, als hielte ein überlebensgroßes Maul den Atem an, vibrierend aber wie unter zahllosen sich nähernden Fußtritten, ohnmächtig unter dem wütigen Druck einer Sonne, die keinem Untergang sich zuzuneigen schien, sondern unbeweglich hing wie eine Glühbirne über der Mitte eines Tisches; und wir, um die paar Panzer geschart, die uns in den Wirren der letzten drei Tage noch intakt geblieben waren, als die heranflutende Masse des Feindes ihre blitzschnellen, sehnigen Fangarme ausreckte, auswarf, einwinkelte und zusammenzog, uns niemals richtig angreifend, aber zerfetzend, mit der Umklammerung bedrohend, endlich einkreisend, bis wir irgend wo durchstießen, mehr auf gut Glück als einem strategischen Konzepte folgend, mit krampfhaft geschlossenen Augen gleichsam, und immer blieb ein Viertel oder ein Drittel oder die Hälfte der Kampfgruppe hängen an einem dieser unermüdlichen Fangarme, bis dann die schwere Masse über die armen Reste sich hinwegwälzte, sie erstickend, zermalmend, vernichtend, und uns blieb keine ruhige Rast, am Tage nicht und nicht in der Nacht, und so, um unsere letzten Panzer geschart, in Deckung hinter einer verlassenen Villa in einem zertrampelten und gewalzten Gärtchen, erbebten wir mit, wir erwarteten uns nichts mehr, ganz ferne ein paar ungebrochene Feuerstöße aus einem Maschinengewehr, zehn Mann auf dem Panzer sitzend, abspringend, wieder Deckung suchend hinter dem Fahrzeug, in einem Straßengraben, hinter einem Erdwall, nachher Sammeln in einer Schottergrube, unglaublich, daß fast alle da sind, neue Einteilung der Gruppen, verständnisloses Studium steifer, zerknitterter Landkarten, kurze Märsche, wieder Deckung, da hin und dort hin Ausschau haltend, für fünf Minuten die Stiefel von den Füßen gestreift, auf dem Rücken im Grase liegend, Wiesenduft in den staubverkrusteten Nasenlöchern, im blauen Himmel ein einsames Flugzeug, gradaus durch die dimensionslose Bläue strebend, fast ohne Geräusch, unwirklich und silbern, und dahinter plötzlich ein zweites Flugzeug, eben so gradaus durch die dimensionslose Bläue strebend, eben so fast ohne Geräusch, eben so unwirklich und silbern, exakt hinter dem ersten Flugzeug, wie im Schlepp des ersten Flugzeugs, aus dem jäh ein schwarzer Punkt sich löst, über dessen Fall eine weiße dichte Wolke aufflattert, sich bläht, sich formt, stillsteht vor der schmerzenden Bläue des Himmels, den Punkt, welcher sich dehnt und im Pendeln senkrecht streckt, unter sich festhaltend, unbewegt in der erstarrten Luft, aber auf einmal schon viel größer, schon näher, rasend schnell fallend, verschwunden schon hinter einem hochragenden Wäldchen, während die beiden Flugzeuge unablässig geradeaus streben, sich mit der Farbe des dünstenden Himmels vermengen, seltener ihre Silberblitze schon schleudernd, das erste auch jetzt noch, da es immerfort der Spitze einer sich hinter ihm verlängernden Rauchtüte zu entkommen sucht, geradeaus, als wollte es sich, das waidwunde, in den Himmel bohren und ihn aufwühlen, aufreißen in einem waagrechten Todessturz, das zweite nun sanft, kaum merklich, nach rechts wegkurvend, nicht als nähme es Abstand von einer erledigten Aufgabe, sondern so, als hätte es sich eines andern besonnen, als ließ es sich, einer lässigen Sommerlaune folgend, treiben; und wir herunten, überwach bis zum Umfallen, staubverschmiert, schweißgetränkt, verwundet manche, längst hinausgekrochen aus dem Netz der gesunden Müdigkeit, die uns in den anderen Nächten schlafen ließ, heraus aus diesem Topf der physischen Erschöpfung, in den wir anfangs immer wieder zurückfielen bei dem Versuch, die steilen, glatten Wände hochzukriechen, zurückfielen bis auf den Grund, aber heraußen jetzt aus diesem Topf der Erschöpfung, über die Ränder gelaufen wie übergekochte Milch in der Hitze dieses Sommers, in der Hitze unsrer Panzer in der Hitze dieser Kämpfe, nicht mehr geeignet zum Schlafen, nicht mehr geeignet zum Müdesein, denn der Rest der letzten Nacht auf dem bloßen Erdboden unter dem Panzer, zwischen den Raupen, war kein Schlafen gewesen, auch nicht die Stunde vormittags in dem Heuschober, gekitzelt von den Halmen, die im Tuch der Uniformen und im Stoff der Wäsche hängengeblieben, gekitzelt von dem Heustaub, der unter das Tuch und unter den Stoff drang und an der rotgescheuerten Haut sich einfraß, die bloßgelegten Nerven kitzelnd, bis uns einer unserer Unteroffiziere aufschreckte und wir heraustorkelten, geblendet, steif, fröstelnd trotz der hohen Sonne, bis wir wieder hinter irgend einem Erdwall in Deckung lagen, aber wir sahn keinen Feind, keinen einzigen feindlichen Stahlhelm mit dem Netz darüber sahn wir sich über eine Böschung heben, aus einem Straßengraben auftauchen, hinter einem Mauereck sich vorschieben, es war eine große Schlacht, aber wir gingen nur in Stellung, wir nahmen Deckung, wir marschierten hin und her, bis uns jede Orientierung verlorengegangen war, es gab keine zerstörten Häuser wie jene etwa in Périers, wo wir durchkamen fünf Minuten nach den Bomben, und wir sahn die Häuser halbiert, auf den Tischen standen die Teller mit den unverzehrten Mahlzeiten, von einer grauen Schicht aus Mörtel und Staub bedeckt, grau gezuckerte Eierspeis, drei große flache Teller und ein kleines Schüsselchen, vor diesem ein durch aufgeschnallte Polster erhöhter Stuhl, und wir sahen die Häuser zusammengeklappt, die Mauern verschoben und die Dächer gelüftet, wie freche Hütlein saßen manche auf den kalkweißen Gesichtern, und aus anderen sahen wir Rauch in steilen Säulen zum Himmel steigen, mitunter abgeteilt von Verdickungen, Rauchgeschwülsten, jäh zerflatternden Kapitälen, hier aber gab es keine zerstörten Häuser, hier gab es keine Straßensperren, keine Deckungslöcher links und rechts von der Straße, keine Erdbefestigungen und keine Betonbunker, hier sahen wir nichts als Natur, welche sich selbst versehrte, welche unsere mutlosen Berührungen ignorierte und nur der Sonne alles gestattete, bis zur Verbrennung, und es gab keinen Feind, wir waren nur eingesperrt in einen Käfig, dessen ferne, unsichtbare Gitterstäbe klirrten von riesigen Schritten, die ihn lauernd umkreisten, aber wir sahn keinen Feind, außer dem Flugzeug, das auf unseren Panzer niederstürzte, als wollte es ihn mit seiner Nase rammen, und wir alle, acht oder neun Mann, die wir auf dem Panzer saßen, sprangen von dem plötzlich im Zickzack rollenden Fahrzeug herunter, indes die Besatzung drinnen die Lukendeckel zuklappte, wir sprangen herunter auf die Straße und hinein in das Gebüsch am Straßenrand, und als wir unten lagen, zerschunden und zerkratzt und mit geprellten Knöcheln, kurvte das Flugzeug wieder hoch, keine Bombe war gefallen, kein Schuß hatte sich aus den Bordkanonen gelöst, und das Flugzeug zog hoch in die Luft, wackelte, als hätte es einen Ärger abzuschütteln, zeigte uns den Schwanz, als verschmähe es uns, diese billige Beute, und strich, über die Häuser hüpfend und über ein Wäldchen gleitend, davon, und der Panzer war schon weit weg, hielt nicht mehr an, und wir trotteten auf der Straße dahin, enttäuscht, zerschunden, geprellt, vorbei an einem Haus, an dessen niedrigem Dachrand eine Rote-Kreuz-Fahne hing, starr wie aus Metall, und vor der Türe hockte ein Mann in zerschlissener Uniform, das linke Bein vom Fuß weg bis zum halben Oberschenkel, wo die Hose fransig abgeschnitten war, in einer tadellos weißen Bandage, er blickte unverwandt auf die Zehenspitzen des bandagierten Fußes, und hinter ihm stand ein Mann mit dem Rücken zu uns, sein Kopf war weiß verhüllt, eben so sauber wie die Bandage des anderen, und er trommelte mit beiden Fäusten gegen das Holz der Türe, stumm marschierten wir, einer hinter dem andern, an ihm vorüber, lange noch hallten diese dumpfen Gongschläge in meinen Ohren, und als ich mich später umwandte, sah ich den Mann noch immer an die Türe trommeln, lautlos schon für uns, und ich spürte, daß dieser Mann so ferne war von uns allen, daß er niemanden in den wahnsinnig unermüdlichen Rhythmus seiner Schläge, in den Sinn seiner Botschaft würde einfangen können, und in einer senkrecht auf die Straße stoßenden Allee standen einige Troßfahrzeuge, ein offener Kübelwagen, zwei Limousinen, ein schwerer Lastwagen mit einer Feldküche hinten dran, ein Panzer dazwischen, an dessen Motor sich ein paar Leute zu schaffen machten, dann noch zwei Lastwagen und eine Limousine, ein Fahrrad lehnte an einem Baum, wir gingen vorbei und sahn, daß einer der Soldaten, die auf den Trittbrettern ihrer Fahrzeuge saßen und rauchten, aufstand und uns winkte, wir gingen weiter, er rief uns etwas zu, wir hielten an und sahen, daß es Mayerhofer war, und daran erkannten wir, daß es unser Abteilungstroß war, oder das, was davon noch übrig war, wir gingen hin, die Blätter der Zweige, die zur Tarnung auf den Kühlern, über dem Fensterglas und den Windschutzscheiben und an den Bordwänden staken, raschelten hart bei jeder Berührung, wir warfen unsere Helme ins Gras und ließen uns umfallen, nach kurzer Zeit kam der Kommandeur, wir saßen auf und fuhren zurück, aber das war schon gegen Abend, da hatte ich schon meinen Splitter in der Hand stecken, von einem Geschoß, das weit weg wo krepiert war und seine Splitter in einer Unzahl von winzigen, kaum hörbaren Surrtönen über das Land verspritzt und ausgeschüttet hatte, um die Mittagszeit jedoch schon hatte mir Brunner, als ich, den Karabiner auf dem Unterarm, neben seinem Panzer einhertrottete, die Tafel Schokolade heruntergereicht, sie war weich von der Hitze im Panzer, biegsam wie heißes Wachs, sie bog sich von selber, dank ihrer eigenen Schwere, über die Finger, welche sie hielten, und ich wickelte sie aus dem Stanniol, kleine silbrige Fetzen blieben kleben an der braunen Masse, und ich biß hinein, doch das angebissene Eck löste sich nicht, meine Zähne rissen und zerrten daran, als wäre es rohes Fleisch, und als ich den Bissen endlich im Munde hatte, zog und dehnte er sich und war unzerbeißbar wie Gummi, und es kam mir vor, als schwelle er im Munde an, den ganzen Rachen erfüllend mit seiner zähen, unlöslichen Masse, schwoll und quoll auf wie Germteig, und so schmeckte es auch: wie Wachs, wie rohes Fleisch, wie Gummi, wie noch nicht garer Teig, und ich würgte es, dem Erbrechen nahe, hinunter und warf die angebissene Tafel weit von mir; ich aß sie nicht, genau wie jenes Stück Schokolade, das auf dem Schemel am Kopfende meines Bettes lag.

In dem selben Ort gab es eine Krankensammelstelle, von der aus, wie ich bald an mir selber erfuhr, die Verwundeten in die Heimatlazarette abtransportiert wurden. In diese Krankensammelstelle wurde ich verlegt. Mein Bett stand in der Ecke des Zimmers, neben dem Fenster. Auf dem Fensterbrett lag so, daß ich mit meiner Linken hinlangen konnte, meine Kartentasche, daneben die Zigaretten. Wir bekamen täglich fünf Zigarillos, ich rauchte sie ohne Gier und ohne Genuß, aber ich verzichtete nicht darauf, weil ich sie bekam. Mit den fünf Zigarillos reichte ich nicht, und ich war froh, die Zigaretten zu haben. Es war ein blaues Päckchen mit Zigaretten aus schwarzem Tabak. Aus diesem Päckchen hatte ich, als der Wachsoldat nicht herschaute, dem Gefangenen aufgewartet, mit dem ich am Tag vor meiner Verwundung gesprochen hatte. Einige Tage vorher hatte ich sie geplündert, mit Täding zusammen. Die Frontlinie hatte sich um einige Kilometer feindwärts verschoben, unsere Bunker gehörten zur zweiten Linie, und einige standen leer. Deren Panzertüren waren nicht versperrt, sondern bloß mit starken Drahtschlingen verschlossen. In jedem Bunker gab es zwei Kisten mit Notverpflegung: Schokolade, Gemüse- und Fleischkonserven, Keks, Zigaretten, Wachslichter, und wir brachen eines Abends, zur Dämmerzeit, einige dieser Bunker auf und plünderten die Kisten. Wir nahmen nur Schokolade und Zigaretten. Zuerst füllten wir die Taschen, dann ließen wir die Päckchen und Schachteln und Tafeln in die unten zugeschnürten Beinlinge unserer Hosen rutschen, und dann stopften wir's vorn in die Blusen hinein; und als wir nichts mehr unterbringen konnten, fiel uns das Gehen schwer. Wir mußten sehr vorsichtig sein, denn auf die unbefohlene Verwendung des Notproviants, auf das eigenmächtige Erbrechen und gar auf das Plündern der Kisten stand die Todesstrafe, und wir wußten, daß damals nicht mehr leer gedroht wurde. Anderthalb Jahre vorher, noch drüben im Osten, war ein Zwanzigjähriger erschossen worden, vor der ganzen, im Karree angetretenen Abteilung, weil er sich, als er im Postdienst verwendet wurde, Pakete angeeignet hatte, vierunddreißig Diebstähle hatte er einbekannt; die schäbigen Fäustlinge und dünnen Unterhemden, die hundekuchenharten Keks und die paar Zigaretten, die unsere Mütter und Frauen damals schickten, kosteten ihm das Leben. Wir aber hatten Glück gehabt, niemand war uns begegnet, als wir steif und ungelenk aus den Bunkern schlichen, und weil ich mit den fünf Zigarillos nicht auskam, war ich jetzt froh, von diesen Zigaretten noch zu haben. Gegessen habe ich zwei Bissen weiches Fleisch und ein Viertel einer faustgroßen Kartoffel und einmal ein Schälchen dunkelblau schillerndes Kompott, und ein andermal noch etwas Kompott. Die leeren Kompottbüchsen kamen auf die Stuben, wir brauchten sie dringender als den Inhalt, denn es gab keine Urinflaschen. Betreut wurden wir wenig von Schwestern; die hatten keine Zeit, oder sie hatten keine Lust, sich all zu viel mit uns abzugeben, oder es waren zu wenige da. Aber es gab Mädchen aus der Stadt, in ihren bürgerlichen Kleidern, die das Nötigste verrichteten. In dem Bett neben dem meinen lag ein Mann, der am Bein verwundet war, er humpelte manchmal im Zimmer umher und tat kleine helfende Handgriffe. Als meine Zigaretten zu Ende waren, drehte er mir Zigaretten aus den Stummeln, die ich in dem Gasplanebeutel gesammelt hatte. Auch bot er sich mir als Briefschreiber an, und ich diktierte ihm eine beruhigende Karte an meine Mutter. Er war freundlich zu mir, wahrscheinlich deshalb, weil ich sehr jung war, neunzehn Jahre war ich alt, und vielleicht weil er den Eindruck hatte, es ginge mir sehr schlecht. Ich selber merkte nicht viel von meinem Zustand, zwar hustete ich, zum ersten Mal in meinem Leben, und hatte fortwährend Abführen, aber ansonsten lag ich stumm auf dem Rücken und interessierte mich für nichts. Ich sah, wie neue Verwundete eingeliefert wurden, steif wie Salzheringe; ich hörte die Mädchen mit den Soldaten scherzen, ich hörte langes Bombenrollen und zittriges Fliegergebrumm und kurze Detonationen und dazwischen das Stottern der Bordwaffen. Ich hörte, wie die Verwundeten fluchten, stöhnten, lachten, nach der Schwester riefen und nachts ganz irrsinnig träumten. Aber es berührte mich nicht tief. Drei oder vier Tage lang blieb ich dort, aber ich verspürte keine Sehnsucht darnach, an diesen Vorgängen um mich herum teilzunehmen.

Eines Abends ging ein Transport mit Leichtverwundeten ab, und am nächsten Mittag kam die Nachricht, daß der Lazarettzug von Tieffliegern beschossen worden war, und daß es mehr als vierzig Tote gegeben hatte. An diesem Vormittag war ich für den nächsten Schwerverwundetentransport eingeteilt worden, aber die Nachricht berührte mich kaum. Ich lag reglos in meinem Bett, auf dem sich allmählich wundliegenden Rücken, eingekapselt in meine Ohnmacht, welche mich ganz übermannt und nur meinen Sinnen eine gewisse Bewegungsfreiheit gelassen hatte; ausgeschlossen mein Inneres von den Ereignissen rund um mich. Es gab keine gangbaren Wege für diese Sinne, auf denen sie in mich eingedrungen, mich von innen her erfaßt, ergriffen, gerüttelt, auf denen sie mich erfüllt hätten. Es war wie in dem Winter zuvor, als wir eine Postenkette bildeten, alle vierzig bis sechzig Schritt ein Mann, das

Seitengewehr aufgepflanzt, fünf Schuß im Magazin, fünfundzwanzig Schuß in den Patronentaschen, rund um das Forsthaus, welches zwei Mal innerhalb einer Woche von den Partisanen überfallen worden war, in diesem milchglasüberwölbten galizischen Winter, und der Wind peitschte die Zweige über den harten Schnee, als schiebe sich ein Körper heran, und ein dürres Blatt, das sich in einer tiefen verharschten Fußtapfe gefangen hatte, tobte und hüpfte winzig leise in seinem Verlies, metallen klackend wie ein Gewehrverschluß, und eine Lage Schnee, die von einem Ast herabschwebte, fiel auf die Erde wie ein sorglich geheimgehaltener Tritt, und jeder Busch gab mit jedem Schwanken seiner Zweige einen mondbeglänzten Fleck frei, schmalblitzend wie ein Messer, breit leuchtend wie ein Gesicht, und der nächste Posten war vierzig bis sechzig Schritt weit entfernt, nicht zu sehen und nicht zu hören, und so lange wir auf Posten standen, war kein Partisan zu hören und keiner zu sehen, ganz ferne knallte eine Pistole, und nach einer starren, summenden Pause knallte die Pistole noch vier oder fünf Mal, und am nächsten Morgen wußte niemand, was es gewesen war; so daß nichts von uns übrig blieb in den drei Mal zwei Stunden jener Nächte als die Beschränktheit auf die mißverstehenden Sinne, ohne Ordnung, ohne die Aussicht auf endliche Orientierung, nur Eindruck in einer unabsehbaren Isolation, so wie ich jetzt in meinem Bette lag, aus mir selber gestülpt wie jenes Ministrantenhemd, das ich umdrehte, als es schmutzig war, und noch einmal umdrehte, weil es auf der richtigen Seite dann doch wieder nicht mehr so schmutzig war; ich war nicht tot, aber ich hatte aufgehört zu leben, ohne es gemerkt zu haben, denn alles Rückwärtige lag nicht mehr rückwärts, sondern außerhalb und deshalb so weit innen, daß ich nicht hinabreichen konnte; und ohne es zu merken, denn ich begehrte nichts, erhoffte nichts, befürchtete nichts, es gab keine Spannung zwischen dem Leben und meinem Zustand jenseits des Lebens, es gab nichts, gegen das ich mich hätte stemmen oder zur Wehr setzen können, wie der Tod gegen das Leben. Aber ich war ja nicht tot. Ich war eine Kerze, die nicht angezündet war; weiß und schmal und lang: so lag ich im Bett; die dunklen Haare über dem weißen Gesicht, ein dicker, fransiger schwarzer Docht, waren seit Monaten nicht geschnitten worden, an den Schläfen wuchsen sie über die oberen Ränder der Ohrmuscheln zurück. Meine Sinne nahmen auf, was sich ihnen bot: von fern das Knistern und Flackern der Front, herinnen das Geschwätz, das Stöhnen der Verwundeten, ihre Ausdünstungen, den Eitergeruch, ihre schweren, langwierigen, entmutigten Gebärden, und das Plappern und flüsternde Lachen der beiden Mädchen, und vom Gang herein zuweilen ein gefilterter Aufschrei, das Geklapper und Klirren von Geschirr und die Tritte genagelter Stiefel auf den Fliesen, das Öffnen und Schließen einer krächzenden Tür, das hohle Kluckern des Urins gegen die Wandung einer Blechbüchse, die Handhabungen des Personals. Aber das alles fügte sich nicht in eine Ordnung, ergab sich nicht einer allumfassenden Besitzergreifung. Die Eindrücke reichten nicht tief genug hinab, jedes Wahrgenommene blieb an den Rändern des Geistes hängen, wie Trümmer an den Strand geschwemmt nach einer Katastrophe. So lag ich in meinem Bett, nicht wach und nicht schlafend, aber auch nicht dösend, dämmernd, träumend, sondern bloß: nicht wach, so wie ich auch, ohne tot zu sein, nicht lebte. Was meine Augen sahen, sahn sie durch die herabgelassenen Lider, wie ganz grelles Licht durch die Lider bricht, konturlos, gestaltlos, undefinierbar. Und so sah ich auch das Mädchen vor mir stehen, das große, biegsame, hüftgelenke, hellblonde Mädchen mit den winzigen Goldkörnern in den Ohrläppchen, welches mit den Verwundeten, die dazu imstande waren, scherzte und harmlosen Unfug trieb; sie stand am Fußende eines Bettes, neben zwei Verwundeten und neben dem anderen Mädchen, und sie blickte mich an, und sie sagte, auf einmal allen Scherz und allen Unfug weit und bedenkenlos hinter sich lassend, zu sich selber, nicht zu den beiden humpelnden Männern, an denen sie plötzlich gar keinen Gefallen mehr finden konnte, und nicht zu dem anderen Mädchen, mit welchem sie keine Gemeinsamkeit, nicht einmal die des ungestillten Geschlechtes, mehr verband, sie sagte zu sich selber, oder zu jemandem, der in ihr wohnte, tief innerhalb von Scherz und Unfug und sogar von Reflexion, Absicht und Ziel, zu einem Wesen, das in ihrem Leibinnersten möglich war: »Schau dir diesen Jungen an! Schade um ihn.« Sie sprach es halblaut, aber laut in der Stille, die mit ihrem Stillesein eingetreten war, verharrte eine kleine stumme Weile, in einer tiefweltlichen Andacht, vor dem Bett und wandte sich dann ab: mit einem langsamen, engen Schwung, der einen endgültigen Verlust hinter sich ließ, der eine notwendige Abkehr von dem Unwiderruflichen enthüllte, jenseits von Trauer, Schmerz und Mitleid, aber aus einer tiefen natürlichen Erkenntnis des Unvermeidlichen, aus einer wahrhaftigen Einsicht, Einfühlung, Einordnung in den Lauf der Welt und ihrer Dinge, aus einem ehrlichen Einverständnis mit dem Schicksal, aus einer grenzenlosen Liebe heraus, welche außerhalb jeder männlichen Vorstellung, welche in Individuen denkt, in ihr gedieh und in ihr waltete. Ich aber spürte den doppelten Boden der Welt, welche unsere ist. In jenen Tagen hatte ich all mein Gewicht verloren und damit das Gefühl des Bodens unter mir, und dieser Verlust bedeutete ein währendes Fallen, aber nun war ich aufgeprallt auf den anderen Boden, nun hatte ich festen Grund unter mir verspürt, einen Grund, von dem ich mich abzuschnellen imstande sein mußte. Nun stand für mich das Spiel wieder auf Tod und Leben, so blieb es während der viertagelangen Fahrt im Lazarettzug, so blieb es in den Lazaretten daheim; die Schmerzen kehrten wieder, die Vertrautheit des Körpers kehrte wieder, die Fremdheit der Welt kehrte wieder; stumm lag ich in meinem Bett, aber ich hatte den Widerstand entdeckt, gegen den ich mich aufbäumen konnte: eigentlich war ich gerettet. Der Rest war eine Sache der Ärzte, der Medikamente, der Herztätigkeit und der Blutkörperchen.

Felix Hartlaub

Mond und Pferde

Nachts ist das Wehen viel stärker als am Tage. Wenigstens in den Bäumen ist es dann immer noch lauter, namentlich während der zweiten Wache, der Zähneklapperwache, eiskalten Hundepfotenwache. Manchmal kaum auszuhalten; am schlimmsten sind die Pappeln, obwohl die doch gut sechzig Meter ab stehen. Und je weniger Blätter dran sind, desto größer der Lärm, desto aufgeregter, rabiater. In Wirklichkeit sind es lauter kleine Bleche, die fortwährend aneinanderschlagen; mit jeder Woche wird der Ton höher, dünner, schärfer, man muß nur das Ohr genau einstellen. Das sind die Mondstrahlen, die haben sie geplättet und geschmiedet, da muß ja auch etwas vorgehen, wenn diese hunderttausend Blätter nächtelang dem lautlosen Mondbeschuß ausgesetzt sind. Die große Eiche, wo sie jetzt den Hochstand drin zu bauen angefangen haben, die verschluckt das Rascheln und Schubbern zum großen Teil selber, sammelt es in ein dichtes Nest, da raspelt es sich bald in Schlaf. Von den Ästen, die sie heruntergehauen haben, sieht man undeutlich die Schnittflächen glimmen. Dieser einzelne große Baum auf der Koppel ist überhaupt komisch, das werden, sagt der Stabsgefreite, die Spähpanzer auch finden, und gleich die Krone mit dem Maschinengewehr abstreuen. Aus solchen Baumkronen fällt immer irgend etwas heraus.

Wie viele Wochen geht das nun schon mit dem Wehen und der milden trockenen September-Oktober-Sonne? Die haben einen Vertrag miteinander geschlossen zur Gründung einer neuen Jahreszeit, das Wehen hält die Sonne frisch und immer in derselben Entfernung, und die Sonne wärmt und siebt den Wind, damit er nicht zum Herbststurm anschwillt. Daß einem schönes Wetter so auf die

Nerven fallen kann, das war 1939 genau so, als er zum erstenmal eingezogen wurde. Von dem feinverteilten Wind kommt auch, daß man nicht mehr schlafen kann. Vorvorige Nacht war es beinahe so weit, stundenlang hat es an einer großen Wolke geformt, die reichte dem Mond schon bis ans Kinn. Aber als es hell wurde, sah man, es war nicht die richtige Hefe drin gewesen, der Morgenwind flockte sie wieder spielend auseinander. Die Altweibersonne, schon beim Aufgehen gelb, steckte ihr noch die Säume in Brand.

Halt, da steht einer in der Wiese, wie angewachsen, schon ganz eingemeindet vom Mondlicht, und ist doch erst in dieser Sekunde aufgeschossen. Breite lichtsprühende Schultern, der Kopf klein, dunkel, abgewandt. Jetzt scheint es ihn schräg seitwärts zu versetzen, wie die Strömung eine Boje, das ist diese kniehohe Dunstschicht über dem Boden, man kann seine Füße nicht erkennen. Fühlt sich scheint's ganz unbeobachtet, brütet im Stehen, ob er die verlorene Kombizange aus dem Werkzeugkasten oder das silberne Hufeisen suchen soll. Aber jetzt ist er schon wieder nach der anderen Seite geglitten. Hat der Mann denn Gleitflächen? Er bückt sich zum Zelteingang, man müßte ihn anrufen, das geht natürlich nicht, steckt den Kopf hinein. Auf, Muggi, da ist der Nachtmarder, der uns die Karbidlampe und die Kombizange gestohlen hat. Wach auf, Muggi, faß ihn! Die beiden Knöpfe auf seinem Rükken, einen Offiziersmantel hat er auch, den Mantel vom Zugführer. Aber das ist ja der neue Zugführer selbst, der die Posten kontrolliert, und hier hat er keinen Posten gefunden, weil ich in diesem Baumschatten klebte, dieser tiefschwarze Schattensee verschluckt einen ja völlig. Da schaut auch schon Muggi seine bleiche gedunsene Birne aus dem Zelt, wo der doch sonst nie wachzukriegen ist: er zieht sich die Hose hoch, meldet dann, mit einem ulkig aufwärts gebogenen Arm, ganz offiziersmäßig, wie es sich nur so ein Stabsgefreiter erlauben kann.

»Halt, wer da, Parole?« Endlich ist es heraus, natürlich viel zu spät jetzt. Der Chef beachtet es auch gar nicht. War das überhaupt meine Stimme? Es klang wie ein heiser flüchtender Vogelschrei, vielleicht haben sie es gar nicht gehört. Und jetzt schon wieder dies Gähnen, es quetscht einem die Kiefer auseinander, der Hohlraum greift in den Hals hinein, bis ans Herz, der Mondnebel stülpt sich über das Herz. Jetzt kommen sie gemeinsam mit großen Schritten heran, unterhalten sich scheint's ganz gemütlich. Muggi hat sogar einen Augenblick die Hände in der Tasche. Die Meldung erst, wenn sie drei Schritte heran sind – nein, man muß ihnen auf kürzestem Weg entgegengehen.

»Posten 3, Kanonier..., auf Posten keine besondere Vorkommnisse.«

»Außer der Posten schläft, Mann, ich habe Sie eine gute Viertelstunde lang beobachtet. Sie hatten total abgedreht, einsperren müßte man Sie, das ist Wachvergehen vor dem Feind, eine kolossale Schweinerei. Wie lange sind Sie überhaupt Soldat?«

»Im sechsten Jahr, Herr Oberleutnant, das heißt Weihnachten 1939 wurde ich wieder aus der Wehrmacht entlassen, war auf einer Behörde tätig, 1941 wieder eingezogen, zu einer Luftwaffenbaukompanie, aber dann zu einer Feldbäckerei versetzt. Dann war ich ein halbes Jahr, nein, vielmehr achteinhalb Monate...«

»Danke, danke, ich sehe schon. Und jetzt sollen Sie Ostpreußen verteidigen, haben sich dem Vaterland wieder zur Verfügung gestellt in den Stunden der höchsten Bedrohung. Na prost Mahlzeit. Stabsgefreiter, was machen wir bloß? Und der Anzug von dem Kerl...«

»Herr Oberleutnant, mit ärztlicher Genehmigung soll ich den Stahlhelm nur bei unmittelbarer Feindeinwirkung...«

»Das stimmt, Herr Oberleutnant, die Bescheinigung hat er.« Muggi kratzt sich am Kinn, man hört den roten Stachelbart, Rasierklingen hat die Marketenderei noch keine.

»Und die Berechtigung zu einer täglichen einstündigen Mittagspause, wenn es die Dienstverhältnisse gestatten, sowie zum häufigen Genuß von Buttermilch und bis zu drei Spiegeleiern in der Woche, weiterhin zum häufigen Besuch von Orgelkonzerten... Aber wer hat Ihnen gestattet, den

Übermantel anzuziehen. Und die Mütze über die Ohren zu klappen, Sie Clown. Von Kopfschützern ist auch noch nichts befohlen. Sie sehen ja aus wie der Dalai Lama im Wochenbett, wie die heilige Therese mit Ziegenpeter...«

»Herr Oberleutnant, es ist nur wegen der Blätter. Diese Pappeln erzeugen infolge der Mondbestrahlung einen ohrenbetäubenden...«

»Und der Ultraschock, der neuerdings erstmalig nachgewiesen ist, bewirkt eine Schälung der Hirnhaut, weiß ich, weiß ich alles. Menschenskind, sind Sie bloß still, Sie haben ja eine ausgewachsene Spinneritis, alles, was recht ist. Verschwinden Sie bloß im Zelt, am besten verschwinden Sie ganz. Ihr Kamerad wird Ihre restliche Wache übernehmen, der Kommandeur soll nämlich im Gelände sein. Wenn der diesen ultravioletten Vorkämpfer trifft, die Folgen sind nicht abzusehen und jedenfalls kriegsentscheidend. Mann, klappern Sie doch nicht so mit den Zähnen, verrenken Sie den Hals nicht so, oder gehören Sie zur Clique? Das hat hier doch nichts mit Krieg zu tun, eure Mondscheinwache, das haben wir früher freiwillig gemacht und gegen hohe Mitgliedsbeiträge...«

Eine Kälte in dem Zelt, eine qualmende Nässe, das müßte ja längst gefroren sein. Wenn nicht der Dunst drin hinge, Muggi sein Gaulsgeruch, wäre es auch längst gefroren. Die Zähne trommeln hart auf hart, draußen war es nur dies leise Schubbern, lautloses Zerkleinern von Silbersand. Draußen war es viel wärmer, im Mondlicht muß ein Anteil Wärme sein, jeder fünfte Mondstrahl ist lauwarm, viel erfrieren kann man da nie. Was die Sonne macht, kann der Mond noch lange, das macht er mit der linken Hand dazu. Wenn der wollte, wogten hier Wälder aus Zuckerrohr, da hingen die Klapperbäume voll Wein und Glyzinien, wenn er dürfte! Aber das hier drin ist die Nacht der Nacht, ihr stehender Satz, ihre stinkende Sohle, Nachtjauchezelt. Und ich rutsche auf den Knien hindurch, auf den Händen geh' ich im Kreis drin herum, die Taschenlampe im Mund. Da ist Muggis Uhr, Muggis Altsilberei, noch gerade hab' ich's erwischt. Auswandern wollte es, unterm Zeltdach durch, sich eine Bruthenne suchen. Die Stirn ist aus Hornglas, gibt nach wie Wachs, wachsweiches Ei; vor den Zahlen ist lauter Rauch. Rauch oder Locken aus Pferdehaar, Muggi versteht viel von Pferden. Erst den Rauch abzapfen, dann wollen Sie bitte die Zeit vergleichen, Muggi, die Wache gehört noch zu mir. Aber in der Uhr ist ein wüster Krach, wie wenn Käfer kämpfen, wie wenn man Mistkäfer auf den Rücken legt. Muggi, schlaf du hier, ich muß wieder raus, meine Wache zu Ende stehen. Es wird noch ein wichtiger Funkspruch erwartet, den verstehst du nicht trotz dem gespaltenen Ohr.

Vielleicht ist der Sondergesandte schon da, da steht er bloßfüßig am Graben. Vom langen Tautreten ganz erschöpft, vom Durchwaten gemuldeter Wiesen. Mit bloßen, hohlen, zitternden Knien, aber herrlichem Federmantel. Feder von Reihern, schwarzsilbernen Störchen, und auch die vielen kleinen Pusteflaumfedern, die in der Hecke hängen geblieben sind, die bekleiden die Brust, die geben gut warm, unter der Hecke von Hagebutten. Hol Planken, Muggi, vom Zaun am Taglöhnerhaus, daß er über den Graben kann. Dort wachen sie auch noch, das niedrige Licht, unter die Fensterbank gebeugt. Oder haben sie Kohlen im Blumentopf? Sie müssen viel hauchen, die Hand drüber halten, mit knisterndem Salz nähren sie das Licht. Aber jetzt hat ihn ja schon das Pferd geholt, jetzt ist er wieder ganz weit. Wenn du ganz scharf hinsiehst, weit draußen im Feld, an der blendenden Nebelschwelle, man könnte meinen, da liegt ein See: da macht er Reiterkunststückchen.

Drinnen bleiben soll ich, Muggi ist bös, er hat einen Grashalm im Mund. Wie tief der Mond schon herunter ist, Muggi, wie hast du das bloß geschafft! Da, wo das Land einen Buckel macht und der Bunker hin soll, wo der umgestürzte Schubkarren liegt, da hängt er wie ein abgeschossener Ballon, einen Spatenstich vor dem Gesicht. Auseinandergelaufenes blindes Gesicht, nur der oberste Rand ist noch blank, wischt ein trübes Funzellicht über den Nebelstumpf, gerade in der Höhe von Muggis Glatzenstirn. Ich soll schlafen, und wenn der Oberleutnant nicht so ein patenter Kerl wäre, so ein feiner anständiger Junge – ein anderer hätte bestimmt Tatbericht eingereicht, da kannste dich drauf verlassen, ein Schweineglück haste gehabt. Aber mit dem Schlafen wird es bestimmt nichts mehr, jetzt schon gar nicht. Das ist immer so. In der Scheune in unserem Massenquartier, wenn ich da nicht einschlafen kann, stelle ich mir immer was mit Weibern vor, aber hier draußen macht sich das schlecht. Ich sehe sie schon, aber sie halten nicht still, es ist, wie wenn man ein Fernglas verstellt. Mal diesseits der Stirn und riesengroß, man kann sie nicht umfassen, ihr Auge allein schon weit wie ein See, es spiegelt mich, meine ganze Gestalt, wie ein verpupptes Insekt, wie die Fliege im Tintenspiegel. Oder ganz klein, man muß sie im Gras suchen, nasse Spinnweben überm Puls. Sie zerbröseln zwischen den Fingern, noch der feinste Kamm läßt sie durch. Nein, Muggi, das ist kein reelles Geschäft, behalt den Grashalm im Mund. Zum Beispiel die rothaarige Tischlersfrau, die rossige Stute, mannstoll. Der halbe Zug hat sie schon gehabt, über Kohlenkasten und Bügelbrett. Die uns gestern den Eimer Fallobst geschenkt hat, jetzt ist sie ganz anders, steht wartend am Zaun. Alles Haar hat sie vom Ohr weggekämmt, hält die blanken Schultern versteckt. Daneben die Kleine, Kaulquappe sagt Muggi, die kesse Arbeitsmaid aus der Stadt, ohne Waden, das bißchen Brust. Schon zweimal hat sie Muggi versetzt, er läßt sich nichts merken, ist immer freundlich, einmal kommt sie ja doch. Dann nimmt er sie in die Scheune herauf, die ist groß, verschluckt jedes Geschrei, macht sie fix und fertig, sei ganz beruhigt, nach allen Regeln der Kunst. Auch die Kleine ist anders, über Kopf und Schultern ein Schürzentuch, oft hebt sie sich auf die Zehen. Jetzt sammeln beide am Zaun entlang, sie sprechen wohl auch miteinander, sammeln Blätter, geschmiedete Pappelblätter, und manchmal werfen sie was über den Zaun. Jetzt über die Wiese Arm in Arm, mit langen langgreifenden Schritten, die Wiese saugt alles von uns weg, bannt es an ihren äußersten Rand. Wo vorhin das Pferd war, reglosen Stands, nur der Schweif fegte lautlos die Flanken, sind jetzt die beiden, sie lassen sich los, es scheint, sie nesteln die

Schuhe auf. Da wieder nur Pferde, diesmal zwei, und jetzt wie aufs Stichwort, mit einem Rutsch, ist der Mond hinterm Hügel versackt. Nur noch Nebel, er steigt vom Kreuz bis zur Brust, die Flut kehrt ins Wattenmeer. Nebel den Pferden an die Brust. Nebelmeer spült am Bug.

Siehst du, Muggi, ich habe immer gesagt, die beiden hängen zusammen, das Pferd und die Tischlersfrau. Von der Kleinen hätte ich es nicht gedacht, daß die auch ein ganzes Pferd abgibt, dies schwirrende Heupferd, der Distelspring, immer Kletten in ihren Haaren. Aber jetzt, wo der Nebel immer dicker wird, vielleicht holen wir sie ein, bekommen sie endlich Brust gegen Brust, in ihrer richtigen Größe. Die Fernrohrlinse bleibt stehen im Nebel, läßt sich nicht weiter verstellen. Wie langsam die Pferde im Nebelmeer schwimmen, mit bleiernen Hufen, gegen den Strom, das Tischlerpferd spitzt schon die Ohren. Muggi, seit wann kannst du Wasser treten? Freihändig fährt er im Wasser Rad, klatscht sich die Schenkel, schon bricht er ein; blas die Backen auf, das trägt. Paß auf, daß du sie nicht unter Wasser drückst, die Kleine schwimmt heut zum erstenmal. Er will schon im Wasser reiten, hält die Hände vor ihre Nüstern, hat immer noch Gras in den Zähnen. Aber wir haben schon Grund, schönen festen Sand; meist sind hier die Ufer so schlammig. Muggi halt an, hier wollen wir uns jetzt trennen. Geh du geradeaus mit dem kleinen Pferd, da sind viele Gebüsche wie Inseln, goldenes Laub und silberne Birken, hohes Riedgras, ihr dürft euch nicht schneiden. Laß sie vorn gehen, die Wege sind schmal, die Gänge zwischen den Inseln.

Aber meins ist weg, mein Pferd ist weg, die Tischlerin kommt es schon suchen. Sie bückt sich, kauert sich vor dem Gebüsch, nichts ist von dem Pferd zu sehen. Sie kauert vor dem Schneebeerenstrauch, als wäre das Pferd ein Schimmel. Jetzt trägt mich die Tischlerin Huckepack. Von mir aus, ich hab' nichts dagegen. Aber nicht an der Zugbefehlsstelle vorbei, lieber den Aschenweg. Die Haare soll ich ihr trocknen, so viel habe ich nicht in den Lungen. Was ist, ich glaube, sie leckt mir die Knie, die Meisterin spricht mir gegen die Knie mit glühenden Wangen, ich will herunter.

Wir sind schon zu Hause, da steht ihr Mann, hemdsärmelig, er putzt seine Brille, hat den Theodoliten in Stellung gebracht, sie vermessen den Panzergraben. Merkwürdig, daß die Stiege nicht knarrt, heut kann ich drei Stufen auf einmal nehmen. Hier sind Säcke voll Laub, ein Korb ohne Boden, ein alter Srohhut hängt an der Wand. Ich soll ein Kleid von der Kleinen anziehen, sie will mir die Uniform schnell waschen, waschen und kochen, das geht ganz schnell, der Kessel ist schon überm Feuer. Aber bleib nicht so lange weg, Meisterin, ich kriege das Kleid nicht über den Kopf. Hin und her in der Küche, das Kind hat viel zu erzählen, es häkelt sich fest, Klettenkopfkind. Und das andere Kind fängt zu schreien an, die Ketten klirren im Stall. – Laub habt ihr viel gesammelt, und der große Zwiebelzopf, in der Ecke den Kürbis seh' ich erst jetzt, den löffeln wir später aus. Wie habt ihr das Riesending raufgeschafft, ohne Flaschenzug? Und die Wand aus Lehm, handgeknetete Wand, und die Decke mit Knien und Sohlen gewalkt, die Decke war früher Boden. Eine Kammer mit Muskeln, sie atmet und schafft, die Kammer reift Riesenglieder. Auch die Luft hat Kraft, nicht jeder kommt durch, man greift wie in einen Kornsack hinein. Jeder Finger stark wie ein Mann, zwischen den Schultern hab' ich ein Land, ungepflügt, unvermessen. Und der Bauch wie ein Flußbett mit vielen Armen, reißenden Armen, und greifenden Brücken, viele Pfeiler stehn im Strom und Wasserrosen decken die Bucht mit unbetretenen Blättern. Riesen sind wir geworden, kein Wunder, daß mir das Kleidchen nicht paßt. Soll ich es vor das Fenster hängen, ich reiche von hier aus hin. Blau war das Kleid, jetzt am Fenster goldbraun, wie geöltes Papier, mit dunkelroten Nähten. Nur den richtigen Atem hab' ich noch nicht, der ist gedrosselt, nach der Brust zu wird alles eng. Unter die Rippen müßte man greifen. Wenn du das könntest, Meisterin, sie von unten aufwölben und statt dem Brustbein, dem morschen Steg, eine breite vielgleisige Bahn. Alles grenzt so hart an den Knochenkorb, bei dir lehnt sich alles ans Weiche, alles fühlt sich anders mit deiner Brust, merkst du denn nicht, daß wir schon fliegen...

Aufstehen, was ist denn, die Ablösung, mich brauchst du nicht zu rütteln, wo ist denn Muggi? Ich war nur einen Augenblick weg, was sagst du, Muggi ist schon abgehauen. Muggi hat Kaffeedurst gehabt. Nur einen Augenblick war ich weg, red doch nicht von zwei Stunden. Ich hatte ja das Kleid nicht über den Kopf gestreift, eben erst das Fenster verhängt. Was für ein Kleid, das spielt keine Rolle, ein Leibchenkleid, Rock mit Leibchen. Ich meine ja das Taschentuch, über die Karbidlampe gehängt, nicht doch, die Lampe hat sich nicht angefunden. Warum wartet Muggi denn nicht? Ich komme ja schon, wo hab' ich bloß wieder die Mütze. Den Eimer müßt ihr drüben abgeben, beim Tischler, vielleicht krieg' ich wieder Obst, aber laßt die Kleine in Ruhe, die vom Arbeitsdienst, Muggi ist hinter ihr her und mit Muggi ist nicht zu spaßen. Gewiß, die gutmütigste Sau von der Welt, dieser Muggi, aber er kann gemein sein, versucht mal, ihm in die Augen zu sehen, die kleinen verpennten Augen. Warum löst ihr denn heute zu drei Mann ab, zwei stehen schon am Geschütz, sie rollen die klammen Planen hoch, klamm und bereift, es hat ja gereift. Reif auf der ganzen Koppel. Dort glüht es schon grün vor der Sonne her, zwei volle gestrichene Stunden geschlafen, schön wär's ja. Der Fuß hat geschlafen, das ist wahr, ich krieg' ihn kaum hinter mir her, wie ein Sack, vollgestopft mit Mücken und mit Stachelkastanien, ein zugebundener Sack. Die Tauben fliegen die erste Runde, vergeßt bitte das mit dem Eimer nicht...

Karl Mundstock

Der Wolf

Lechner, ohne Karte und Kompaß, suchte nach der Spur seines Zuges, die ins sowjetische Hinterland führte, und verirrte sich in der weißen Nacht, in der harmlose Schneewehen im Mondschatten zu schwärzlichen Buckeln und schneebedeckte Buckel im aufprallenden Mondlicht zu harmlosen Schneewehen wurden. Am Morgen wußte er nicht, wo in dem Auf und Ab einander gleichender Höhen und Täler er sich befand. Kein Rauch war zu sehen, kein Zelt, keine Grabenlinie, nur wogende flimmernde Leere, in der hier und da an den Südhängen ein übergrünter Fels sich schwärzlich abhob. Rinnsale höhlten die Schneedecke aus, Lechner brach in Wasserlöcher ein, der Marsch durch den tagsüber faulenden und in der Nacht zur brüchigen Kruste erstarrenden Schnee zermürbte. Im Vertrauen darauf, bald bei einer sowjetischen Einheit zu sein, hatte Lechner den Rest seines Proviants in zwei Tagen aufgezehrt. Er zerfetzte ein Schneehuhn mit einer MPi-Salve. Als er Feuer anzünden wollte, um es zu braten, versagte sein Feuerzeug. Das rohe Fleisch widersetzte sich seinen Zähnen. Er besaß noch seine eiserne Ration und teilte sie für die nächsten zwei Tage ein. Länger konnte es gewiß nicht dauern, bis er auf die Rote Armee stieß. Am Abend des vierten Tages kratzte er den Rest des Schweinefleisches aus der Büchse. Er rechnete noch immer nicht damit, zu verhungern und zu erfrieren. Doch nahm er sich vor, von der Handvoll Zwieback, die ihm geblieben war, jeden Tag jeweils die Hälfte zu essen. Er erlebte die erste Nacht, in der ihn der Hunger nicht schlafen ließ, er sich auf dem Flecken Moos zu Füßen des schneebedeckten Steilhangs in Decke und Zeltbahn hin und her wälzte, während dampfende Schüsseln voll Tiroler Knödel und flache, von Champignon-Omeletts übervolle Teller aufgetragen und durch das Bild eines bis an den Rand mit Linsen gefüllten Kochgeschirrs, aus dem er unentwegt in immer grimmigerem Hunger löffelte, verdrängt wurden. Dieses randvolle, unerschöpfliche Kochgeschirr bildete von nun an in jeder Nacht und später auch in den Tagträumen den Abschluß seiner Schwelgereien, denn Kompotte und Süßspeisen mochte er nicht. Sein Mooslager befand sich im Windschutz geduckter verästelter Birken, die, auf einem Haufen beisammen, Schutz und Wärme aneinander suchten. Am Morgen zerkaute er Blattknospen und spie sie aus. Es gelang ihm nicht, sie hinabzuschlingen. Er entledigte sich der Magazintasche und des Brotbeutels mit den Handgranaten. Am fünften Abend hörte er den Grauwolf in der Nähe heulen, er sah die Lichter in der Dunkelheit glänzen, aber seine Salve wühlte nur den Schnee auf. Ihm, dem sicheren Schützen, flimmerte es vor den Augen. Seinem Gedächtnis schien entschwunden zu sein, daß er mit einer Maschinenpistole auch einzelne Schüsse abfeuern konnte. Schneller als die Ration nahm seine Lebenskraft ab. In der sechsten Nacht schoß er wieder auf den Wolf und fehlte. Er blieb bis in den hellen Vormittag hinein liegen. An diesem, dem siebenten Tag kam er nur Schritt um Schritt voran.

Als er gegen Mittag zurückschaute, sah er in seiner Spur den Wolf, die Schnauze am Boden. Der Wolf war gelblichgrau, mit dunklen Tupfen am Schädel. Die Flanken eingefallen, das zottige Brustfell zum Hals hinauf borstig. Die buschige Rute schleifte im Schnee. Er setzte sich auf die Hinterläufe, gähnte, so daß Lechner die gelben Reißzähne zwischen den rosigen Lefzen sah, und stieß einen Klageruf aus. Der Krieg hatte die Rentierherden vertrieben. Sie waren seine Nahrung. Nur der hakenschlagende Schneehase mit den unterirdischen Schlupfwinkeln und das flatterhafte Schneehuhn, das ihm vor der Nase weg auf einen Strauch entwischte, führten in seinem Jagdrevier noch ihr angstvolles Dasein, ihn, den ewig freßlustigen, im Frühjahr einsam jagenden Tundrawolf zu narren. Lechner schoß noch zweimal. Beim drittenmal kratzte er zuerst eine Unterlage für die Maschinenpistole. Weiße Nadeln stachen ihm in die Augen, und der Wolf, der nun auch tagsüber Schritt für Schritt – um Fußbreite in Stunden! – näherrückte, verschwamm mit seiner klagenden Schnauze und dem in den Schnee hängenden Schweif hinter blendenden Tränen. Am Abend des siebenten Tages geriet Lechner in eine Gegend, die er, obwohl die weißen Nadeln jetzt immerzu in seine Augen stachen, wiederzuerkennen glaubte. Er folgte einer Spur, die noch nicht vom Wechsel des Tauens und Gefrierens zerstört war, so daß er sie trotz des schmerzenden Geflimmers durch die Schneebrille zu erkennen vermochte. Er vermeinte, bis in den Südabschnitt der Lizzafront hinaufgeirrt zu sein – entkräftet, schneeblind, ohne Kompaß hunderte Meilen geradenwegs nach Norden hinauf! »Also das alte«, murmelte er, denn er hatte es sich angewöhnt, vor sich hinzureden. »Also von vorn, du kommst nicht von dir weg, du klebst an dir dran. Du, niemand nimmt dir ab, was zu tun ist. In deinem Haufen ist dein Platz, der Zug Roßkopf ist deine Aufgabe, da leb und stirb. Ah, Freunderl, du hast es dir einfach machen wollen, du Sauhund hast es leichter haben wollen, nicht wahr?« Er fand einen schneefreien Hang, einen moosigen Fleck, ein Gehölz knospender Birken. Als er sich niederlegte, spürte er im Rücken seinen Brotbeutel mit den Handgranaten. »Also im Kreis, immer wieder dorthin zurück, von wo du losgegangen bist, das ist es«, murmelte er, lachte irre, quälte sich hoch, zog eine Handgranate nach der anderen ab und ließ sie in eine sumpfige Lache rollen. Bei jeder Explosion stieg eine Fontäne auf. Mit den Splittern schwirrten Morastklumpen durch die Luft. Lechner war zu schwach, die Zündhütchen der Patronen mit dem Kolben der Maschinenpistole zu zermalmen, und stieß auch die wiedergefundene Magazintasche in die Sumpflache. Er kratzte unter dem Schnee nach Beeren, stopfte sich Rentiermoos in den Mund, wollte abermals Birkenknospen essen, und als er alles, was er hinunterzukauen versucht, immer wieder ausgebrochen hatte, verschlang er den letzten Zwieback, die Ration für morgen. Er schlief ein mit einem gleichgültigen Blick nach den nahegerückten Lichtern des Wolfes, der sich langstreckte, die Schnauze hob, die Zunge zwischen den Lefzen spielen ließ und seine Not zu den Sternen hinaufklagte. Lechner wachte auf, da saß der Wolf fünf Schritte vor ihm auf den Hinterläufen, und der Speichel rann ihm die Lefzen hinab in die Borsten und Zotten seines Fells. War das ein Tier? Mit seinen menschlichen Gefühlen – Hunger, Liebe, Einsamkeit, Gemeinschaft? Lechner fühlte sich leicht wie eine Feder, vom Hungerschmerz befreit, er brauchte sich nur zu erheben, um den Einöden der Erde zu entfliegen. Wenn er jetzt schoß, mußte er treffen. Doch am Druckpunkt glitt der Zeigefinger vom Abzug. Die magere Salve riß einen blutenden Striemen ins Fell des Tieres – oder Menschen? Lechner hätte sich verflucht für die Vernichtung der Handgranaten und der Reservemagazine, wäre er, in der schwarzen Welt hinter seiner Schneebrille, von weißen Nadeln geblendet, eines klaren Gedankens fähig gewesen. Hätte er bei seinem wüsten Kopf es gekonnt, er würde sich verschworen haben, die letzten drei Schüsse bis zu der Sekunde aufzuheben, da der Wolf – oder Mensch – springen mußte. Aber das Menschentier oder der Tiermensch, nichts als Gier nach lebendem Fleisch, nichts als Leder und Gebein, wartete. Noch vermochten die Hände seines Todfeinds das donnernde Rohr zu halten. Lechner ließ die Skier zurück. Sie waren zu Gewichten an seinen Füßen geworden. Er marschierte vor Tagesanbruch weiter. Marschierte! Durch den flackernden Sehspalt blutunterlaufener Augen nicht nach einem Weg spähend, nein, hinter dunklen Gläsern die nächsten paar Meter lichtüberströmter Weiße abtastend, schleppte er sich wenige Schritte vorwärts, brach in die Knie, kroch ein Stück, rappelte sich hoch, schritt einige Meter forsch drauflos, versackte in fauligem Schnee, zerrte sich an grünendem Gestrüpp voran und kam vom Morgen bis zum Abend fünf oder sechs Kilometer weiter, durch ein windgeschütztes Tal in eine Lappenhütte aus Erdstücken. Hier wühlte er aus der Feuerstelle ein Häuflein Knochen, nagte sie von lederharten Fransen verbrannter Sehnen blank. Es gelang ihm nicht, sie mit den Zähnen zu zermalmen. Er raffte sie vor den Lichtern des am Eingangsloch lauernden Wolfes unter sich.

Dann schwelgte er in Knödeln, die in Hammelgulasch schwammen, wickelte Spaghetti um eine Gabel, doch das ging ihm zu langsam, und er stopfte sie mit den Fäusten in den Mund, so daß ihm das Schinkenfett aus den Mundwinkeln troff. Zwischendurch sah er die Reißzähne des Wolfes zwischen den rosigen Lefzen blitzen. Dann waren es Linsen, ganz einfach Linsen, die er löffelte, ohne daß die Menge in seinem Kochgeschirr abnahm. Das Merkwürdige war, sein Hunger nahm zu, je mehr er in sich hineinschlang aus dem randvollen Kochgeschirr, dessen dampfender und duftender Inhalt sich auch nicht um ein Gramm verringerte. Es wurde Nacht, die Lichter im Eingangsloch brannten, und dann war Zugführer Roßkopf da, er trank Schnaps in gluckernden Zügen, ohne aufzuhören, und warf die leeren Flaschen aus dem Fenster. Er – oder der Wolf – hatte die Brust durch das Türloch geschoben, kroch einen weiteren halben Schritt vor, und fast hätte Lechner ihn greifen können. Man müßte ihn lebend bekommen, daheim in einem Zoo abliefern, dachte er. Dann steht dein Name auf dem Schild: »Canis lupus roßkopf, Lappland, Geschenk des Gefreiten Lechner, Gebirgsjägerregiment 141.« Er kroch um den halben Schritt zurück, den der Wolf – oder Roßkopf – in die Hütte gedrungen war. Er setzte sich auf die Unterschenkel, und durch den flammenden Spalt seiner zugeschwollenen Augen und durch die Nacht seiner Brille suchte er im hereinsickernden Dämmerlicht die Umrisse des schnapstrinkenden Wolfes, der eben noch die leeren Flaschen aus dem Fenster geworfen hatte.

Als Roßkopf sprang, war zwischen ihm und dem lebenden Fleisch die Waffe, er stieß mit dem Brustbein gegen ihre Mündung, der Blitz schlug in ihn ein, der Donner schmetterte ihn zurück. Lechner drückte auf den Abzug, während Roßkopf, mit glühenden Augen, auf dem Bauch auf ihn zukroch, er riß den Abzug mit dem Zeigefinger wild zurück, im letzten Aufflackern des Lebensinstinkts. Der Hammer klickte ins leere Gehäuse. Roßkopf, blutend, wollte sich immer wieder erheben, um zu springen, aber bei jedem Versuch quoll ihm ein Blutstrom aus der Brust. Zentimeter um Zentimeter kroch er seinem Todfeind nach.

Lechner war zu schwach, ihn zu erschlagen, zu schwach, ihm zu entrinnen. Wer zuerst schlappmachte, wurde des andern Beute.

Gegen Mittag sah Lechner über den hechelnden Roßkopf hinweg im flimmernden Glast der wogenden Wüste das letzte Blendwerk dieses öden Endes der Welt. Er wollte fluchen, mit der Faust drohen, den Pukko ziehen – er hockte nur auf allen vieren, ein Bruder des Wolfs, und streckte das blinde Gesicht den sich zum Eingangsloch hin bewegenden Schatten entgegen. Roßkopf, der verendete, und er kullerten ineinander, dann, als sich die erste Gestalt durch das Eingangsloch bückte, gab ein Rest seines erlöschenden Bewußtseins es ihm ein, daß die Rotarmisten gekommen seien... Er wollte sie grüßen: »Towaristschi«, er sah und hörte und sagte nichts mehr.

Die Landser des Spähtrupps, der von der abgehackten MPi-Salve herbeigerufen worden war, lieferten mit dem bewußtlosen Gebirgsjäger Schädel und Fell eines Wolfes, den jener im Fieber »Roßkopf« nannte, auf den Truppenverbandsplatz hinter der Linie der deutschen und finnischen Feldwachen.

Franz Fühmann

Das Gottesgericht

Die Besatzung der Relaisstation W., eine Nachrichtenkompanie, lag – es war im Mai 1943 – schon das dritte Jahr in ihrem Stützpunkt an der Südküste des Golfes von Korinth, ohne in dieser Zeit mit den Partisanen in Gefechtsberührung gekommen zu sein. Das Gebiet von der Südküste des Golfes von Korinth südabwärts war Partisanengebiet, und immer wieder wurden Kabel, die zur Station führten, zerstört oder Transportboote, die zur Station steuerten, beschossen, ohne daß es der Besatzung der Station je gelungen wäre, auch nur eines Partisanen habhaft zu werden. Endlich glaubte eines Tages der Kommandant der Station, ein Oberleutnant Goltz, sichere Anzeichen dafür zu haben, daß die Partisanen an einer nahen, jedoch außerhalb des Sichtbereiches der Station gelegenen Stelle am Strande einen Signalplatz hätten, und er befahl einem Kommando, zu dem Feldwebel D., Unteroffizier C., Obergefreiter B. und Funker A. gehörten, sich eine bestimmte Zeit in der Nähe dieses Platzes verborgen zu halten. Das Kommando lag, ohne daß sich in dieser Zeit das geringste ereignet hätte, zwei Tage und drei Nächte in einer Höhle, die von den Wurzeln eines Ölbaums in den Karstfels gesprengt war. Schließlich, am frühen Morgen des dritten Tages, als ihre Zeit abgelaufen war, gab Feldwebel D. das Zeichen zum Aufbruch, und die durchfrorenen, klammen Soldaten wollten gerade aus der Höhle kriechen, da war, fern, etwas wie Knirschen von Schritten im Rollsand zu hören. Die Soldaten erstarrten sofort: reglose Klötze, aus denen Stahlrohre ragten. Einen Augenblick lang setzte das Knirschen aus, die Soldaten hielten den Atem an, dann aber wurde es kräftiger, Steine polterten leise, und dann trat aus einem Feigenwäldchen eine Gestalt heraus, und die ging langsam zum Meer hinunter, schwarz im frühen Sonnenlicht, mit dem Rücken zu den Soldaten.

Leise, scharf und leise, den Zeigefinger am Abzug der entsicherten Waffen, so spähten die Soldaten nach der Gestalt, die etwa fünfzig Meter von der Ölbaumhöhle entfernt am Strand stand und auf das Wasser hinaussah. Die Herzen der Soldaten schlugen schneller, und ihre Augen glänzten.

Endlich, dachte Funker A., jetzt haben wir einen, und wenn wir erst einen haben...

»Der Herr Oberleutnant wird mit uns zufrieden sein!« flüsterte Unteroffizier C., »jetzt packen wir sie!«

»So hat sich die Mühe, Gott sei Dank, doch noch gelohnt!« flüsterte Obergefreiter B.

»Ruhe!« zischte Feldwebel D. und schraubte an seinem gewaltigen Fernglas. Sie spähten, Kopf an Kopf durch die Wurzeln gesteckt, zu der schwarzen Gestalt hinüber, die noch immer unbeweglich stand und aufs Meer sah. Dann, langsam, drehte sich die Gestalt herum, daß man ihr Profil sah, und sie zog sich den Rock aus, das Hemd, bückte sich, packte die Sachen zum Bündel, legte sie auf einen Stein am Strand und knotete sich die Schuhe auf.

»Der will wegschwimmen«, sagte Unteroffizier C.

»Aber da ist doch kein Boot zu sehen!« sagte Funker A.

»Aber das ist doch...« sagte Feldwebel D., und er stutzte, und er schaute wieder durchs Fernglas.

»Aber das ist doch Agamemnon!« sagte er.

»Jawoll, Herr Feldwebel, das ist wirklich Agamemnon!« sagte Funker A.

»Aber das Schwein wäscht sich ja nur«, sagte Unteroffizier C. und spuckte aus.

»So sind wir also doch beschissen«, sagte traurig der Obergefreite B.

In der Tat, es war Agamemnon, der da im Meer stand, die Hose hochgekrempelt, bis zu den Knien im Wasser, sich den Oberkörper waschend. Es war ihm zwar verboten, sich hier zu waschen, aber er wusch sich dennoch hier, weil er sich oben, auf der Station, nicht waschen konnte. Agamemnon war Koch auf der Station, und die Station hatte wenig Wasser; es reichte kaum für die fremden Soldaten, und schon zum Kochen bekam Agamemnon zuwenig Wasser. Aber Agamemnon brauchte Wasser nicht nur zum Kochen; der Stationskommandant, Oberleutnant Goltz, verlangte von ihm peinlichste Sauberkeit, und so war Agamemnon gezwungen, sich am Strand zu waschen, entgegen dem für alle griechischen Hilfskräfte der Station gültigen Verbot, einen gewissen Umkreis um die Station, der den Strand nicht einschloß, zu überschreiten. Agamemnon hatte diesen Umkreis schon oft, fast täglich, überschreiten müssen, und er hatte ihn anfangs mit Angst überschritten, aber es war ihm bisher nie etwas dabei geschehen. Was sollte mir auch geschehen? dachte er. Ich muß doch wirklich unverdächtig sein!

Er spähte mit halbem Auge nach dem Berg, hinter dem die Station lag, und er stellte befriedigt fest, daß auch diesmal nichts Ungewöhnliches zu sehen war, nur der rostrote Berg vor dem morgenblauen Himmel.

Was soll mir denn geschehen! dachte er nochmals. Ich bin Koch. Ich kann von mir sagen, daß ich ein guter Koch bin. Herr Oberleutnant Goltz schätzt mich sehr, und alle Soldaten loben meine Kunst!

Dies dachte er, wie immer, wenn er den Sperrkreis überschritten hatte, und er seifte sich, während er dies dachte, den Nacken ein. Er rieb wohlig die Höhlung hinten am Hals zwischen den Muskelsträngen, dann warf er die Seife in den Sand, bückte sich tief, grätschte die Beine und tunkte den Kopf ins Wasser. Er hielt die Augen offen, er liebte diese Blicke unter das Wasser. Diesmal sah er im welligen, stumpfglänzenden Meersand drei Steine, rund und goldfarben, Eckpunkte eines gleichseitigen Dreiecks. Er sah sie, und er dachte daran, daß es morgen Löhnung geben würde und daß er sich eine Flasche Wein würde kaufen können, und er lachte unter Wasser befriedigt in sich hinein. Und plötzlich kam ihm der General in den Sinn, den er einmal in Korinth, wenige Tage nachdem die Deutschen eingezogen waren, gesehen hatte: ein Mann in Gold wie ein Gott und ein Hof von Silberträgern schwärmend um ihn. Agamemnon hatte, er erinnerte sich, damals kleine heiße Maiskuchen auf dem Markte verkauft, und der Gott war ihm gnädig gewesen, er hatte gelacht, und er hatte Agamemnon gewinkt, und Agamemnon war hingeeilt, dem Befehl des Generals nachzukommen, so schnell er konnte, aber da hatte ihn einer der Silberträger heftig vor die Brust gestoßen und ihm bedeutet, nicht zu nahe in die Nähe des großen Gottes zu kommen.

Die Deutschen sind doch ein seltsames Volk, dachte er, während er prustend hochkam. Einer befiehlt immer etwas, und ein zweiter befiehlt zur gleichen Zeit das Gegenteil; es ist schon verflucht schwer, es ihnen recht zu machen! Er seifte sich die Brust ein, und während er dabei stolz dachte: Aber ich verstehe es, ihnen alles recht zu machen!, spürte er plötzlich im Rücken ein seltsames Gefühl, wie wenn etwas über seine Nerven ränne, und ein Schauer überlief ihn. Er drehte sich schnell um, aber er sah, daß der Strand leer war. Er schaute nochmals den ganzen Strand entlang und sah ihn abermals leer, und dann sah er übers Land, und dort über den Bergen wehte etwas wie Rauch. Dreimal stieg eine Wolke auf und zerging im Himmel. Sie telegrafieren schon wieder, dachte er, aber sie telegrafieren doch alle Tage, was erregt mich denn heute so? Eine unangenehme Kälte durchdrang ihn, er sprang aus dem Wasser, schüttelte sich, hüpfte auf einem Bein und schlug mit den Armen um sich, um warm zu werden.

»Ich glaube, der Kerl gibt jemandem Zeichen«, sagte Unteroffizier C.

»Jawoll, Herr Unteroffizier«, sagte der Obergefreite B.

Aber dem ist doch nur kalt, dachte Funker A.

»Auf alle Fälle hat der Kerl hier nichts zu suchen!« sagte Feldwebel D., »das Betreten des Strandes ist allen Griechen, auch den Hilfskräften der Station, verboten!«

»Man sollte das Schwein einfach abknallen, Herr Feldwebel!« sagte Obergefreiter B.

Was, unsern Koch einfach abknallen? dachte der Funker, aber das geht doch nicht.

»Auf alle Fälle muß ich es Herrn Oberleutnant Goltz melden!« sagte der Feldwebel.

»Aber so springt doch kein normaler Mensch rum, wie

der hier rumspringt, der will doch was, Herr Feldwebel!« sagte der Unteroffizier.

Der Feldwebel schwieg und dachte lange nach. Dann leuchteten plötzlich seine Augen auf, und er sagte: »Herrschaften, ich habe eine Idee!«

Alle sahen ihn erwartungsvoll an. Der Feldwebel entwikkelte ihnen seinen Plan. Es sei nicht ausgeschlossen, so sagte er, daß der Koch zu den Partisanen gehöre; andererseits könne man es sich wirklich schwer vorstellen, daß er ein derartiger Bandit sei. Sie hätten daher einerseits das unbestrittene Recht, den Koch hier im Sperrgebiet einfach abzuknallen, aber andererseits wollten sie die Möglichkeit der Unschuld des Kochs nicht außer acht lassen. Er schlage deshalb eine Art Gottesgericht nach altem Brauche vor. Sie sollten aus der Höhle treten und schnell auf den Koch zugehen. Bliebe er, wie es sich gehörte, stehen, dann sollte er straflos, sogar ohne Meldung davonkommen; liefe er hingegen weg, so sollte er als partisanenverdächtiger Flüchtling abgeknallt werden. Mit diesem Plan wäre, so schloß der Feldwebel, der Pflicht, dem Recht und der Großherzigkeit Genüge getan.

Der Funker und der Obergefreite nickten beide zustimmend, aber der Unteroffizier erhob Einspruch. Es erstaunte weder die beiden Mannschaftsdienstgrade noch den Feldwebel, daß der Unteroffizier es wagte, gegen den Plan eines Feldwebels Einspruch zu erheben, denn der Unteroffizier saß in der Schreibstube. Es war sonst nicht üblich, daß Unteroffiziere, die in der Schreibstube saßen, auf solche Kommandos geschickt wurden, aber Oberleutnant Goltz vertrat den Standpunkt, daß ein Schreibstubenoffizier auch von Zeit zu Zeit an die Front müsse, und so hatte Unteroffizier C. mit hinausgemußt. Er hatte sich allerdings mit dieser Kommandierung schnell abgefunden, denn er versprach sich von ihr ein willkommenes Abenteuer. So sagte er denn auch zum Feldwebel, er gehe davon aus, daß sie nach dem dreitägigen Stilliegen in Glut und Kälte einen Anspruch auf Entschädigung hätten, und eine wirkliche Entschädigung könne nur eine nasse Sache sein, bei der ein bißchen Blut flösse.

Schließlich, so meinte er, lägen sie ja schon das dritte Jahr auf dieser verdammten langweiligen Station, wo nichts geschähe, wo es nicht einmal Weiber gäbe, so daß endlich einmal etwas geschehen müsse, damit sie nicht noch völlig verkämen. Der Plan des Herrn Feldwebels aber, so sagte Unteroffizier C., der gewiß im einzelnen vorzüglich sei, wäre gerade so abgefaßt, daß es unter gar keinen Umständen zu einer Knallerei kommen könne, und damit könne es sich auch um gar kein richtiges Gottesgericht handeln. Natürlich, so fuhr Unteroffizier C. fort, würde der Koch auf der Stelle stehenbleiben, so lange, bis sie ihm erlaubten, wegzutreten. Daher sollte man die Bedingungen für das Gottesurteil umdrehen: Der Herr Feldwebel solle, so leise, daß der Koch es nicht hören könne, dem Koch den Befehl geben, zur Station zu gehen; bliebe der Koch stehen, so sollte man wegen Befehlsverweigerung auf ihn schießen, liefe er hingegen fort, so wäre offenbar wirklich ein Wunder geschehen, und man sollte ihn laufen lassen.

»Was denn«, fragte der Feldwebel, »und wenn er nun zu den Partisanen läuft?«

»Dann natürlich abschießen!« sagte der Unteroffizier.

»Und wenn er flieht?«

»Abschießen.«

»Aber dann schießen wir ihn ja auf jeden Fall ab!« sagte der Feldwebel, »das geht doch nicht, das ist doch nicht korrekt!«

»Gerechtigkeit muß sein, das ist klar!« sagte der Obergefreite.

»Es gäbe ja auch die Möglichkeit, daß er auf uns zuläuft!« sagte der Unteroffizier.

»Dann greift er uns doch an, das ist doch klar!« sagte der Obergefreite, »dann muß es doch erst recht knallen!«

»Aber«, so sagte, durch die freundschaftliche Diskussion zwischen den Dienstgraden ermutigt, der Funker, »wenn wir ihn erschießen, wer wird uns denn dann kochen?«

»Diesen Saufraß kann ja jeder Patzer brutzeln, wir brauchen sowieso endlich einen vernünftigen Koch!« sagte der Unteroffizier, und hier mußte der Feldwebel zugestehen: »Das ist wahr!« Mit dieser Bestätigung aber hatte er sich, so schien ihm, endgültig zuviel vergeben. Er hakte sich das Fernglas ans Koppel. Er flüsterte fast laut: »Was erlauben Sie sich, hier herumzuquatschen!« Er schrie, leise: »Das verbitte ich mir, verstanden!« Er sah dabei den Unteroffizier strafend an, und er sagte, die Lage sei völlig klar. Sie würden jetzt heraustreten und vorgehen. Wenn der Kerl stehenbliebe oder – in Teufels Namen – nach der Station zurückginge, so sollte er geschont werden; liefe er aber fort oder liefe er auf das Kommando zu, so solle sofort geschossen werden, da es sich dann um den Versuch einer Flucht oder um den eines Angriffs handelte.

Der Unteroffizier knurrte, aber der Feldwebel stoppte mit einer heftigen Handbewegung jede weitere Debatte und stand auf. »Er dreht sich schon herum«, sagte er, »auf, marsch, in Schützenreihe vorwärts!«

Agamemnon hatte wieder, jäh, das Überrinnen der Nerven gespürt. Es war ihm, als ob ihn Blicke hart in den Rücken träfen; er fuhr aus dem Hüpfen herum, seine Fersen malmten im Sand, und, die Füße schräg voran, fiel er hin. Er sah, noch im Fallen, die vier aus der Höhle steigen, und sofort sprang er wieder hoch. Nun ist es soweit, dachte er, nun schnappen sie mich! Er hatte schon manchmal überlegt, was wohl geschehen würde, wenn sie ihn einmal schnappten, und er hatte immer gedacht, daß er dann ganz ruhig stehenbleiben würde und warten, was die anderen täten. Er hatte gedacht, daß die anderen ihm viererlei tun könnten: ihn heimschicken; ihn beschimpfen und heimschicken; ihn verprügeln und heimschicken; oder – die Deutschen waren dazu fähig – ihm plötzlich auf die Schulter hauen und sagen: »Komm, Agamemnon, altes Schwein, jetzt gehen wir zu dir in die Kantine, einen trinken!« Etwas anderes hatte er sich nie vorstellen können, sooft er auch sich vorzustellen versucht hatte, was geschehen würde, wenn sie ihn schnappten. Nun hatten sie ihn also geschnappt. Er blieb reglos stehen. Sie werden schimpfen, dachte er, aber er verbesserte sich rasch und dachte: Sie werden mich verprügeln! Aber als die Soldaten, Gewehr an der Hüfte oder Pistole in der Faust und da wie dort Finger am Abzug, drohend heranrückten, weder

Schimpf noch Scherz auf den Lippen, da wurde ihm doch angst, und plötzlich fühlte er alle seine Vorstellungen und Gedanken vergehen und fortwirbeln, wie wenn ein Sturm sein Gehirn zause, einen Baum im späten Herbst. Er sah die Soldaten heranstampfen, und er dachte verzweifelt: Du mußt doch etwas tun, du mußt es ihnen erklären, daß kein Wasser auf der Station ist! Aber er war wie gelähmt, die Zunge versagte ihm den Dienst, und er stand da wie ein Stein, und zehn Meter von ihm hielten die Soldaten, und sie standen wie Steine.

Da haben wir's! dachte der Unteroffizier. Es ist nun genauso gekommen, wie ich es mir vorgestellt hatte! Nun stehen wir wie dämlich einander gegenüber, und alle Mühe war vergebens! Er blickte mit einem Blick, der spöttisch nach dem Feldwebel schielte, den Obergefreiten an, und der Obergefreite wiederum erwiderte stramm den Blick des Unteroffiziers. Jetzt hätte ich eine Chance beim Unteroffizier, dachte der Obergefreite, jetzt hätte ich eine Chance, wenn ich etwas finden könnte, das diesen Hund bewegte wegzulaufen! Er dachte fieberhaft nach, aber es fiel ihm nichts ein. Einmal dachte er daran, langsam das Gewehr zu heben und auf Agamemnon zu zielen, aber dann dachte er, daß dies den Feldwebel verärgern würde, und das durfte natürlich auch nicht sein. Er war wütend auf den Feldwebel. Er dachte: Der mit seiner blödsinnigen Humanitätsduselei verpatzt uns wirklich alles! Er dachte daran, daß dieser Feldwebel einer von jenen dummen Intelligenzlern war und auf seiner Stube Bücher liegen hatte: »Von deutscher Mystik«, so hatte B. einmal einen Titel gelesen. Nun glaubt der Trottel tatsächlich, daß er das wunderbar hingekriegt hat, dachte er.

Der Feldwebel dachte das nicht. Er hatte, als er den Vorschlag des Gottesurteils gemacht hatte, einem seltsamen Drange nachgegeben. Der Feldwebel war im Zivilberuf Oberschullehrer; er lehrte Geschichte; sein Spezialfach war das frühe Mittelalter, ein Zeitabschnitt, dessen gesellschaftlichen Bau und dessen Brauchtum er als vorbildlich für ein erneuertes Deutschland ansah. Er, der sich schon oft überlegt hatte, wie die alten Bräuche zu neuem Leben zu erwecken wären, er hatte, als er den Griechen gesehen und als die Frage nach dessen Schuld oder Unschuld aufgeworfen war, jäh die Gelegenheit zu dem einzigartigen Experiment eines modernen Gottesgerichts erkannt, einem Experiment, das – so schien ihm – den Anstoß zu einer Umwälzung der deutschen Justiz hätte geben können. Gerade darum hatte er dieses Experiment unter den einfachsten Bedingungen ablaufen lassen wollen, in klassischer Beschränkung, in der Urform gewissermaßen, und er hatte es rein gewollt, völlig rein, unberührt von allen persönlichen Wünschen und Erwägungen oder gar von privaten Interessen. Es hätte eine große Sache für unser deutsches Rechtsleben werden können, dachte der Feldwebel wütend, aber nun hat dieser Unteroffizier alles verpatzt und mit seiner Abenteuersucht die Reinheit des Rituals gestört! Wie peinlich ist das nun, wie läppisch, wie blöde! Er dachte, täppisch in seiner Wut, wie man dieses Gottesgericht abbrechen könne, ohne die Autorität der Soldaten vor dem Griechen aufs Spiel zu setzen; aber er dachte auch daran, daß der Unteroffizier sein Abenteuer wollte; und er dachte daran, daß der Unteroffizier im Schreibzimmer Dienst tat. Und er dachte daran, daß er dem Oberleutnant Goltz seinen Einfall, das Gottesgericht, melden wollte und daß er dies nicht tun könnte, wenn sich die Affäre ins Lächerliche zöge, und plötzlich hatte er Angst, daß Oberleutnant Goltz von dieser dummen Affäre erfahren könnte, und diese Angst machte ihn vollends ratlos.

So standen sie da, die drei, verdrossen, abwartend, wütend; der junge Funker hingegen ging ganz in seiner ihm anbefohlenen Aufgabe auf, und er empfand, je länger er vor dem Koch stand, desto betörender, ein eigenartiges Gefühl, ganz glückhaft, berauschend; ein Gefühl, wie er es in dieser Wucht noch nicht erfahren hatte. Er entsann sich, ein ähnliches Gefühl empfunden zu haben, als er zum erstenmal ein richtiges Gewehr in der Hand gehalten und dessen stählerne Last in der Handfläche gefühlt und dessen Lauf in der Sonne blitzen gesehen hatte. Es war ein herrliches Gefühl gewesen, herrlich, herrisch, ein wahrhaftes Herrengefühl, und er hatte, wie unter einem Zwang, das

Schloß aus dem Gewehr genommen und war ans Kasernenfenster getreten, und dann hatte er durch den gedrehten blinkenden Lauf auf die Straße hinabgesehen, und er hatte unter den vielen schlendernden Spaziergängern ein Mädchen gesehen, und das Mädchen hatte heraufgesehen, und A. hatte sein Gewehr abgesetzt, und sie hatte ihn gesehen, wie er das Gewehr hielt, und sie hatte gelächelt, da sie ihn angesehen, und er hatte gedacht, wie er von nun an in ihrer Phantasie fortleben würde: als Held, mit Waffen behangen, ein Krieger, der in die großen Schlachten eilt! Da hatte er das Gefühl gehabt, erst in diesem Augenblick wahrhaft zum Manne geworden zu sein, und nun entsann er sich dieses Bildes wieder und dieses ihres Blickes, und er empfand dies Gefühl wie damals. Wenn sie mich jetzt hier sehen könnte, dachte er, wenn sie mich jetzt hier sehen könnte, wie ich hier stehe, mit meiner Waffe vor dem Besiegten! Und er faßte das Gewehr fester.

Agamemnon hatte wie betäubt gewartet, daß sie schießen würden, und er hatte im Fleisch der linken Brust ein Brennen gespürt, als ob die Kugel schon in ihrem Bette sich wälze. Während er diesen Schuß erwartete, hatte er in den Heranstampfenden nur eine marschierende graue Mauer gesehen, ohne Hände und ohne Gesichter, eine steinerne, stumme Mauer, und plötzlich drückte ihm die Angst die Luft ab, und da hatte er wieder das Gold unter Wasser gesehen, und es war ein goldener Kreis, wie ein Heiligenschein, um jede Waffenmündung geschlagen, ein Schein mit einem Glanz, der die Augen versehrte. So standen sie ganz in Gold, es war das frühe Sonnenlicht, das von den Gewehren schoß, und der Koch war geblendet. Er sah nichts mehr; in seinen Augen stach es; seine Brust brannte, und sein Herz setzte zögernd aus. Da dachte er, wie zum Abschied: Und wer soll ihnen Mittag kochen, wenn sie mich erschießen? Da er dies dachte, war er mit einem Male sicher, daß ihm gar nichts geschehen könnte und daß alles auf einen großen Spaß hinauslaufen würde. Da löste sich auch vor seinen Augen der tödliche Block in einzelne Gestalten auf, er sah mit Freude, daß diese Gestalten gerade jene Soldaten waren, die er am meisten liebte und von denen er annahm, daß auch sie ihm besonders gewogen wären. Nun sah er das Gold der Sonne, das funkelnd an den betauten Käppis zersprang, und ein jeder von ihnen sah aus wie der große General.

Wahrlich, es sind Götter! dachte er, fast entzückt, und nach der Todesangst war sein wieder schlagendes Herz prall vor Freude, daß von diesen Hohen, die von den fernen Bergen, vom grauen nordischen Himmel heruntergekommen waren, hier nicht die Furchtbaren, die Zürnenden und Strafenden vor ihm standen, sondern die Wohlmeinenden, die Schutzgötter. Da war der Feldwebel D., der jedesmal, wenn Agamemnon ihn gegrüßt, zum Dank nicht nur wie üblich beiläufig mit dem Kopfe genickt oder an den Mützenschirm getippt, sondern höflich salutiert hatte; da war der Unteroffizier C., der zwar gern herumschrie und strafte, der aber dennoch immer dafür sorgte, daß für den Küchendienst genügend Hilfskräfte aus den Reihen der deutschen Soldaten zur Verfügung standen, da war der Obergefreite B., der so großzügig Bier ausgab und der sich nicht scheute, auch einmal zuzupacken, wenn etwa eine Kiste zu verladen war; und da war vor allem der Funker A., der Schöne, Lächelnde, Gelockte: er, den Agamemnon nicht ansehen konnte, ohne gerührt zu sein. Jetzt wieder: Wie stand er vor ihm! Die hohe Gestalt gelockert, sonnenvergoldet das Haar, und aus der grauen Uniform wuchs das gesunde gebräunte Fleisch wie strotzendes Leben aus dem tauben Felsen! Die Finger, die schmalen, wie schön sie um den metallenen Bügel lagen, über dem braunen Holz auf dem grauen Stoff! Dieser kühne, harte Mund unter diesen träumenden Augen.

Agamemnon dachte, daß alle diese deutschen Soldaten so seltsam waren, so hart und träumerisch zugleich: hart am Tag, wenn sie brüllten: »He, Mensch, Grieche, komm her!«, und träumerisch, wenn sie dasaßen, in den Nächten, wenn der Mond schien, und lauschten, wie das Meer schlug, und sangen. Ach, es war ein seltsamer dunkler Gesang, und Agamemnon liebte ihn, wie er diese kräftigen, gesunden, sauberen Jünglinge liebte. Er dachte, während er auf die Hand des Funkers sah, wie sie an die Hüfte gepreßt lag, daß er einmal, im Kantinengedränge, es gewagt hatte, mit seiner Hand diese Stelle an der Hüfte des blonden Gottes zu berühren. Er spürte in seiner Handhöhle wieder wie damals dies erregende Gefühl, als stieße eine stahlfedernde harte Halbkugel aus der Luft gegen seine Haut; in seine Knie kam eine Schwäche, und seine Hand zitterte. Er wollte jetzt, diesen Augenblick, das Auge des Jünglings sehen, und wenn er bisher aus eigenem Entschluß nie gewagt hatte, den Göttern ins Auge zu sehen, und immer sein Auge gesenkt hatte vor ihnen, so hob er jetzt den Kopf und sah dem Funker ins Auge und lächelte.

Wie dieser Kerl mich feige anfleht! dachte A. Wie der mich anstiert, der stinkt ja vor Angst! Er sah, wie der Grieche in den Knien schwankte und wie ihm die Hände zitterten, und er sah den Blick, wie er schnell aus seinen Augen huschte, und er hörte den Koch sagen, heiser, mit brüchiger Stimme: »Nu – Kameraden, guten Tag –«, und er hörte diese Stimme ratlos vor dem Schweigen verstummen, und plötzlich dachte er, daß er ja nur ein Glied seines Fingers zu rühren brauchte, und dieser Mensch läge da, ausgelöscht, vor ihm. Ich brauche es ja nur zu wollen! dachte er, ein Blitz meines Willens nur, und sein Leben ist hin! Er bewegte ein wenig, ein klein wenig nur, den Finger am Hahn, und er spürte den stählernen Widerstand des Hahnes, und er mußte plötzlich denken, daß sein Finger bewegt würde von gestreiften Muskeln, die unter dem Einfluß des Bewußtseins standen, im Unterschied zu den glatten Muskeln, die sich den Bemühungen des Bewußtseins entzogen, und er sann einen Augenblick nach dem lateinischen Namen dieser verschiedenen Muskeltypen, aber er kam nicht auf diese Namen. Während sein Gehirn schon mechanisch weitersuchte, dachte er: Es ist ja nicht nur einfach sein Leben, das in meiner Hand ist! Ich kann ihn ja nicht nur umlegen, ich kann alles aus ihm machen, ich brauche nur ein bißchen tiefer oder höher zu halten! Ich kann ihm das Geschlecht wegnehmen, ich kann ihn lahm machen oder blind oder taub oder zu einem Wrack, das sich in seinem Kot wälzt, oder ich kann ihn auch begnadigen, daß er mir diene. Ich könnte ihm das Leben lassen, und er müßte mir, sagen wir, täglich die Stiefel wichsen oder meine Wäsche waschen, oder, wenn ich auf Wache stehe, so müßte er herumhüpfen auf einem Bein, wie eben, um mich zu unterhalten, und mit den Armen schlagen, und ich würde ihn hüpfen lassen, bis er umfiele!

Da stieg ihm aus der Registratur seines Gehirns ein lateinischer Name auf; aber es war nicht der Name des Muskelsystems, den er gesucht hatte, es war ein anderer, ein tönenderer: Deus, dei, dröhnte es: Der Gott, die Götter! Der junge Soldat erschauerte. Was ist denn das überhaupt für ein Gottesgericht? dachte er. Welcher Gott soll denn da richten? Er hob und senkte das Gewehr ein wenig. Wir richten! dachte er. Wir sind die Götter! dachte er.

Wir! – Da sah er auf einmal das Meer, ganz grün, wie Stein, und er sah weit über das Meer hinaus, und hinten, wo der Horizont hell war, sah er Land heraufkommen; es eilte herauf, immer höher, schräg, eine riesige Fläche: dies Europa, auf dem sie standen, dies Europa mit seinen Bergen und Wäldern und Inseln und Küsten, und überall, so sah er, standen sie da, Menschen wie er, Söhne seines Volkes, und hatten das Gewehr angelegt auf die anderen Völker, die vor ihnen im Staub lagen, und überall waren sie die Herren über Leben und Tod. Der Führer hat uns zu Göttern gemacht! dachte er, und er dachte, wie sein Leben wohl verlaufen würde, wenn der Führer nicht da wäre. Er würde, so dachte er, jetzt studieren, Rechtswissenschaft, wie sein Vater, und er würde Richter werden oder Staatsanwalt und zu den Honoratioren seiner kleinen sächsischen Heimatstadt gehören, und er würde am Stammtisch sitzen und Bier trinken und fachsimpeln, nachdem er tagsüber hinter den Schranken des Gerichts seine Pflicht getan hätte, und wen würde er schon vor seinen Schranken gehabt haben: zänkische kleine Betrüger, Schwindler, Streithähne, Klatschbasen, Erbschleicher, Baumfrevler, Bettler und Hausierer, was für läppische Fälle! Einmal würde er dann nach dem Rhein fahren, zur Hochzeitsreise, und er würde eine Frau haben, brav, und Kinder, brave, von ihr, und vielleicht würden sie auch einmal nach Norwegen fahren oder nach Italien mit KdF, aber dann, dachte er, daß, wenn es keinen Führer geben würde, es auch keine KdF geben und er doch nicht nach Norwegen oder Italien kommen würde. Aber es gab ja einen Führer, Gott sei Dank, und so stand er jetzt hier, er, der Neunzehnjährige, auf griechischem Boden, ein Waffenträger, ein Held in den Träumen der Mädchen, und er war noch nicht ein Jahr Soldat, und er hatte schon Ragusa gesehen und Split, das zauberhafte Split, und die Rosentäler Bulgariens hatte er gesehen und den Olymp, die Thermopylen und die Akropolis, und nun stand er in Pelops' Land, er, Euphorion, und vor seinem Gewehrlauf hatte er einen Menschen, über dessen Leben und Tod er die Würfel warf. Jetzt erst geht mir der Sinn dieses Kriegs auf! dachte er, und sein Finger zuckte wieder am Abzug.

Agamemnon hatte auf eine Antwort nach seinen Begrüßungsworten gewartet, aber er sah als Antwort nur, daß unter den Schweigenden der Funker nach dem Abzug tastete, und jäh erkannte er, daß das kein Spaß und daß die Wohlmeinenden offenbar gekommen waren, um zu strafen, und daß der Niedrigste von ihnen, der Funker, ihm diesen Willen andeuten sollte. Er ahnte, daß sie etwas von ihm wollten und daß sie auf das lauerten, was er tun würde, und daß davon sein Schicksal abhinge, und er mühte sich verzweifelt ab, den unerforschlichen Willen der Götter zu ergründen. Er fühlte, daß ihm da eine Art Probe gestellt wurde, aber welche nur war es, welche! Reden durfte er offenbar nicht, und auch näher treten durfte er nicht, er wußte, daß das die Götter nicht liebten, und weglaufen, das durfte er schon gar nicht! Was sollst du aber sonst nur tun? dachte er verzweifelt. Er sah wieder, mit halbem Auge, Rauch auf den Bergen, einen steigenden weißen Baum mit wallender Krone, und da dachte er, daß die Soldaten von den Partisanen wußten und daß sie in ihm doch, so absurd es auch war, einen Partisanenhelfer vermuteten. Er wollte schnell erklären, daß er kein Partisan sei, aber im letzten Augenblick fuhr es ihm durch den Kopf, daß er sich dadurch erst recht verdächtig machen würde, und zugleich sah er, daß die Soldaten die Partisanen gar nicht sehen konnten, weil sie mit dem Rücken zum Berg standen. So blieb er stehen, stramm, mit schon halboffenem Munde. Da sah er, wie der Feldwebel die Lippen bewegte, um den Mund zu öffnen. Er dachte entsetzt, der Feldwebel wolle das Kommando zum Schießen geben, und er wußte, daß jetzt etwas geschehen mußte, das Verhängnis aufzuhalten, und plötzlich wußte er, was geschehen mußte: Ein Spaß mußte es sein, ein großer Spaß für die großen Götter, ein Spaß, ein Spaß! Er schrie: »Ich baden, Kameraden, ich viel waschen, ganz sauber!« Und er sprang ins Meer und fiel längelang platschend hin, und da pfiff schon eine Kugel über seinen Kopf und klatschte dicht hinter ihm ins Wasser.

»Feuer einstellen!« brüllte der Feldwebel. Er hatte eben die verfahrene Situation beenden und den Rückmarsch zur Station mit Agamemnon befehlen wollen, da war der verrückte Koch ins Wasser gesprungen, und Obergefreiter B. hatte geschossen. A., der Funker, hatte nicht geschossen. A. ärgerte sich maßlos, daß er nicht geschossen hatte. Agamemnons Sprung ins Wasser hatte ihn verblüfft, denn eine Bewegung in dieser Richtung war im Kalkül ihres Gottesgerichts nicht vorgesehen gewesen. Dieser B. war wieder einmal eher auf Draht als ich! dachte er ein wenig neidisch, aber doch mehr böse auf sich selbst, und er dachte: Aber ich hätte sicher getroffen, todsicher!

Agamemnon lag im flachen Wasser. Sein Mund war auch im Wasser, er konnte gerade durch die Nase atmen, aber die Nase war verstopft; er bekam zuwenig Luft; sein Herz raste; aber er wagte nicht, den Kopf zu heben. Was soll ich denn tun? dachte er unaufhörlich. Was soll ich denn tun? Und dieser Satz klapperte in seinem Kopf wie eine Gebetsmühle, und diesen klappernden Refrain im Hirn, entschlußlos im Wasser, fast irr vor Todesangst, sah er sein Leben an seinem Auge vorüberjagen. Es war ihm, als hätte er immer unter Wasser gelebt, von unsichtbaren Lasten gedrückt, die ihm den Atem abwürgten und ihm Dunkel vor die Augen schoben, und die Tage wären über ihn hinweggefahren wie bittere Wellen. Er sah das Hafenviertel von Korinth, darin er aufgewachsen war in all dem

Elend und der schwarzen Not, aus der er immer herausgewollt, aber nie herausgefunden, bis sie gekommen waren, diese Deutschen, mit ihrem großen goldenen General, der ihn herausgehoben aus der Masse am Markt und der seine Kuchen gekostet und befohlen, ihn, Agamemnon, als Koch und Bäcker einzustellen. O ihr Tage in der Nähe der Götter! Sie jagten an Agamemnon vorbei, diese Tage auf der Station, von dem Augenblick, da er das erstemal die weiße Schürze des Kochs um den Leib hatte, bis zu dem Augenblick, da die Soldaten aus der Ölbaumhöhle getreten, und Agamemnon dachte einen Augenblick, es sei alles ein Traum und die Soldaten ständen weißgekleidet als Köche da, traumhaft, auf den goldenen Steinen; da sah er die Steine nicht mehr, da rann ihm Wasser ins Ohr, da würgte ihn bitteres Wasser im Mund, da trommelte ihm die schlechte Luft im Blut, und sein Kopf drohte zu platzen. Er mußte den Kopf ein wenig heben, er konnte nicht mehr, er hob den Kopf höher, ein Stückchen, und die Augen blinzelten im Licht, und sie sahen, ungeheuer und blendend, die schwarzen Schäfte der schweren Soldatenstiefel, viermal dies Paar, blendende Stiefel, unterschiedslos, und da dachte Agamemnon noch, wer von diesen Göttern auf ihn geschossen hatte und wer noch auf ihn schießen würde, aber er sah nur die gleichen Stiefel, und er wußte keine Antwort, und die Gebetsmühle klapperte weiter, verzweifelt und hohl: Was soll ich nur tun?

Was soll ich tun? hatte auch der Obergefreite B. gedacht, nachdem er geschossen hatte; und er hatte automatisch das Schloß des Gewehres herausgerissen, und er hatte die ausgeschossene Patronenhülse herausspringen und aufklappern hören; er hatte mechanisch neu geladen und ebenso mechanisch gedacht, ob er ein zweites Mal schießen sollte. Da hatte er das »Feuer einstellen!« gehört. Er hatte da noch nicht gewußt, ob er den Koch getroffen hatte oder nicht, aber als der Feldwebel kommandiert hatte, da hatte der Gedanke ihn angefallen: Mein Gott, und was ist, wenn ich jetzt getroffen habe? Es war dies sein erster Schuß gewesen, den er auf einen Menschen abgefeuert hatte, und er erkannte plötzlich das, was er bislang nicht gewußt: daß er mit dem Krümmen seines Zeigefingers über Leben und Tod eines Menschen entschied. Da er dies begriff, tauchten, ihm noch nicht bewußt, frühe Bilder herauf, rote, von Menschen, blutenden, wie sie auf Bahren geschleppt wurden, und von Menschen, wie sie verblutend auf dem Straßenpflaster gelegen und wie sie vor der Wohnung seines Vaters, einem Keller im ärmsten Arbeiterviertel von Barmen, gelegen hatten; Tote, über die ihn der Vater hatte hinwegheben müssen, als Uniformierte ihn mit dem Kind aus dem Keller trieben, und er hatte, aus Vaters Armen herab, ein zerschmettertes Gesicht gesehen, und Vater hatte, gehetzt, Worte gesagt, die das Kind nicht verstanden, und Schüsse waren, unaufhörlich, die durch die Gassen knallten, und von denen hatte er verstanden, daß sie den Tod brachten und Gesichter zerschmetterten wie das, das er gesehen hatte. Dann hatten sie den Vater auf einen Lastwagen getrieben, und die Lastwagen waren weggefahren, und der Junge war allein geblieben, in der kalten Gasse mit den Toten auf dem Straßenpflaster und den Schüssen, die gegen die Mauern klatschten, und dann waren Unbekannte gekommen und hatten das Kind mit sich genommen in ein Waisenhaus. Das alles wurde dem Obergefreiten nicht bewußt, aber es war da, tief in der Seele, eine Ahnung daran war lebendig, und sein Schuß hatte den Obergefreiten bis in die Tiefen der Seele aufgewühlt. Mein Gott, hoffentlich habe ich ihn nicht getroffen! dachte er zu seinem Erstaunen. Er wandte mit Angst, die rasend wuchs, die Augen dem Wasser zu, und als er den Koch liegen sah, lebendig, atmete er tief auf. Er wußte nicht, wie ihm geschah, aber er mußte unter einem unentrinnbaren Zwang daran denken, wie das aussähe, wenn der Koch vor seinen Füßen läge mit einem Loch in der Stirn, im roten Wasser, und graue Lider über den erloschenen Augen. Nein, das wäre kein ehrlicher Kampf gewesen, dachte er, von Ekel gepackt, mit sich selbst hadernd, ich hätte keine Ehre damit eingelegt! Er sah gerührt das sauber gefaltete Kleiderbündel und die Schuhe, wie sie korrekt danebenstanden, die Spitzen in einer geraden Linie, und er dachte, daß die Partisanen doch nie solche Zucht und

Ordnung beweisen könnten, wie er sie vor Augen sah, und wie schade es gewesen wäre, wenn er einen Menschen, der schon soviel vom preußischen Geist gelernt, erschossen hätte. Nun war er froh, nicht getroffen zu haben, ja er schämte sich insgeheim seines Schusses, aber er dachte doch zugleich, wenn auch nur flüchtig, daran, daß der Unteroffizier seinen Schuß als einen Beweis entschlossenen Handelns werten würde. Das stimmte ihn froh, denn er brauchte die Gunst des Unteroffiziers: er wollte vorankommen in seiner militärischen Laufbahn, und der Unteroffizier, der in der Schreibstube saß, spielte eine nicht unbeträchtliche Rolle bei seinem Vorwärtskommen. Zugleich aber dachte er auch daran, daß der Unteroffizier gekränkt sein könnte darüber, daß ein Obergefreiter entschlossener als er, der Unteroffizier selbst, gehandelt hatte und daß, schrecklich zu denken, der Unteroffizier ihn bei Oberleutnant Goltz anschwärzen könnte. In der Tat war der Unteroffizier gekränkt, daß der Obergefreite sich als der Entschlossenste von den vieren erwiesen hatte, und er nahm sich vor, es ihn einmal bei Oberleutnant Goltz empfindlich entgelten zu lassen. Doch das Gekränktsein wurde überspielt von dem Vergnügen, nun mit dem Griechen da im Wasser einen großen Spaß zu machen, und der Unteroffizier bereitete sich auf diesen Spaß vor. Dieser Spaß hier war besonders schön, weil es ein Spaß war, den er sich in Deutschland nicht einmal mit den jüngsten Rekruten erlauben konnte.

Jetzt werden wir aber einmal ein richtiges Gottesgericht mit dir durchführen, mein Freundchen! dachte er entzückt, und er überlegte schon, welche Befehle er geben sollte, um den Griechen, wie er sich auszudrücken pflegte, fertigzumachen. Jetzt wirst du ein richtiges preußisches Gottesgericht kennenlernen, Freundchen! dachte er, und er kam zu dem Entschluß, Agamemnon eine Viertelstunde lang, nur ein Viertelstündchen, durchs Wasser robben zu lassen, ins Meer hinein und wieder heraus mit zwei Atempausen, und er dachte, daß er neben Agamemnon hergehen werde, solange der robbte, eine Viertelstunde lang, mit zwei Atempausen, und er dachte weiter, daß, falls Agamemnon diese Viertelstunde wirklich durchstünde, er dem Koch in Zukunft ein guter Freund sein würde. Wenn er das aushält, dann zahl' ich dem alten Säufer soviel Wein, wie er schlukken kann, aber erst soll er mal Wasser schlucken, dachte er. Er lachte vergnügt; es war das erstemal in den drei Jahren seines Stationsdienstes, daß er aus voller Seele vergnügt war; und wenn er, der vom flachen Land kam, das Meer bisher nicht geliebt hatte, so war er nun bereit, sich mit dem Meer auszusöhnen, wenn es derartige herrliche Späße gestattete.

»Kopf unters Wasser, Kerl!« schrie er, da er sah, daß Agamemnon den Kopf ein Stückchen hob, aber gleichzeitig befahl der Feldwebel dem Griechen: »Stehen Sie auf!« Der Grieche, dem beide Kommandos gleichzeitig in die Ohren knallten, blieb liegen. »Stehen Sie auf!« wiederholte der Feldwebel, und er befahl, schreiend, zum dritten Male: »Steh auf, Mensch!«, und er stampfte in höchster Ungeduld mit dem Stiefel.

Agamemnon stand auf. Er stand im Wasser. Seine Hosen troffen vor Wasser, und Wasser lief ihm aus den strähnigen Haaren über den nackten Rücken in die nassen Kleiderbäusche um den Bauch. Ihm war kalt. Er klapperte. Er atmete keuchend. Das Wasser im Ohr drückte, und in seinem Mund schmeckte er das bittere Wasser, das zum Brechen reizte. Die Soldaten standen wenige Schritte vor ihm, und sie schwiegen noch, und die Gewehrträger hielten ihr Gewehr hüfthoch, und die Pistolenträger hielten die Pistolen in ihren Fäusten. Das Gewehr des Obergefreiten rauchte. Also der hat geschossen, dachte etwas in Agamemnon. Er sah auf den Faden Rauch, der aus der Mündung stieg. Er sah nur diesen Faden Rauch.

»Was machen Sie hier?« fragte der Feldwebel.

»Ich hier gebadet«, sagte Agamemnon, und er sah den Faden Rauch aus dem Gewehr wachsen wie einen weißen Baum.

»Sie wissen, daß das Betreten des Strandes allen Griechen verboten ist?«

»Jawoll«, sagte Agamemnon, »aber auf Station kein Wasser!«

»Das ist ja scheißegal!!« brüllte der Unteroffizier. »Du Schwein bist Partisan, was?«

»Nein, nein, nein«, wimmerte Agamemnon. Die Landschaft vor seinen Augen war ein einziges Rot. Blutrot: die Berge, auf denen die Sonne brannte. Die Berge verbrannten, der Rauch trieb zum Himmel. Da sah er, was sie nicht sahen: die Partisanen kamen vom Gebirge herunter. Er hörte den Unteroffizier wieder brüllen: »Du Hund, gesteh, du bist mit den Partisanen, gesteh!«, und er dachte, der Unteroffizier würde jetzt schlagen, mit der Maschinenpistole, und er duckte sich. Für einen Augenblick durchzuckte ihn die Hoffnung, daß die Partisanen die Station überwältigen und vernichten und ihn retten würden, aber, kaum gedacht, war die Hoffnung schon verworfen: Wer sollte diese Götter schon besiegen? Etwa die schmutzigen Ziegenhirten und Zwiebelbauern, die nach dem verdorbenen Mais stanken, den sie fraßen; diese Elenden, aus deren Schar er aufgestiegen war bis in die Hüftnähe der Götter? Nein, er glaubte daran, da war keine Rettung, die Götter waren stärker, er glaubte an die Götter, er gehörte auf ihre Seite, und da begriff er, wie wahnsinnig er gewesen war, mit diesen Göttern spaßen zu wollen, und er begriff, was endlich, endlich seine Pflicht war, die Pflicht, die sie von ihm erwarteten und die einzig ihm das Leben retten würde! Vielleicht auch, so erkannte er, hatten die Götter nur alles inszeniert, um seine Treue zu prüfen, und sie gaben ihm jetzt eine letzte Frist; nach dem Warnschuß gaben sie ihm noch eine Frist als Chance, denn sicher war dies ein Warnschuß gewesen; undenkbar, daß die Götter nicht träfen, wenn sie nur wollten! Gott, warum habe ich ihnen denn nicht schon längst gesagt, was ich auf den Bergen sehe, dachte er, und er sah schon einen Wald von Rauch.

Er schrie: »Kameraden – die Partisanen –«, und er trat schnell vor sie hin, mit ausgestreckter Hand in die Berge weisend, und da sah er noch, wie ein Gewehr hochflog und auf ihn zu, und er hob die Hände vor die entsetzten Augen und sprang zurück und brüllte: »Nein!«, aber er hörte sich nicht mehr, er hörte nur mehr einen brüllenden Donner, wie der ihn mit Dunkel begrub.

A. setzte das Gewehr ab. Eine heiße Woge rollte durch sein Blut. Jetzt war ich der erste! dachte er und dachte immerzu: Ich war der erste, ich! Vor ihm, in den Schaumflocken am Strand, lag auf dem Bauch, zusammengekrümmt, blutüberströmt, der stöhnende Koch.

»Idiot!« hörte A. den Feldwebel schreien, »verfluchter Idiot, war das nötig?« Wieso, dachte A., ich habe doch nur seinen Befehl ausgeführt? »Verfluchter Idiot!« schrie der Feldwebel ein drittes Mal. Das ist ja ein glatter Mord! dachte er im Schreien, aber da hörte er eine Stimme in ihm ganz laut und ruhig sagen: Aber so war es ja befohlen, Funker A. hat pflichtgemäß gehandelt! Da trat dem Feldwebel Schweiß auf die Stirn, und seine Lippen zuckten. Es war die Stimme des Oberleutnants Goltz, die er gehört hatte, und er wußte, daß er den Funker niemals hätte anschreien dürfen, sondern ihn hätte belobigen müssen, ihn, den einzigen, der sich befehlsmäßig verhalten hatte. Verstört blickte der Feldwebel in das verkniffene Gesicht des Unteroffiziers, und er dachte hastig: Großer Gott, der meldet das doch alles dem Oberleutnant Goltz, und dann sitze ich in der Tinte. Oberleutnant Goltz spaßt nicht mit Vorgesetzten, die weich werden. Er schaute schnell auf den Obergefreiten; der hatte sich gebückt und mühte sich um den Koch. Auch er handelt richtig, und ich tue nichts, dachte der Feldwebel, und er verwünschte diese seine Idee des Gottesgerichts; er verwünschte sie und seinen Beruf und seine Neigungen, und er hätte alles hingegeben, um nicht den furchtbaren Gang, den Gang zum Oberleutnant Goltz, der ihm bevorstand, machen zu müssen. In dieser Kompanie bin ich erledigt! dachte er. Und was, so dachte er, wenn Oberleutnant Goltz ihn vor ein Militärgericht stellte wegen Versagens vor dem Feind? Was soll ich tun? dachte der Feldwebel verzweifelt, und der Blick des Unteroffiziers wich nicht von seinem Gesicht, und da wußte der Feldwebel, daß der Unteroffizier als Sieger aus dieser Sache hervorgehen würde. Da plötzlich, zu dieser Angst, packte den Feldwebel das Grauen.

Der Koch hatte aufgehört zu röcheln, und es war, einen Pulsschlag lang, völlige Stille. Alle fuhren sie auf, und da hörten sie schon seltsame Geräusche in der Luft wie Platzen und Tacken, und sie lauschten, stumm, und da hörten sie in das Platzen und Tacken hinein nun auch ein gleichmäßiges Rattern, und sie sahen fern auf den Bergen Rauch und Bewegung, und da war das Rattern schon nah.

»Sofort zurück zur Station«, befahl der Feldwebel aufgeregt.

»Und der Koch?« fragte der Obergefreite B.

»Was ist mit ihm?« fragte der Feldwebel.

Der Obergefreite schwieg.

»Ist er tot?« fragte A.

»Ja«, sagte der Obergefreite, »er ist tot.«

»Die Station brennt!« brüllte der Unteroffizier.

Sie sahen Flammen und Rauch über den Berg wallen, hinter dessen Kuppe die Station lag. Sie sahen sich entsetzt um, und sie sahen nur den öden Strand und das Meer mit dem flockigen Schaum, darin der Tote lag.

»Zur Station zurück!« schrie der Feldwebel, »das ist die einzige Rettung!« Sie rannten den Berg hinauf, aber da schlug ihnen von der Kuppe herunter schon die Salve eines unsichtbaren Maschinengewehrs entgegen, und sie fielen, der Feldwebel D. zuerst, und über ihn stürzte der Obergefreite B., und dann fiel der Unteroffizier C. und dann der Funker A., der noch gesehen hatte, wie der Feldwebel hintenübergefallen war, und dem seitdem nur noch die Frage im Hirn sich brüllend gedreht hatte: Um Gottes willen, was ist denn das, was ist denn, was ist...

Geno Hartlaub

Wird noch gesprochen?

Abends um neun geselliges Zusammensein in der Sesselekke des Appartements: junge Offiziere auf dem Weg zu ihren Stützpunkten in der Polarnacht, die sich noch einmal unterhalten wollen vor der Wintereinsamkeit. Zu viele, die nicht mehr leben, haben vor ihnen auf diesen Plätzen gesessen. Zwei von ihnen wurden als Verschwörer vom 20. Juli hingerichtet. Einer, der nicht Bescheid weiß, weil er die ganze Zeit über eine Stellung an einem Felsenriff über einem Fjord gehalten hat, fragt nach dem Ergehen eines der beiden Verurteilten: »Was macht denn der A.?« Alle schweigen. Ich beuge mich vor und sage verlegen: »Sie wissen nicht... Ist das denn nicht bis zu Ihnen gedrungen?... Seit einem halben Jahr ist er tot, er gehörte zu denen...« Ich bin zu feige, um die Sätze zu Ende zu sprechen. Christa, mit der ich zusammenwohne, legt eine Schallplatte auf. Das Zimmer ist überfüllt von der Stimme der Zarah Leander: »Ich steh' im Regen und warte auf dich.«

»Habt ihr nicht was Klassisches?« fragt der Leutnant, der sich soeben nach dem Befinden des Gehenkten erkundigt hat. Da sirrt das Telefon. »Für dich«, sagt Christa, sie hält mir den Hörer hin. »Weit weg. Ich kann kaum etwas verstehen.« Sie stellt das Grammophon ab, die Gäste reden nicht mehr miteinander. Hören sie zu bei dem Telefongespräch? «Wer ist da? Hallo?« rufe ich einige Male hintereinander. Ein Rauschen ist in der Muschel, ein Riesenraum schwingt da mit. Auf verschiedenen Ebenen höre ich Stimmen von Gesprächen, die nicht für mich bestimmt sind: Dienstliches, Codewörter, Morsezeichen. Dann meldet sich ein Oberst mit Namen Wildemann. »Wann kommt denn nun endlich der Bataillonsstab. Es ist dringend.« In meiner Vorstellung sehe ich ihn irgendwo auf verlorenem Posten im Osten. Die Telefonleitung ist das letzte, was ihn mit der Außenwelt verbindet. Er ist mit seinen Leuten eingekesselt, sie warten auf den Ausbruchsbefehl. Aber der Bataillonskommandeur ist unauffindbar, er schläft. Sein Adjutant hat keinen Dienst, dessen Stellvertreter trinkt mit Kameraden im Kasino. Dies Netz hält noch, denke ich, aber es kann jeden Augenblick zerreißen, dann sind wir alle ohne Verbindung, hängen im Leeren, können uns nicht mehr erreichen. Das Riesennetz der Telefonleitungen, Tausende von Kilometern in alle Himmelsrichtungen, mit zahllosen Verästelungen bis in die vordersten Stellungen, ist das einzig Eindrucksvolle, was sie im Krieg geschaffen haben.

Plötzlich ganz nah, wie aus dem Nachbarzimmer, vom Hohl- und Echoraum des Verstärkers umgeben, seine Stimme. Aber bevor wir die ersten Worte gewechselt haben, meldet sich ein Mädchen von der Vermittlung: »Wird noch gesprochen?« Es knackt in der Leitung: nur nicht trennen! Sein Anruf hat keinen praktischen Grund. Er wollte nur wieder einmal meine Stimme hören. Keine Aussicht, sich in absehbarer Zeit wiederzusehen. Urlaubssperre. Keine Ahnung, von wo er spricht, darf nicht fragen: nehme an von Ostpreußen oder von Berchtesgaden, wohin sie jetzt manchmal mit dem »Führerhauptquartier«, wo er als Obergefreiter am Kriegstagebuch mitwirkt, ausweichen. Entfernung spielt keine Rolle. Früher hat er manchmal mitten in der Nacht aus der Ukraine angerufen. Das klang nicht nach Einsamkeit russischer Wälder, sondern recht munter und aufgekratzt: ›Habe Nachtdienst, eben echten Kaffee getrunken, zu stark fürs Herz, es klopft wie verrückt.‹ Die Ferngespräche, die wir über die Dienstleitung widerrechtlich führen, werden von vielen Ohren überwacht.

Die Gäste, die heute auf den Sesseln meiner Wohnung sitzen, sind nur Statisten, die gegen ihren Willen mithören. Die wirklichen Lauscher in der Leitung bleiben unsichtbar, sie schalten sich ein, sie trennen die Verbindung, wenn sie merken, daß wir die Dienstleitungen ohne Erlaubnis benutzen. Unsere Gespräche haben ein festes Zeremoniell. Die meisten Fragen und Antworten sind tabu. Für nicht Eingeweihte klingt es einfältig, was wir uns zu sagen haben. Pausen entstehen, in denen ich darüber nachdenke, ob ich mich nach dem oder jenem erkundigen darf. Mehrmals frage ich nach dem Gesundheitszustand, das ist unverdächtig. »Wie geht es? Ehrlich, deine Stimme klingt etwas matt. Du sprichst so langsam. Bist du müde? Warst du krank? Das kommt von der Eintönigkeit des Dienstbetriebs. Du müßtest einen Tapetenwechsel haben. Aber jetzt ist nicht der richtige Zeitpunkt für Veränderungen. Mir geht es ähnlich. Hier oben tut sich überhaupt nichts, das zehrt an den Nerven. Wir warten. Tag und Nacht sind wir mit Warten beschäftigt. Noch sind wir da. Wir sind beschäftigt mit Überleben.«

Von der Sitzecke her kommt ein Warnungszeichen. Christa legt den Finger vor den Mund. Mit hellerer, wacherer Stimme setze ich hinzu: »Natürlich wissen wir alle, wozu wir die Stellung halten. Jeder Quadratmeter Bodens hier ist von Bedeutung. Der Schiffsraum wird für wichtigere Transporte als für Heimaturlauber gebraucht.« Helle verstellte Lügenstimme, sie strengt an. Schon wieder falle ich in meinen müden Tonfall zurück. »Das letzte, was ich von zu Hause gehört habe, war nicht gut. Volkssturmeinberufung, Fabrikeinsatz. Wie sollen sie das nur schaffen? Seit Wochen ist die Verbindung gerissen. Es kommt keine Post mehr durch.« Wieder ist eine fremde Stimme in der Leitung, diesmal männlich, ein hessisch sprechender Gefreiter oder Unteroffizier: »Wird noch gesprochen?« »Aber ja.« Der in der Vermittlung sitzt, tausend Kilometer von hier, ist guter Laune. Er hat ein Einsehen mit uns, macht sogar einen Witz. »Mer werd ja noch frage derfe.« Ob er zu seiner Arbeit kommt, will ich wissen, zu Studien außerhalb des Dienstes. Kurz vor dem Anruf hatte ich einen Brief an seine Feldpostnummer zu schreiben angefangen. Jetzt fällt mir das Wichtigste nicht ein, was ich wissen wollte. Seine Stimme ist auf einmal weit weg, erstickt, nur noch einzelne Satzfetzen kommen an, den Rest muß ich mir zusammenreimen.

»Halsweh, Katarrh? Du müßtest etwas für dich tun. Krankschreiben lassen. Hänge noch nicht ein. Du hast recht, ich bin nicht allein. Ein paar gute Freunde, vor ihnen habe ich keine Geheimnisse. Hauptsache, wir reden einmal wieder miteinander. Man verliert sich nicht ganz aus den Augen, vielmehr aus den Ohren. Was macht denn Gisela? Du kennst kein Mädchen, das so heißt? Ich meine die Neue aus Berlin, mit der du im vergangenen Herbst Pilze gesammelt hast. Sie ist weg? Das finde ich schade. Das Private ist das einzige, was uns jetzt bleibt. Was ich in dieser Hinsicht... das kann ich nicht sagen. Immer dasselbe, ja noch derselbe. Es ging ihm in letzter Zeit nicht so gut, dienstliche Schwierigkeiten, das Übliche.« Wieder mischt sich jemand von der Sesselrunde ein. Es ist der Freund, von dem ich soeben gesprochen habe. Er schüttelt den Kopf über meine Unvorsichtigkeit, macht mir ein Zeichen, das Telefongespräch zu beenden. Ich klammere mich an den Hörer. Ich bin noch nicht am Ende. »Komisches Wetter. In diesem Jahr haben wir wenig Schnee, nichts zum Skilaufen. Das letzte Mal Weihnachten in Lillehammer, ein paar herrliche Sonnentage. Ich kam dort hin, weil ich schon seit zwei Jahren keinen Urlaub mehr gehabt habe. Meinen Brief haben sie dir von zu Hause geschickt? Tut mir leid, wenn das, was ich geschrieben habe, nicht echt klang, zu pathetisch. Was meinst du? Falsch verstandene Philosophie von Jaspers und Co. Aber ich wollte doch nur... Eine Grenzsituation in seinem Sinne dürfte doch jetzt gegeben sein. Mit Schuld hat das nicht viel zu tun. Immerhin wirst du nicht leugnen, daß man gerade in diesen Tagen den Unterschied zwischen Dasein und Existenz in seinem Sinne spürt.« Ich schweige, unser Gespräch droht in ein Kolleg über die Dienstleitung auszuarten. Zum dritten Mal das »Wird noch gesprochen?« Diesmal jemand mit einer scharfen Stimme, der sich nicht hineinreden läßt. Er wird uns trennen. Wir legen eine halbe Schweigeminute ein. Wir sprechen schon fast fünf Minuten. Das finden sogar die Freunde der Abendrunde zuviel. Sie nehmen keine Rücksicht mehr auf die Fernverbindung. Sie unterhalten sich, je zwei und zwei.

»Bist du noch da?« Er meldet sich schwach, dann ist er auf einmal wieder dicht neben mir, so als könne er die Unterhaltung der geselligen Runde in meiner Wohnung mithören. Ich schließe die Lider und bemühe mich, um seine Stimme herum die Umgebung aufzubauen, in der er sich aufhält: Schreibtisch, Bücherregal, Stühle, Büroeinrichtung und seine Gestalt. Wie sitzt er wohl da? Oder liegt er? Hat er sich hingelegt zu einer unerlaubten Ruhepause auf dem Feldbett während des Nachtdienstes? Seine Stimme klingt gepreßt, ist aber atemnahe, droht die Muschel des Hörers zu sprengen, er räuspert sich, hustet in mein Ohr. Was hat er eben gesagt: wir werden uns lange nicht sehen, vielleicht nie wieder miteinander sprechen? Was sollen die sibyllinischen Andeutungen? Er kann nur das Kriegsende meinen, das dicht bevorsteht, den Untergang unserer Welt.

»Bleib da oben, solange es geht«, rät er mir, »nur keine Ortsveränderung jetzt, hast du verstanden?« Es ist die Stimme des besorgten Verwandten, der Vaterstelle an mir vertritt. So spricht der Ältere, streng, nicht ohne Autorität. Ich lache, bereue es gleich wieder, denn jetzt reißt die Verbindung endgültig ab. Der väterliche Rat sind die letzten Worte, die ich von ihm höre. Seine Stimme ertrinkt in einem rauschenden Meer. Ich suche sie, kann sie nicht wiederfinden. Höre, wie ein mir nur flüchtig bekannter junger Mann der Sesselrunde fragt: »Mit wem spricht sie eigentlich? Mit ihrem Verlobten?« »Es ist nur ihr Bruder«, sagt Christa. Dies »nur« ärgert mich, ich nehme mir vor, ihr das später zu sagen. Ein böses Vorzeichen, daß das letzte Wort unseres Telefongesprächs nicht persönlicher oder versöhnlich abschließend war: ein gute Nacht. Mach's gut, bis zum nächsten Mal oder auf bald! Eine Kommandostimme ist in der Leitung, sie fragt noch einmal nach irgendeinem Stab. Wieder meldet sie sich mit »Oberst Wildemann. Hier spricht Oberst Wildemann.« Als sei dieser Name ein Zauberwort, ein Sesam-öffne-dich, das alle Türen der Kommandozentrale sprengt.

»Ich trenne«, sagt schlaftrunken ein Mädchen von der Vermittlung. Ich halte noch immer den Hörer in der Hand.

Christa nimmt ihn mir ab, sie hängt ein. »Es hat keinen Sinn«, sagt sie, »vielleicht versucht er es noch einmal später.« Die Gäste verabschieden sich bald. Aber das Telefon bleibt stumm. »Was war denn mit ihm?« fragt Christa, »hat er dir keinen guten Eindruck gemacht?« Ich öffne das Fenster, um frische Luft ins Zimmer zu lassen. «Er behauptet, es geht ihm nicht schlecht. Das ist viel, mehr kann man nicht verlangen. Aber irgend etwas an seiner Stimme war mir fremd. Sie hätte ebensogut einem Menschen gehören können, mit dem ich zum ersten Mal sprach. Unpersönlich, schwingungslos. Als höre jemand zu, als sei die Tür zum Nebenzimmer nur angelehnt.« »So etwas kommt vor«, sagt Christa, »man ist nicht immer in Stimmung, besonders wenn man vorher stundenlang auf die Verbindung gewartet hat.«

In der Nacht konnte ich nicht einschlafen. Ich wartete auf einen neuen Anruf. Dann träumte ich, halb noch im Wachen, ich sei draußen auf dem Meer nach einem Schiffsuntergang, im Wasser schwimmend. Das Meer war still, dunkel, unübersehbar groß. Auf einmal war es nicht ich, die dort draußen schwamm, sondern er. Ich wollte rufen, konnte ihn aber nicht erreichen. Noch eine Weile würde sein Kopf über den Wellen sein, dann würde er versinken und ertrinken. Übrig blieb nur das Meer, gleichgültig, Wellentäler und -berge bildend und wieder vernichtend.

Paul Schallück

Am Ufer der Seine

Man mag darüber lächeln, und tatsächlich lächelten zwei meiner Kameraden, als ich einer melancholischen Eingebung folgend am Abend vor jenem Tag einen Abschiedsbrief schrieb, an dem sich unsere Kompanie ostwärts abzusetzen hatte, also Saint-Cloud verlassen, über Charenton, Châlons-sur-Marne und Verdun nach Metz fahren, fliehen mußte, Paris aber unter keinen Umständen passieren sollte. Nachher ist es leicht zu sagen: Ich habe es geahnt. Tatsache bleibt, daß ich diesen Abschiedsbrief geschrieben habe, ihn in die Brieftasche legte und dann schlafen ging, seltsam ruhig übrigens wie ein Bauer, der gesät hat und weiß, daß nichts mehr in seiner Hand liegt bis zur Ernte.

Auch in meiner Macht lag es ja nicht. Ich hatte nichts zu tun, als neben Willi im Beiwagen zu hocken und Abschied zu nehmen von einem Ort, den ich lieben gelernt hatte, der nun in der Augustsonne eines bläulichen Mittags aufatmen mochte, weil er uns nach jahrelanger Besatzungszeit endlich verschwinden sah. Und völlig machtlos war ich, als der große Möbelwagen vor uns aus der sicheren Reihe der Kompanie-Kolonne ausscherte und links am Straßenrand stehen blieb, damit ein Defekt am Motor oder sonstwo behoben werden konnte. Willi und ich auf dem Motorrad mit Beiwagen hatten Befehl, diesen Wagen im Auge zu behalten, ihn zu decken, ihn zu schützen. So stoppten denn auch wir, und Willi sagte: »Jetzt müssen wir warten, bis alle an uns vorbei sind, verdammt nochmal!«

Aber als die Kolonne an uns vorübergerollt war, in einem geringen Tempo, als gelte es eine Spazierfahrt die herrliche Promenade von Saint-Cloud herunter zu machen, die auf die Seine stößt, und nicht eine Flucht vor der unerbittlich heranrückenden Invasionsfront, hielt der Möbelwagen noch immer. Wir rauchten eine Zigarette in der flimmernden Augustluft, wir rauchten drei und vier, und ihr Duft war wie der Geruch eines leisen Unbehagens. Ein Hund schnupperte an meinen Stiefeln, und Willi zog von seinem Brot den Schinken und ließ den Hund danach schnappen. Dann endlich war die Reparatur beendet, aber die Kompanie war außer Sicht. Wir fuhren weiter. Der Wagen vor uns lenkte links ein, lenkte rechts ein, stoppte, fuhr wieder an. Es war offensichtlich, daß selbst Feldwebel Dix, vorn im Möbelwagen, der vollgepackt war mit Nachrichtengeräten und Weinflaschen, nicht wußte, wie wir, ohne Paris zu passieren, nach Metz gelangen sollten. Er fragte einen Zivilisten nach dem Weg, was übrigens gefährlich war. Wie leicht hätte uns der Franzose, der unser Manöver doch durchschauen mußte, in eine Falle schicken können. Feldwebel Dix gab wohl auch nichts auf seine Auskunft, er schien einen Entschluß gefaßt zu haben. Er befahl, schneller zu fahren, um den Schwanz der Kompanie vielleicht doch noch vor uns auftauchen zu sehen. Der Fahrtwind kühlte mein von der Augustsonne erhitztes Gesicht. Und dann sahen wir den Fluß, grün, ruhig, jenen großen Bogen, der die Metropole mit eleganter Abschiedsgeste von Westen her noch einmal zu umarmen versucht, vergebens freilich. Wir steuerten an der Seine entlang nach Paris hinein.

Die Sonne stand im Zenit, es war mittagsstill, die Uferstraßen waren wenig belebt. In Passy kam uns ein französisches Auto entgegen, das, als es uns bemerkt hatte, sofort in eine Seitenstraße abbog, und Willi sagte: »Paß auf, sofort schießen.«

Den Karabiner hatte ich umgeworfen, die Pistole hielt ich in der Hand. Aber ich bin sicher, mein Schuß wäre irgendwo gelandet, nur nicht im Ziel, hätte man uns beschossen. Denn seit Jahren hatte ich auf keinem Schießstand mehr übend auf jene Figuren gezielt, die unsere Unteroffiziere abwechselnd Itzig und Franzos, Iwan und Ami zu benennen pflegten. Seit Jahren gehörte ich einer Nachrichtengruppe an, trug Krawatten und gebügelte Hosen, zeichnete auf einer großen Glasscheibe den Standort einfliegender feindlicher Maschinen ein und hatte meine Pistole nur gesäubert, wenn Appell angesetzt worden war. Ich hatte noch nie auf einen Menschen geschossen. Glücklicher Zufall.

»Paß auf!« sagte Willi. »Sofort schießen.«

Der hatte gut reden. Doch es geschah nichts, was mich zum Schießen hätte verurteilen können. Vom Palais Chaillot segelten Taubenschwärme auf sommermattes Grün und auf die Wasserspiele, die ich nur auf Postkarten in sprühender Tätigkeit und farbig gesehen hatte. Der Eiffelturm spitzte sich in die Sonne, legte eine Schattenbrücke über den Fluß. Und wir hinter dem Möbelwagen, der bläuliche Wolken ausstöhnte, fuhren weiter an der Seine entlang, deren Ufer, sonst bewohnt von Clochards, an diesem Mittag leer waren, ausgestorben, kein Angler, keine Kinder, keine Liebespaare, die ihre Beine baumeln ließen. Dieser Anblick bedrückte mich, wenngleich ich mir das Lauernde der Stille erst viel später bewußt machte. Eine ruhende Stadt, das war zu sehen und zu spüren, aber eine Stadt, die verhalten auf ein Ereignis wartete, das sie, mit vielen kleinen Sabotageakten unterstützend herbeizurufen suchte.

Die Bäume am Ufer flitzten an uns vorüber, wir sprangen gleichsam von Schatten zu Schatten, links öffnete sich gewaltig in ihrer Größe und Ruhe die Place de la Concorde, und ich fühlte mich für einen Augenblick heiter, ja sogar glücklich in der allerdings illusionären Vorstellung, ein friedlicher Tourist zu sein, ein willkommener Gast in einer lebenslustigen Stadt. Aber ich war Soldat, ein Feind. Die Sonne brannte heiß, keine Liebespaare ließen die Beine baumeln, kein Clochard setzte die Rotweinflasche an, und über eine Brücke trieb ein deutscher Soldat einen französischen Zivilisten, der die Hände hinter dem Kopf verschränkt halten mußte.

Ich hatte die entsicherte Pistole schußbereit. Als wir dann aber aus einem Kellerfenster beschossen wurden, wußte ich nicht, worauf ich nun Kimme und Korn richten sollte. Ich war ein Schlipssoldat und nicht sehr mutig, nicht heroisch, ich erschrak heftig, als es über und neben mir wegpfiff, eine Kugel, die einem von uns gegolten hatte, noch eine Kugel, und es splitterte aus dem Möbelwagen, der davonraste, und auch Willi drehte kräftig auf.

Pont des Arts. Wie oft hatte ich, auf einer Toilette zurückverwandelt in einen Zivilisten, auf dieser Brücke gestanden, hatte hinüber geschaut auf die grüne Spitze der Île-de-la-Cité, links auf den Louvre, in dem mich das Schweigen der ägyptischen Sarkophage stets mehr beeindruckt hatte als das viel gerühmte Lächeln der Mona Lisa, rechts auf die schimmernde Kuppel des Institut Monnaie. Pont des Arts. Und Willi gab Gas. Mit zusammengekniffenen Lippen hing er halb auf dem Motorrad, um den Résistance-Leuten wenigstens kein ausgewachsenes Ziel zu bieten, blickte hilfesuchend auf meine Pistole und hielt sich dicht hinter dem Wagen von Feldwebel Dix.

Aber dann, hundert oder zweihundert Meter weiter am Ufer der Seine, knallte es erneut, heftiger nun, massiver von der Uferbrüstung her, aus den Bäumen, aus Kellerfenstern, von Dächern, aus der Erde. Ich duckte mich in den Beiwagen hinein, wir hatten ihn vollgestopft mit Proviant, mit halben Hähnchen und Fleisch in Dosen, und während ich versuchte, Brot und Konserven mit den Füßen beiseite zu schieben, damit ich Platz bekam und verschwinden konnte, schoß aus einem der Reifen des Möbelwagens vor uns fauchend die Luft, das rechteckige Ungeheuer mit den wertvollen Geräten und dem Wein rutschte, kippte zur Seite, pendelte schliddernd zurück und blieb stehen.

»Verflucht!« schimpfte Willi, ließ seine Maschine aufheulen und raste an dem Getroffenen vorbei auf den kleinen Platz, der vom Pont Neuf, dem Seine-Quai und der Rue du Pont Neuf gebildet wird. Wohin wollte er? Mitten auf der Kreuzung schrie Willi, ich verstand nicht, was, ich wußte nur, daß es ihn erwischt hatte, so was gab's also wirklich, ich war mehr überrascht als erschreckt. Wo war er getroffen worden? Ich wußte es nicht, konnte es nicht sehen, sah nur, wie er vom knatternden Krad sprang. Und ich reagierte sofort, kletterte raus aus dem Versteck, in das ich mich nur halb hatte verkriechen können. Wie irr, nun doch erfaßt von einem betäubenden Rausch, feuerte ich irgendwo hin, knallte in die Luft oder in die Quaimauern, von wo es blitzte und krachte. Die Maschine war umgekippt und auf dem Platz liegen geblieben und ratterte fort und drehte sich irrsinnig nutzlos. Willi war von der Kreuzung gesprungen, ich sprang hinter ihm her, er warf sich unter den Möbelwagen. Und in dem Augenblick, als ich mich gleichfalls unter das schützende Dach werfen wollte, bekam ich einen dumpfen, flachen Schlag, irgendwohin, fast schmerzlos, aber so heftig, daß ich doch für Sekunden die Besinnung verlor.

Blut sickerte mir in den Stiefel. Und dann kam etwas, das Schmerz war, das mußte so sein, ich hatte keine Erfahrung, ich wußte nicht, was Schmerz sein kann. Ich vermochte mich nicht mehr zu rühren. Willi lag neben mir ausgestreckt und stöhnte. Uns beide drückten im Rücken die Karabiner. Willis Gewehrmündung berührte meine Schläfe. Ich konnte mich nicht bewegen.

Noch ein dritter lag mit uns auf der Straße, Feldwebel Dix. Aber Feldwebel Dix stöhnte nicht, er war stumm, völlig, schrecklich stumm. Willi jammerte und begann zu beten, während ich, dann auch von ihm unterstützt, rief:

»Pas tirer, nous sommes blessés! Nicht schießen, wir sind verwundet!« Ein schon kindischer Hilferuf in einem Krieg, in dem Menschen aus einigen tausend Metern Höhe zermalmt wurden mit Bomben, in dem Hunderttausende in sogenannten Kesseln zusammengetrieben und vernichtet wurden. Selbstverständlich hörte die Schießerei nicht auf.

»Nous sommes blessés!« riefen wir, doch das Geknalle war lauter als wir. Ich blinzelte über mich hinweg und sah, wie fünfzig Meter entfernt auf der Straße, die wir gefahren waren, ein deutscher Soldat hinter einem Baum kniete und einen neuen Ladestreifen in seine Maschinenpistole einführte. Um Himmels willen! Sollten wir von den eigenen Leuten erschossen werden, nachdem wir doch schon ausgeschieden waren in diesem tödlichen Spiel? Und dann hörte ich von der anderen Seite her Motorengeräusch näherkommen, lauter werden, aussetzen, zwanzig Sekunden Stille. Dann eine höllische Schießerei. Über uns hinweg.

Drei Männer lagen unter einem Wagen, mitten in Paris

am Ufer der Seine, der viel besungenen. Die Reifen waren durchlöchert, aus den Ritzen des Daches tropfte es rot wie Blut, Kugeln peitschten das Pflaster, zerkratzten Bäume, zerrissen die Kästen der Bouquinisten am Ufer der Seine, der viel besungenen.

»Nicht schießen, nous sommes blessés!«

Aber der Krieg brüllte so laut, daß wir uns selbst nicht mehr hören konnten.

»Vater unser...«, betete Willi, und ich betete »... vergib uns unsere Schuld...« und »... in der Stunde unseres Todes...«

In unsern Koppeln steckten vier Handgranaten. Willi wollte seine herausziehen und dann wahrscheinlich über die Straße schleudern, hinter die Quaimauern. Wahnsinn! Aber er jammerte vor Schmerzen und weinte dann und warf die Handgranate nicht.

Eine Stunde vielleicht haben wir so gelegen, eine Stunde im schmalen Niemandsland auf der Straße mitten in Paris, vergessen vom Krieg und vom Gebrüll. Und plötzlich war es still, kein Laut mehr, kein Gebrüll, kein Knallen, nur noch menschliche Stimmen. Und ich sah Schuhe auf die Straße treten, aus dem Schatten der Bäume auf uns zukommen, darüber lange Hosen, weiter hinauf konnte ich nicht sehen. Den Wind hörte ich durch die Bäume ziehen, und ich meinte sogar, das Strömen des Flusses zu vernehmen. Von oben wurde etwas herabgelassen, eine Bahre, Hände streckten sich aus, faßten mich, zerrten mich unter dem Wagen hervor.

»Allez!« sagte jemand, und ich versuchte, mich auf die Bahre zu rollen! Dabei blickte ich auf und sah, daß es ganz junge Männer waren, die mich wie ein Tier aus seinem Bau hervorgezogen hatten, Studenten vermutlich, und an ihren Armen leuchteten die Binden des Roten Kreuzes. »Allez hopp!« sagte einer, weil mein linkes Bein mir nicht gehorchte und ich zu feige war, es mit den Händen nachzuziehen. Einer packte zu, und ich schrie. Und als sie Willi aus dem Bau hervorholten, bemerkte ich, daß an beiden Seiten der Straße je ein Student stand und eine große Fahne schwenkte, die Fahne des Roten Kreuzes.

Ich wurde hochgehoben, über die Straße getragen, mir schwindelte, und ich schloß die Augen, als von der Ufertreppe her ein Bewaffneter sprang, der nicht das Zeichen des Roten Kreuzes trug, aber die Pistole auf mich richtete. Er wurde angefahren von den jungen Männern und mit Fußtritten zurückbefördert in sein Versteck.

Nach mir wurde Willi in den Sanitätswagen geschoben, der neben unserm verstummten Krad auf der Kreuzung stand. Er langte mit der Hand zu mir herauf, ich drückte sie. Dann rollten sie Feldwebel Dix in einer Decke verborgen herein. Nach ihm schoben sie jemanden zu uns in den Wagen, der zu schimpfen begann, als er uns sah, und aufspringen wollte, aber dazu war er nicht fähig, und er schrie so lange:

»Sales boches, sales boches, dreckige Schweine!« bis ihm der Student, der uns bewachte, mit beiden Händen den Mund verschloß und ihn zurückbog auf seine Bahre.

Wir waren kaum eine Minute gefahren, da hörte ich, daß hinter uns am Ufer der Seine die Gefechtspause beendet war. »Wir müssen noch mal hin«, sagte der Student auf französisch durchs Fensterchen zum Führersitz hinein, und drinnen sagte jemand: »Die reinste Idiotie!«

Wir wurden ins Krankenhaus gebracht, ins »Hotel Dieu«, das Krankenhaus Gottes, noch in der gleichen Stunde wurden wir operiert. Für uns im Krankenhaus Gottes galt im vollen Sinne des Wortes, womit Ärzte und Schwestern uns zu trösten versuchten, wenn wir klagten:

»La Guerre finit, für euch ist der Krieg zu Ende.« Wir waren Gefangene. Nach zwei Jahren wurde ich aus der Gefangenschaft entlassen, und man gab mir zurück, was ich besessen hatte. Ich öffnete die Brieftasche und fand den Abschiedsbrief, den ich an einem Abend im August jenes Jahres geschrieben hatte, als der Krieg für mich zu Ende gegangen war. Ich besitze ihn noch, und ich lese ihn jedesmal, wenn er mir in die Hände fällt, freue mich über die Todesahnung, die eine Ahnung geblieben war, und denke dankbar an jene jungen Männer, mit Binden am Arm, die mich unter dem Möbelwagen herausgezogen haben.

Hugo Hartung

Schütze Jasrich

Ernst Jasrich, in Oberschlesien nahe der historischen Dreiländerecke geboren, hatte Ende der Zwanziger Jahre in Breslau einen kleinen Schuhwarenhandel begonnen, der erst richtig florierte und zu einem Ladengeschäft wurde, als durch die Maßnahmen neuer Machthaber viele Erwerbslose wieder auf die Füße gestellt wurden und danach für diese der Schuhe bedurften. Jasrich, der damals eben geheiratet hatte, unterschrieb darum der Regierung bereitwillig den Blankoscheck, den sie vom Volke verlangte, ohne zu fragen, welchen Betrag sie künftig einsetzen würde. Er tat, was er auch andere um sich herum tun sah, Industriekapitäne, Gelehrte, Großkaufleute, Handwerkskammerpräsidenten – so viele darunter, denen er ein höheres Wissen um die Zusammenhänge zubilligte als sich selber –, und wie sie ließ er sich irgendwo anschließen oder mit einem Fachverbande »gleichschalten«. Gleich allen zahlte er etwas, das Opfer genannt und doch nicht als solches empfunden wurde.

Auch der Krieg tat ihm zunächst nicht weh. Denn selbst als anderwärts schon die Nächte ruhelos geworden waren, ging man in seiner Stadt noch auf bogenlampenhellen Straßen und flanierte sonntags bei Militärmusik vor unzerstörten Fassaden. Daß Dora Jasrich als fromme Katholikin solches dem wundertätigen Schutze der heiligen Hedwig in Trebnitz zuschrieb, entsprach zwar seinem nüchternen Tatsachensinn nicht, doch ließ er seine Frau gewähren und meinte, ohne Gründe zu bemühen, es müsse und werde schon alles so weitergehen.

Das Ehepaar Jasrich besaß zu der Zeit noch eine hübsche Etagenwohnung in der Siedlung Mariahöfchen und etwas weiter westwärts einen Garten in einer Laubenkolonie, wo es später, das heißt nach dem Kriege, ein Eigenheim zu bauen gedachte. Was man noch nicht besaß, war ein Erbe für das Geschäft. Aber im späten Frühjahr 1944 ließen Anzeichen erkennen, daß eine von den Jasrichs kaum mehr gehegte Hoffnung Erfüllung finden werde. Frau Dora sah jetzt die gemeinsame Zukunft wie eine jener blau vorgezeichneten und in einer Ecke vorgestickten Dekken, an denen sie so gern arbeitete; das Material war lieferbar, und da man sich nicht einmal um die Farben den Kopf zu zerbrechen brauchte, war die Fertigstellung nur eine Sache eigenen Fleißes und einer landläufigen Geschicklichkeit. An Tüchtigkeit aber fehlte es den beiden Eheleuten nicht, ja nicht einmal an jenem Schuß Gewitztheit, der nötig war, um in einer Zeit strengster Kriegsvorschriften und im Besitz eines Lagers kriegsbewirtschafteter Mangelwaren selbst keinen Mangel zu leiden.

Im Herbst 1944 war es indessen so weit, daß nicht nur die Pläne der »Führung« zu stimmen aufhörten. Jasrich erschrak tief, als sein zimmerbleicher Leib, nachdem er jahrelang für kriegsuntauglich befunden worden war, trotz der verkrüppelten Zehen am rechten Fuß, nun mit einem Male als vollwertig für den Heeresdienst galt. Doch schon während unser Schuhwarenhändler im Zuge nach Schweidnitz saß, wo er einem Infanterietruppenteil zugeteilt wurde, erwachte sein Schicksalsvertrauen wieder, indem er sich sagte, das Ende des Krieges sei viel zu nahe, als daß dessen letztem Aufgebot noch sonderlich viel geschehen könne. Vielleicht würde es nicht einmal ungünstig sein, wenn man später einmal – wie auch »die Geschichte« ausginge – doch ein Bändchen im Knopfloch tragen dürfe, zum Beweise, daß man dabeigewesen sei. Nach dem unglücklich verlaufenen Ersten Weltkrieg war, trotz Revolution und wechselnder Regierungssysteme, manchem älteren Freunde so etwas nützlich geworden...

Als der Schütze Jasrich, dessen Schießkünste, infolge einer sehr mangelhaften Ausbildung, nur gering waren, in den ersten Februartagen des Jahres 1945 in seine Wohnung kam, fand er nicht nur diese, sondern das ganze Haus leer. Er war darüber nicht allzu überrascht, weil er schon bei der

Truppe erfahren hatte, man habe die Stadt Breslau zur Festung erklärt und mit ihrer Evakuierung begonnen. Da aber die Post von seiner Frau mit einem Male ausgeblieben war, fing er an, sich Gedanken zu machen; denn es mußte mit ihr nun so weit sein, und nur allzu leicht konnten Aufregung und Sorgen die Geburt gefährden. Obwohl es derzeit bei der Truppe schon keinen offiziellen Urlaub mehr gab, hatte er doch von seinem »Spieß«, den er sich mit einigen Paaren Schuhen in Friedensqualität gewogen gestimmt hatte, einen fadenscheinigen Kurierauftrag in die Heimatstadt erlangt.

Zum Glück erfuhr er noch von einer alten Nachbarin, die er zufällig auf der Straße traf, es sei Dora bei ihrer Abreise gut gegangen und sie habe zu einer Verwandten im Kreise Nimptsch, also nach dem Eulengebirge zu, fahren wollen. Jasrich hörte das mit Erleichterung. Von Schweidnitz aus würde er abermals Mittel und Wege finden, das bekannte Dorf zu erreichen. Wenn er dennoch sein Haus und seine schön polierten Möbel mit einigen Beklemmungen verließ, so war daran in erster Linie der Anblick eines von Dora unfertig zurückgelassenen Stickdeckchens schuld, das sie für den Kinderwagen gedacht haben mochte. Als er die Wohnungstür hinter sich schloß, fiel sein Blick auf die aufgeklebten farbigen Bildchen, die Zeichen einstiger »Opfer«, und er riß eins nach dem anderen ab.

Vielleicht hätte sich auch jetzt und weiterhin alles leidlich gefügt – wenn Jasrich nach Schweidnitz zurückgekommen wäre. Aber im Bannkreis des Breslauer Hauptbahnhofes wurde er von einer jener Streifen aufgegriffen, die in höherem Auftrage die draußen erteilten Marschbefehle aufhoben, um jeden – ob Offizier oder Mann – der ausreisen (oder auch ausreißen) wollte, einem der zusammengewürfelten Truppenteile der Verteidiger beizuordnen. So kam Ernst Jasrich zur Besatzung der Festung Breslau und schien dazu bestimmt, das vorauszusehende Unglück der Stadt teilen zu müssen.

Von diesem Tage an, da er von Stunde zu Stunde mehr das Zweifelhafte seiner vormaligen Existenz erkannte, beschloß der Schuhwarenhändler und derzeitige Schütze Jasrich, sein eigenes Geschick vom allgemeinen zu trennen. Er sah Bomben auf die Stadt fallen, darüber der Schutzmantel der Heiligen zerrissen war. Er sah, von Granaten in Brand gesetzt, die Häuser seiner Siedlung auflohen, als sein neuer, mit Volkssturmeinheiten aufgefüllter Truppenteil einen Bahndamm dicht bei Mariahöfchen zu verteidigen bekam.

Früher, da er in konventionellen Begriffen dachte, wäre er sich wohl noch als Schützer seines Heims vorgekommen. Jetzt aber war er nur dort daheim, wo seine Frau und vielleicht auch schon sein Kind waren, und die dreihundert Paar Schuhe im Lager und das Nußbaumbuffet wurden ihm ebenso fragwürdig wie seine Bestimmung zum ausharrenden Helden, von der Festungsbefehle und Rundfunkaufrufe der nunmehr rundum eingeschlossenen Stadt nachdrücklich sprachen – nicht ohne für ein gegenteiliges Verhalten ein schimpfliches Ende ebenso eindringlich vor Augen zu stellen.

Doch was war schimpflich, was galten überhaupt noch moralische Begriffe im Augenblick der allgemeinen Zersetzung! Die menschlichen Gebote: »Erhalte dich den Deinen! Kümmere dich um deine Frau und dein Kind!« standen hoch über allem andern. Ihnen zu leben und dafür am Leben zu bleiben, beschloß der Schütze Jasrich. Der Weg dazu fand sich im vertrauten Wege zu seinem Garten.

Ungewöhnlich und unvertraut war nur, daß Jasrich einen durch den Bahndamm führenden Stollen benutzen mußte, um das Schrebergartengelände zu erreichen, das jenseits der Eisenbahnlinie zwischen den nur schwach markierten und ständig wechselnden Fronten im Niemandslande lag. Eigentlich war der Soldat, als er in einer mondlosen Nacht hinüberschlich, gar nicht entschlossen, jetzt schon zu desertieren – zu hoch wäre ihm der Einsatz eines solchen Wagnisses erschienen. Vielleicht wollte er nur, in einer plötzlichen Anwandlung, dieses Restchen Eigentum, das letzte Stück einer gewesenen Glückswelt, noch einmal sehen oder unter seinen Füßen spüren. Ja, er sah es wirklich, als er vorsichtig in das bergende Gartenhaus schlüpfte. Eine

Leuchtrakete stieg eben in diesem Augenblick drüben hoch und erhellte mit ihrem sanften Feuerwerkslicht den Kirschbaum, die beiden Apfelbäume und die Reihen kahler Beerensträucher.

Auch das alte lederüberzogene Sofa sah der Soldat, das bis vor einem Jahr in seiner Küche gestanden hatte. Da er erst in vier Stunden wieder auf Posten ziehen mußte, setzte er sich auf das verwitterte Erbstück und überlegte, wie man, sobald die Auflösung allgemein würde, sich dieser paar Quadratmeter Raum als Stützpunkt bedienen könne, um nicht in verzögernde Gefangenschaft zu geraten und sich rechtzeitig in der Richtung abzusetzen, wohin allein noch die Pflicht rief.

Trotzdem war er noch zu keinem schlüssigen Ergebnis gekommen – vielleicht war er auch für eine Viertel- oder halbe Stunde eingeschlafen –, als auf der eigenen Frontseite die bekannte 8,8-Flak-Batterie unerwartet losblaffte, der drüben alsbald ein MG antwortete. Solche nächtlichen Feuerüberfälle waren an sich nichts Ungewöhnliches – der unerfahrene Soldat Jasrich aber hatte sie nicht in seine Rechnung eingesetzt. Gemäß empfangener Belehrung warf er sich in seinem Hüttchen flach auf den Boden, da es bedrohlich ums bretterne Haus zu zwitschern anfing und sogar etwas hart durch die Holzwand fuhr.

Schlimmer jedoch war, daß es draußen, lange vor Tagesanbruch, hell zu werden begann, weil eine Scheune in Flammen aufging, die nahe den Schrebergärten stand. Weithin wurde nun das Gelände rot erhellt. Man hörte das Krachen von Gebälk, das Aufzischen brennenden Strohs und spürte, auf die Entfernung noch, die herüberwehende Wärme.

Ohne von der einen oder anderen Seite entdeckt zu werden, konnte sich nun der Mann zwischen den Fronten nicht mehr zurückretten. Auch wurde es nicht mehr ruhig in den Stunden bis zum Dämmergrau, da er auf Wache hätte ziehen müssen. Ein Gefühl der Übelkeit befiel ihn, den Gefangenen des Niemandslandes, wenn er daran dachte, welche Aufregung jetzt bei seiner Truppe beginnen und wie bald man sein Verschwinden an rückwärtige Kommandostellen melden werde. Schon mußte sein Verhalten als Desertion gelten.

Um die Stunde des Sonnenaufgangs stieg Nebel aus dem raschen Flüßchen, in dem einst die Gärtner ihre Gießkannen gefüllt hatten – aber die Hoffnung Jasrichs, daß dieser sich zu einem Tarnmantel erweitern und ihm so vielleicht doch noch die Rückkehr zu den eigenen Stellungen erlauben würde, erfüllte sich nicht. Nur ein dünner, nach oben verwehender Streif dampfte über dem Wasser auf.

Aus diesem wiederkehrenden Dunststreifen brach am Abend der Angriff der Russen vor. Die Überraschung, die ihrer fronterfahrenen Truppe gelang, war vollkommen. Jasrich, der einen qualvollen Tag verbracht hatte, hörte Schüsse, Rufe und Schreie hinter sich, und das harte Gebell von Granatwerfern deckte die 8,8-Batterie zu. Schon nach wenigen Minuten war alles vorbei. Der Garten war von dem Tumult nicht berührt worden. Trotzdem raste das Herz des Mannes, der es kaum wagte, vorsichtig durch eine der buntverglasten Scheiben zu spähen. Da nun sah er auf dem Hauptwege der Kolonie, rasch und mit lärmenden Zurufen vorwärts getrieben, ein Häuflein von Männern in der gleichen Uniform, die auch er trug. Das also war »Gefangennahme«! Wieder entsprach ein Geschehnis nicht den Vorstellungen, die man sich gemacht hatte – und in dem süßlich blauen Licht des gefärbten Glases bekam der Vorgang vollends etwas spielerisch Unwirkliches.

Eine weitere Nacht mußte Jasrich in der Laube verbringen. Er aß das letzte Brot aus seinem Sturmgepäck. Er schlief erschöpft einige Stunden auf seinem Ledersofa, und als eine deutsche Flakgranate in die Gärten fuhr, schrie er auf, weil ihre Explosion in seinen wirren Träumen zur Salve eines Füsilierungskommandos wurde... Richtig wach wurde er erst, als jemand neben ihm zwischen leeren Flaschen kramte, die in der Laubenecke standen. Zwei Männer erschraken voreinander – dann sagte der eine: »Dawai!« Nun war also auch der Schütze Jasrich gefangen.

Unwirklicher als alle Träume wurde dieser sonnige Februartag, an dem ein scharfer Ostwind blies. »Sie werden mich erschießen«, dachte Ernst Jasrich; denn er wußte, daß einzelne Gefangene einer angreifenden Truppe lästig sind und daß man mit ihnen oft wenig Federlesen macht. Aber er bekam nur einen Stoß ins Kreuz, der die Richtung andeutete, in der er sich zur nächsten Sammelstelle zu bewegen habe. Er kam in ein Dorf, wo viele fremde Soldaten waren und ein einzelner alter deutscher Mann, der bei den zurückgelassenen Kühen geblieben war. Ernst Jasrich, der von daheim ein paar russische Wörter kannte, bat, man möchte ihm etwas zu essen geben. Die Soldaten wiesen mit den Fingern nach einer Straße, wo man ein Häuflein deutscher Gefangener sah.

Aber Jasrich ging nicht zu den Gefangenen. In leichter Benommenheit stolperte der übermüdete, waffenlose Mann in einer anderen Richtung vorwärts. Beim Kettenrasseln eines Panzers verbarg er sich hinter einer gekalkten Stallmauer. Aber der Panzer war keine Gefahr mehr für ihn – die Gefahr lag bei seinesgleichen. Er mußte allein sein, um weiterhin frei bleiben zu dürfen. Zwischen den gelenkten Planetenbahnen einer Armee irrte er als Meteorit umher.

Nun wurden in dem voreinst seßhaften Handelsmann, den ein Befund und Befehl im vergangenen Herbst entwurzelt hatte, allmählich frühe Knabeninstinkte wach, die ihn aus seinen ersten Hausierjahren vertraute Pfade im Vorfeld der Stadt suchen, ihn zwischen schwarzen Ackerschollen bäuchlings robben und nach Indianerart das Ohr auf die Erde legen ließen. Jasrich wunderte sich, wie leer das Land so nahe den Fronten sein konnte. Dann beglückte ihn diese Feststellung – und danach endlich begann er zu planen. Er fand einen Wegweiser im Rücken, der ihn von der Stadt wies, den hochragenden Elisabethkirchturm, und ein anderer blaute im Süden auf, die wohlbekannte Silhouette eines breit aus der Ebene aufwuchtenden Waldberges, des Zobten, und weiter östlich, noch feiner gegen den Horizont gezeichnet, das Eulengebirge. Dort mußte die Frau sein – wahrscheinlich auch schon das Kind. Dort auch und nur dort müßte er sein – nach den Geboten Gottes und der Natur...

Ein Tag und abermals eine Nacht vergingen für den deutschen Soldaten über dem atemraubenden Spiel des Versteckens und Ausweichens, des Sichverirrens und Pfadsuchens – des Durchschlüpfens zwischen Patrouillen, Nachschubkolonnen, Feldpolizeistreifen, rückwärtigen Stellungen und marschierenden kompakten Abteilungen des Gegners, stets in der Gefahr, auf vermintem Gelände hochzugehen. Vierzig Kilometer betrug in der Luftlinie die Entfernung bis dahin, wo wieder deutsche Stellungen jener Armee sein mußten, mit der die eingeschlossene Stadt vergeblich Verbindung zu halten gesucht hatte. Jasrich mochte längst mehr als vierzig Kilometer gelaufen, gegangen und gekrochen sein, als ihm zum Bewußtsein kam, wie ihm das gefährlichste Stück des Weges noch bevorstünde: sein Durchbruch durch zwei Kampffronten, die nach Süden gerichteten russischen und die nordwärts gewandten deutschen Linien. Und auch diese mußten dem Mann in seinem einsamen Kampf als feindliche Stellungen gelten.

Daß sich das Gelände mit unübersichtlichen, buschig verfilzten Waldstücken durchsetzte, erleichterte ihm die Mühsal dieser letzten Strecke. Erstes Dämmergrau eines neuen Tages mahnte ohnedies zur Eile. Kein Schuß fiel, der ihn hätte gefährden, der ihm aber auch eine Orientierung über den in dieser Gegend gemutmaßten Verlauf der Fronten hätte ermöglichen können.

Und so geschah das Unerwartete: Der wie ein Tier sich in eine Bodenfalte einschmiegende und langsam vorwärtskriechende Mann rutschte, als habe sich die Erde aufgetan, plötzlich vornüber und stürzte, mit dem Kopf voran, in ein Loch. Er hörte einen unartikulierten Aufschrei, spürte harte Fäuste, die ihn schmerzhaft niederzwangen, und vernahm – deutsche Laute. Eine Taschenlampe blendete ihm ins Gesicht, »Jasrich!« rief eine bekannte Stimme.

Der rufende Mann im Stahlhelm war Gorniak, ein Weber aus Bielitz, mit dem Jasrich in Schweidnitz dem gleichen Zug zugeteilt war. Also befand er sich, ohne das Passieren der russischen Front bemerkt zu haben, mitten in den deutschen Stellungen; und wenn Gorniak hier war, so war auch der Zug hier. Er war bei seinem abenteuerlichen

Durchbruchsversuch ausgerechnet bei seiner alten Truppe in die Falle gegangen. Gerade ihr hoffte er am wenigsten noch einmal zu begegnen, und sie war auch erst vor einigen Tagen in diesem Abschnitt eingesetzt worden.

»Wo kommen Sie denn her?« fragt halblaut ein mürrischer junger Unteroffizier, den Jasrich nicht kannte, offenbar verärgert darüber, daß er, im gleichen Vorpostenloch mit Gorniak liegend, den von der Russenseite kommenden Mann erst gesichtet hatte, als der ihm fast auf die Nase fiel. »Kommen Sie mal mit!« flüsterte er im Befehlston.

»Jetzt ist es aus«, dachte der Soldat und gewesene Handelsmann Ernst Jasrich, als er gesenkten Hauptes neben dem schweigenden Vorgesetzten hertrottete oder, wo Feindeinsicht zu fürchten war, tief gebückt und in Sprüngen die Gefahrenstelle überwand. »Vielleicht wäre es besser, sie verpaßten mir eins«, war das Fazit seines verquälten Denkens. Doch fühlte er sich zunehmend frischer, als kalter Nieselregen aus dem grauen Morgenhimmel fiel. Im Gefechtsstand angekommen, hatte er sich so weit in der Gewalt, daß er sich natürlich geben konnte, und das hatte wiederum die erfreuliche Folge, daß er eine Feldflasche voll heißen Kaffees empfangen durfte.

Um zehn Uhr trat Ernst Jasrich, hellwach, gestrafft und in guter Haltung, in einer Bauernstube seinem ehemaligen Kompanieführer gegenüber. Neben diesem, einem älteren Volksschullehrer, der längst aus der allgemeinen Lage die Sinnlosigkeit seiner Befehle erkannt hatte, stand ein magerer langhalsiger Feldwebel, der als politischer Führungsoffizier der Truppe beigegeben war. Ihn an dieser Stelle zu sehen, ließ den eintretenden Soldaten fürchten, er habe es nicht nur mit einem Verhör, sondern mit einem improvisierten Standgericht zu tun. Doch gab ihm der Anblick eines Bildes an der Wand seine Festigkeit zurück, die von einer Papierrosengirlande umkränzte Photographie einer bäuerlichen Mutter, die ihr Kind auf dem Arme trug. Schon die erste Frage beantwortete Jasrich präzise, klar und in eben dem Tonfall, den Vorgesetzte lieben...

Eine knappe Stunde später diktierte der Oberleutnant einen Bericht über den Fall des Schützen Jasrich von der

10. Kompanie, der, während eines Kurieraufenthalts in Breslau zur Verteidigung der Festung abkommandiert, bei einem russischen Angriff dem Gegner in die Hände gefallen war und dem es, »dank einer vorbildlichen soldatischen Einsatzbereitschaft«, gelang, sich der Gefangenschaft zu entziehen und den Weg zur eigenen Einheit zurückzufinden. »Ich gratuliere Ihnen«, sagte abschließend der Offizier, dem es lieb schien, durch die unerwartet harmonische Auflösung des Sachverhaltes unangenehmen Konsequenzen entgangen zu sein, »– ich werde Sie sofort fernmündlich beim Regiment für das EK eingeben.« »Sie sollen die Auszeichnung heute abend vor der angetretenen Truppe empfangen«, fügte der blasse Feldwebel hinzu. Er schien jetzt schon zu überlegen, mit welchen Worten er seine Leute auf das vorbildliche Handeln des Schützen Jasrich »in entscheidender Stunde des großdeutschen Befreiungskampfes« hinweisen wollte.

Einen Augenblick lang schwankten und verschwammen die Gestalten vor den Blicken des mit fest angezogenem Kinn immer noch strammstehenden Mannes. Ein Dröhnen war in seinem Schädel, wie von Musik. Eisernes Kreuz – das Lob und der Beifall der Vorgesetzten – Achtung, ja vielleicht sogar einmal Ruhm bei den Mitbürgern, bei den Nachkommen... Alles, wie es in den Büchern der Kindheit und später in den Schriften für die nie Reifwerdenden zu lesen stand. Genau wie in dem Bericht hatten die Dinge in seinen vorgestrigen Wunschträumen ausgesehen...

»Na, nun treten Sie mal weg und legen Sie sich bis zum Abend hin«, sagte der Oberleutnant freundlich, »Sie sind ein bißchen grün im Gesicht.«

Am Abend dieses Tages erschien im Tagesbefehl des Festungskommandanten – wie üblich »geheime Kommandosache« – in der ständigen Rubrik der Fahnenflüchtigen auch der Name des Schützen Jasrich. Am selben Abend war in einem Dorf, vierzig Kilometer südlich der Stadt, eine Truppe zur Ehrung des gleichen Mannes vergeblich angetreten. Denn der Vater Ernst Jasrich, einem Befehl seines Herzens folgend, war wieder unterwegs zu seinem Kinde.

Hermann Lenz

Messer abliefern!

Bei jedem Schritt veränderten sich Wald und Straße, die einem Stahlstich auf altem Papier glichen. Die Straße stieg, machte eine Kehre, führte durch kahlen Wald. An einer Telegraphenstange klebte ein Zettel: »Wir werden sie mit unseren Händen erwürgen, wenn wir keine Waffen haben!« Es war ein eng bedruckter Zettel.

Es war still, ich ging allein und hatte ein Gewehr. Es war, als würde ich geschoben. Der Wald wich hinter mir zurück. Ich sah ins Weite, und unten lag ein Dorf. Ich ging in dieses Dorf, betrat ein Haus, sagte zu einem Mann mit nacktem Oberkörper, der vor einer Schüssel voll dampfenden Wassers stand, die Kompanie solle abrücken, so sei der Befehl. Ich sagte auch den Ort, wohin die Kompanie sich zurückziehen solle, doch den Namen habe ich vergessen. Es war März.

Ich ging wieder zum Wald hinauf. Aus einem Fenster schaute eine dicke Frau und deutete ins Weite. Ich sah, wohin sie zeigte. Da krochen drüben auf dem andern Abhang dieses flachen Tales Panzerwagen, die mir gelb erschienen; vielleicht kam es vom Abendlicht. Die Frau sagte, ich solle schnell weggehen, denn einmal hätten sie schon hergeschossen. Also machte ich mich fort, kam wieder in den Wald, hockte neben andern in einer Jagdhütte; ein Offizier rief in einen Telephonhörer: »Hallo, Stechfliege!« und schüttelte den Kopf, weil alles stumm blieb. Ich wurde wieder fortgeschickt.

Und jetzt war's Nacht. Ich dachte: Du wirst den Tag abwarten, nie mehr kehrst du zu den anderen zurück... und wurde im Hellwerden, als ich auf einem Gleis ging, von zweien angerufen; einer legte auf mich an. Ich winkte, setzte mich zu ihnen, und wir redeten darüber, ob wir überlaufen sollten, aber wie? Ich sagte: »Ich warte es ab«, ging weiter. Die beiden sollten den Bahndamm verteidigen oder bewachen, und ich war froh, mein Gewehr los zu sein; ich hatte es in der Jagdhütte stehen lassen.

Um Mittag ging ich in ein Dorf hinein. Auf der Straße hielt mich ein Feldwebel an. Ich kannte ihn, er sagte: »Du hast ja kein Gewehr! Wir sollen jeden festnehmen, der kein Gewehr hat! Besorge dir so schnell wie möglich ein Gewehr!« Strelow hieß der Mann, ich erinnere mich. Es war damals für mich kritisch, denn woher bekam ich ein Gewehr in diesem Dorf, wo der Mittag blank war bis in jeden Winkel. Der Abend und das Zwielicht wären günstiger gewesen.

Ich fand dann eines im Gang einer Schule vor den Klassenzimmern; dort lehnte es in einem Holzgestell neben anderen, und ich wunderte mich über diese Ordnung. Und weil es nicht darauf ankam, ging ich in ein Haus hinein, fragte, ob ich Essen haben könne, und zeigte eine Handvoll Zigaretten vor. Die Frau sah von der Seite her auf meine flache Hand, schüttelte den Kopf und sagte, die brauche sie nicht. Dann zeigte ich ihr Nescafé, den sie nicht kannte. Doch wenn es Kaffee sei, gut, dann könne ich hier essen, sagte sie und nahm die Tüte, drehte sich rasch nach mir um und sagte: »... Wenn Sie überhaupt ein Deutscher sind!« – »Doch, ich bin's«, sagte ich und dachte: Leider... Nachdem ich gegessen hatte und wieder draußen war, war ich froh.

Es rappelte und trappelte, es schepperte und stampfte, es schwatze und bewegte sich: das war der Heerbann mit seinen Troßkarren unten in der engen Straße, wo die Häuser vorragten. Wenn ich aus dem Fenster schaute, schwebte ich über der Gasse. Das ging nun alles dem Rhein zu, aber es nützte nichts mehr; die letzte Brücke hatten doch schon die Amerikaner. Es hatte sich herumgesprochen, aber trotzdem eilte es den andern immer noch, und das verstand ich nicht.

Kerzen flackerten auf einem kalten Herd. Daneben saß ein alter Mann und döste. Hinter einer Tür lachten Mädchen. Es wurde gekichert, die Tür flog auf und zu. Ich überlegte, wo ich schlafen sollte. Die im Nebenzimmer wollte ich nicht stören, also ging ich in die Waschküche hinunter und legte mich neben einem Fahrrad auf den Boden. Schlief auch ein paar Stunden, ging in der Frühe wieder weiter, diesmal in den Wäldern, und es war klares und warmes Wetter, damals im März fünfundvierzig. Im Wald jaulten Panzermotore, und ich konnte nicht verstehen, daß sie so langsam näher kamen. Der Himmel war voll Jabos. Es schien, als sollte es mir nicht gelingen, gefangen zu werden. Die Jabos kippten aus der Bläue, senkten sich und schossen, und ich lag an einem Bahndamm; ringsum spritzte es im Boden; ich dachte: wieder hat's dich nicht erwischt. An meiner linken Hand steckte ein silberner Ring, in dessen Stein ein Mädchenkopf geschnitten war.

Dann dieser äußerste Moment, als ich hinter einer Weide neben einem Bach lag. Sie schossen über uns hinweg, es spritzte am Grasrand der Böschung, und ein Leutnant duckte sich und watete im Wasser weiter. Wir blieben liegen. Ich warf mein Gewehr in den Bach und riß Patronen aus den Taschen; viele waren grünspanig geworden, denn ich hatte sie sogar in Rußland nicht gebraucht; ich hatte selten geschossen, immer aus der Hüfte, weil ich gedacht hatte: wenn du nicht zielst, kommst du durch diesen Krieg.

Ich preßte mich hinter die Weide. Ein Panzer schwenkte auf die Wiese ein, er war neu und hatte grüne Flanken; er schoß über mir in den Weidenstamm; die Kugeln schlugen hindurch. Ein Soldat sprang hinterm Panzer vor und schoß auf uns im Stehen. Immer wieder rief einer von uns: »Mister! Mister!« Ich riß mein Handtuch aus dem Brotbeutel heraus, sprang auf und winkte.

Da wurde es dann still. Der Panzerdeckel klappte auf, und oben sah ein bleicher Kopf mit dünner Goldbrille heraus, der kaute. Ich sprach mit ihm. Er sagte, wir sollten die Verwundeten zum Gutshof bringen. Dort stand ein Arzt vor einer Sandsteinmauer. In der Sonne lagen Verwundete; einer hatte einen Schuß hinter den Augen, lebte aber noch. Zwei von uns hatten Bein- und Armschüsse.

Der Arzt gab jedem eine Spritze. Dann wurden sie hineingehoben in ein Sanitätsauto und fortgefahren; es ging rasch. Hochbepackte Troßkarren zogen in den Hof ein, und voraus ging ein kleiner Kerl mit krummen Beinen; er schwenkte ein Bettlaken. Später erzählte er, SS habe in sie hineingeschossen. Ein Amerikaner fragte mich: »Warum seid ihr zum Bach gelaufen?« und ich erzählte von dem Leutnant, der »Los, ihr lauft mit mir!« geschrien und eine Pistole in der Hand gehalten hatte, dicht vor unsern Bäuchen. Der Amerikaner lächelte und nickte. Wir stellten uns in einer Reihe auf und hielten die Hände über die Köpfe. So wurden wir photographiert, und die Verschlüsse der Photoapparate klickten. Lautlos gingen die Amerikaner auf dicken Gummisohlen; süß roch ihr Zigarettenrauch in warmer Luft. Ein Panzer nahm eine Häuserecke mit. Eine alte Frau schaute aus einem Fenster und sagte: »Gefangen sein... ist hart.« Stahlruten schwankten wie Fühler über Jeeps, die vorbeistäubten. Ein Amerikaner griff nach meinem Sturmabzeichen; ein Offizier schrie ihn an, und er nahm die Hand weg. Ich schob das Sturmabzeichen in die Tasche; das war nun also etwas wert.

Wir marschierten in der Frühe aus dem Gutshof fort. Ich ging am Schluß des Zuges, die Hände in den Taschen und den Mantel offen. Hinter mir fuhr ein Wagen im Schritt, und oben war ein Maschinengewehr aufmontiert; daneben stand der Captain, und seine Zigarre bewegte sich vom einen Mundwinkel zum andern.

Wir marschierten in einem Tal. Ein Bach glänzte durchs Gebüsch. Einer rief etwas, das ich nicht verstand; wir blieben stehen; das Maschinengewehr drehte sich und schoß. Da liefen drüben zwei am Hang, und vor ihnen spritzte es im Boden. Wir riefen: »Kommt herüber!« Der eine hob die Arme und blieb stehen, der andre aber lief. Da warfen ihn die Kugeln auf den Boden.

Wir warteten, bis der andre mit erhobenen Händen bei uns war; dann trotteten wir wieder weiter. Es hieß, die beiden hätten nach Haus gehen wollen, sieben Kilometer von hier seien sie daheim.

In einem kleinen Bahnhof sprangen wir über Signaldrähte und wurden gefilmt. Ein Neger schenkte mir eine Orange. Wir stiegen in Güterwaggons ein. Steine krachten an die Wand des Güterwagens, während wir durch Frankreich fuhren. In der Morgenfrühe sah ich Bomberzüge vor rosawolkigem Himmel herankommen; sie vereinigten sich in der Höhe und strebten ostwärts. Ich kam in ein Zeltager, das in Äckern aufgebaut war und scharfkantiges Steinpflaster hatte.

Es hieß: »Messer abliefern!« und ich gab das Messer meines Großvaters her, dessen Klinge wackelte; vom Griff war ein Stück abgesplittert. Ein Amerikaner fragte nach meinem Füllfederhalter; ich zog ihn aus der oberen Rocktasche; er schraubte ihn auf, doch war die Feder abgebrochen und die Tinte floß. Er fragte nach meiner Uhr und ich hatte keine; nie hatte ich im Krieg eine Uhr gehabt. Ich zog grüne Wollhandschuhe aus und zeigte meine nackten Hände vor; der Ring steckte im Wollhandschuh. Auf einem Klappstuhl saß ein Soldat mit Handschuhen aus gelbem Leder und blätterte in meinem Soldbuch. Er fragte, während er nach oben schaute: »Wo haben Sie studiert?« Ich sagte es. – »Glauben Sie nicht mehr an den Führer?« – »An den habe ich nie geglaubt.« Er schrie mich an, das sei eine Lüge und Lügen seien hier nicht erlaubt. »Machen Sie, daß Sie wegkommen!« schrie er. Ich lächelte, er konnte nichts von mir wissen. Ein Deutscher bist du und nicht mehr. Finde dich ab.

Ich ging, sah auf scharfkantigen Kalksteinboden und wurde am Ärmel gezupft. Der »Kommissar« stand da, ein Russe vom Troß; er lachte breit. Er griff mir an die Schulter. Das genügte.

Nach Cherbourg, wo das Lager überfüllt war. Wagnermusik wogte aus Lautsprechern über Zelten in der klaren Luft; Roosevelt war gestorben. Nachts sprachen Maschinenpistolen von Holztürmen. »Die Dämmerung senkt sich über das Reich...« begann der Heeresbericht der Amerikaner, der in Maschinenschrift neben dem Lagereingang ausgehängt war. Ich wusch mich unter einem Wasserhahn, sah zwei beieinandersitzen im Zeltschatten, und der eine trennte sich mit einer Rasierklinge die Kragenspiegel von der Uniform; er sagte: »Jetzt bin ich kein Soldat mehr; jetzt bin ich Kriegsgefangener.« Jeder hockte dicht neben dem andern. Geldscheine raschelten, Siebzehn und Vier wurde gespielt. Ich gab sechshundert Mark ab und erhielt eine Quittung. Neben mir tippte sich einer an die Stirn und sah mich an; er erzählte, daß er vor dem Krieg oft auf Traberpferde gesetzt und viel gewonnen habe. Er zeigte mir eine Photographie, auf der er in Hitleruniform, drei Sterne am Kragen, zwischen alten Kämpfern stand. Ich gab mein Sturmabzeichen einem Neger und erhielt dafür ein Päckchen Zigaretten durch den Stacheldraht; auf dem Päckchen stand »Old Gold«.

Brotbeutel und Leibriemen flogen auf einen rasch wachsenden Haufen. Noch einmal sah ich mein Koppelschloß an, in das eine Krone und der Spruch ›In Treue fest‹ hineingeprägt war; es war aus grauem Blech gemacht, glänzte nicht und hatte keinen Adler, über dem ›Gott mit uns‹ stand. In Rußland hatte es einmal einer betrachtet und gesagt: »Wenigstens lügst du nicht.« Es war ein Koppelschloß von früher. In Neuburg an der Donau hatte ich es im Frühjahr 40 gefaßt.

Aufs Schiff am 20. April; es zog hinaus ins glatte, graue Wasser und wartete vor England. Nun sammelte sich der Geleitzug. Die Sonne kam heraus. Hinter Dunst ruhte im Licht ein grüner Streifen Land, zu dem ich nie hinüberkommen würde. Die grüne Ferne wurde zu einer Stadtmauer, von der Türme aufs Meer schauten, das nun lila war, rötlich und hell an diesem frischen Morgen; Wolken ruhten in der Ferne, einzelne Wolken, aufgelockerte, Kränze von Wolken über einem Wasser, das sich dunkelblau verändert hatte. Immer noch stand drüben die uralte Mauer, bräunlich und geschwärzt; sie mußte Zinnen haben, Forts, und streng befestigt sein. Fische folgten unserm Schiff, als schwarzgrüne Geschosse durchflogen sie die Wogen, und ich fragte einen Feldwebel, ob ich durch sein Fernglas schauen dürfe. Da sah ich, daß die Mauer Schiffe waren, ringsum war das Meer bedeckt mit Schiffen, und sie vereinigten sich in der Ferne zu einer Mauer.

Der Kapitän hieß Redmond. In rot gestreifter Wolljacke

saß er da, die Arme auf der Stuhllehne verschränkt, und rauchte Pfeife, wenn wir uns Essen in die Konservenbüchsen kippen ließen. Der Kapitän schaute uns an.

Vor mir ging der Greifswalder, ein großer, breiter Mann, der eine Joppe aus dickem, dunkelblauem Stoff anhatte. Ich beneidete ihn um die Joppe, weil er darin wie einer aussah, der nirgends hingehörte; so war's jetzt richtig, aber er war Theologe. Er ging langsam und schwer über die Eisentreppe, die nachgiebig geworden war von der bewegten See.

Ich trat durch eine Luke in die graumilchige Luft. Viele knieten am Boden und klopften Rost ab; andere reinigten die Löcher der Rohre im Pissoir, aus denen Wasser spritzte, denn dafür gab es eine Extraportion Essen. Mir war's recht, nichts zu tun, an Deck zu liegen und zu spüren, wie sich das Schiff regte, hob und senkte. Vom Flugzeugträger stieg ein Flugzeug auf. Patrouillenboote schlüpften durch ein Meer, das gallertig geworden schien, so grau und glasig streckte es sich jetzt. Es hieß, deutsche U-Boote seien gemeldet worden, und einer mit scharfer Brille sagte: »Wenn wir doch torpediert und von den Unsern befreit würden!« Ich schaute auf die Seite, und der Greifswalder sah mich unbewegten Gesichts an. Ein Amerikaner hielt mich an der Hand fest, sagte: »Oh, nice ring!« und ich erwiderte: »From my bride. She is jewish.« Er machte einen Schritt zurück. Ich steckte den Ring wieder in den Handschuh und dachte zurück. Während das Schiff schwankte, dachte ich an H., denn von ihr war der Ring. Zu Zwangsarbeit eingezogen, mußte sie Waggons der Münchener Straßenbahnen waschen.

Einer trug schon eine Khakijacke, und hatte sich mit Bleistift AUSTRIA auf den Ärmel gemalt, dort wo die Amerikaner ihr Divisionsabzeichen trugen. Ich fragte ihn, woher er sei. Er war aus Wien. – »Amerikanischer Sektor?« fragte ich. »Naa, russischer. Waaßt, dees is mir egol. I komm mit jedem aus. Waaßt eh scho... Muaßt di halt durchwuzzeln.«

Ein anderer war Bankbeamter und hatte die Taschen voll Geld; mit glücklicher Hand spielte er Siebzehn und

Vier. Mir fiel ein, daß ich Zwanzigmarkscheine an Amerikaner verteilt hatte, damals im Moseltal. Das Geld war doch jetzt nichts mehr wert... Er aber lächelte mit schmalem, geschärftem Gesicht, ein Dunkelhäutiger, der auf die Seite schaute. Der kannte sich aus. Er ging wie ich mit offener Uniformjacke, die Hände in den Taschen. Früher war er lang in Prag gewesen. Wenn du alles so wie der hinnähmest, kämst du leichter durch, dachte ich, und der Greifswalder sagte über ihn: »Ein Einzelgänger. Vierzig ist der und noch Junggeselle.«

Vor dem Pissoir rieb sich ein Schauspielschüler Krem auf beide Augenlider. Das Pissoir wurde von einem stumpigen Schwaben bewacht, der's sauber hielt und nur so viele hineinließ, wie drin Platz hatten. Ich sagte zu ihm: »Wart nur, unser Leben lang werden wir in Ruinen hausen. Du kannst Gift darauf nehmen.« – »Ach was, saudomms Gschwätz! In zehn Jahr siehst nix mehr vom Krieg!« schrie er, schaute ins Pissoir hinein und sagte: »So, jetzt hot's Platz! Jetzt kaaschd schiffa«, während draußen der Sturm sauste und das Schiff im aufgewühlten Wasserboden stampfte. Über der Mastspitze stand für einen Augenblick ein beweglicher grauer Rand; dann drückte er von unten her und hob uns mächtig.

Ich wartete darauf, seekrank zu werden, doch änderte sich nichs. Eine Stimme rief in den Schiffsbauch herein: »Hitler is dead!« Und viele, die auf dem Stahlboden lagen, johlten wie nach einer Führerrede.

Die Luft wurde trocken, mild; sie schien stillzustehen. New York zeigte sich dunstig an einem warmen Morgen. Ich sah die Seeseite der Stadt mit hellem wie schaumigem Grün und hohen Häusersilhouetten. Glocken läuteten und Schiffssirenen stöhnen; Nebelhörner muhten, ein großer Jubel; unseretwegen konnte es nicht sein. Ich fragte den Feldwebel mit dem Fernglas, was es bedeute, und er sagte: »War is over. War in Europe.«

Wir liefen vom Schiff herunter. Soldaten schlenkerten dunkelrot lackierte Holzknüppel mit geriffelten Griffen und riefen: »Let's go! Mak snell!« Wir kamen in eine leere Halle, wo ein schwarzes Nest von Filmapparaten starrte, hinter denen Männer auf uns schauten. Zwei von uns wurden ausgesucht: ein Weißhaariger in schlaffer Uniform und ein Siebzehnjähriger. Sie mußten vortreten und wurden ausgefragt, während Scheinwerfer strahlten und Apparate surrten. Dann durchlief ich nackt ein Holzhaus und hatte eine Blechmarke mit einer Schnur am Handgelenk; ich bekam Seife und ein Handtuch; ich duschte mich und zog wieder die Uniform an. In Barkassen ging's über den Hudson. Drüben stand ein Zug, lauter Personenwagen, und wir trauten uns nicht einzusteigen; bisher waren wir nur Viehwaggons gewohnt.

Ein Zug mit ledergepolsterten Sitzen; für drei Mann waren vier Plätze frei. Der Zug raste und stieß durch Wälder, wo dicke Stämme schräg zwischen steilen und dunklen hingen. Es ging über den Mississippi, der wie ein Meerarm gleißte. Urwald rührte an den Horizont, ich sah die Urwaldweite durch die Fensterscheibe eines Zuges in Amerika. Autos vermehrten sich auf Betonbändern: so kündigte sich immer eine Stadt an. Eine hieß Cincinnati, eine andere Philadelphia; mein Großvater war hiergewesen, und jetzt dachte ich: wäre er doch hiergeblieben. Holzhäuser standen da, schindelgrau und silberig, als horchten sie in sich hinein, oder wären vergessen worden; das war ein seltsames Altsilber neben Urwald und Beton, Fabrikdampf und geblähten Kesseln, Silos, Speichern, Schloten. Durchs verschlossene Fenster drang Blütengeruch, intensiv im Räderrauschen, und auf einer Lokomotive war in erhabenen Goldlettern ›Southern Pacific Railway Company‹ zu lesen, ein Name, der mir märchenhaft erschien, unwirklich wie der Name Santa Fe.

Die Wüste breitete sich aus. Es hieß, wir seien jetzt in Arizona. Von der Stadt Florence sah ich nichts. Nur Wüstensand war da, und ich ging zwischen gelben Leinenplanen, eine Gasse, wo zwei Deutsche mit Haarschneidemaschinen warteten. Der auf der linken Seite schor mir das Haar bis auf die Wurzeln ab; seine Frisur glänzte. Ein Soldat nahm mir meine Notizbücher, Briefe, Photographien und Mörikes Gedichte ab. Ich bat ihn, mir die Gedichte zu lassen, er aber lachte, fragte, ob ich das denn läse, und sah zum Himmel auf, als ließe er sich inspirieren. Ich behielt ein leeres Notizbuch und einen Bleistiftstummel.

Vor einer Baracke standen zwei Sanitäter, jeder mit einer Spritze; ich bekam eine Spritze in den linken und eine in den rechten Arm. Ich ging in einen Saal hinein, wo an den Wänden Kämmerchen wie Beichtstühle aufgestellt waren. Ich trat vor einen solchen Beichtstuhl. Dahinter saß ein Soldat. Er sah mich an und fragte leise, was ich von den Juden denke. Ich sagte, sie seien Menschen wie wir, und bat ihn, meine Briefe und Photographien durchzusehen, die mir zuvor abgenommen worden waren, dann wisse er über mich Bescheid; dabei wurde ich heiser und die Augen brannten; vielleicht kam es vom Klima. Er kritzelte etwas auf einen Zettel und gab ihn mir; auf dem Zettel stand ›n. n.‹. Andere hatten Zettel mit ›n.‹ und ›a. n.‹; ›n. n.‹ bedeutete ›no nazi‹, ›a. n.‹ Antinazi.

Das Lager hatte Holzbaracken, weiße Matratzen und grüne Steppdecken. Ein Gasofen schaltete sich automatisch ein, wenn es kalt wurde. Ich ging am Stacheldraht entlang, immer hin und zurück, und andere fragten mich: »Was denkst du denn, wenn du so gehst?« Hinterm Stacheldraht lag Wüste mit Kakteen. Der Boden war durchwühlt von Kaninchen, die ich laufen sah. Weiter unten hatte ein Strauch zitronengelbe Blüten, und das Bassin einer Badeanstalt war weiß und blau. Kahle, rotglühende Berge schauten her, und ich überlegte, ob H. daheim vielleicht irgendwo weggeworfen liege und sich nicht rühre. Am Ende waren die Amerikaner doch zu spät gekommen, und sie waren auf einem Lastwagen weggefahren worden. So drehte sich die schwarze Gebetsmühle hinter meiner Schädeldecke, und ich schaute auf den Stacheldraht, auf wühlende Kaninchen und auf Sand; Kakteen streckten ihre Arme. Ich setzte mich in den Schatten und schrieb ins leere Notizbuch: »Nun fing meine Mutter unten an zu spielen...« Und es sauste, flüsterte und zischte der Sandsturm und machte die Luft milchig. Sand knirschte im Mund. Der Barackenboden hatte eine graue Haut aus Sand. Ich wurde ausgefragt; ein Amerikaner schrieb alles, was ich sagte, auf eine Karteikarte. – »Bis 38 war ich in Augsburg«, sagte er und fragte mich, wie es jetzt ›zu Hause‹ sei. Von vorn und von der Seite wurde ich photographiert; eine fremde Hand drehte meinen Kopf; meine Fingerspitzen schwärzten sich mit Stempelfarbe und wurden auf Papier gepreßt. Dann wurde ich wieder hinausgeschickt.

Hinter Maschendraht sah ich einen gebräunten jungen Mann seinen prallen Seesack in den Sand stellen. Er rief einem anderen zu: »Was bist du?« Er selbst schrie: »Nazi!« ballte die Faust und lachte. Am nächsten Morgen machte er Turnübungen und hatte eine rote Badehose an. Von uns hatte keiner eine Badehose.

Ich zog rissige Schuhe mit Gummisohlen an, denn meine Schuhe waren durchgelaufen. Jener, der lange Zeit in Prag gewesen war, kam ans Tor und steckte mir ein Päckchen hellen, dünn bröselnden Tabaks zu, den wir ›Arizonastaub‹ nannten. Mit Maispapier, das braun gefleckt war wie die Schale eines Vogeleis, drehte ich mir eine Zigarette. Einer, der in der Bekleidungskammer Dienst tat, fragte mich, was man in Raucherkreisen spreche, und bot mir ein neues Paar Schuhe für den Tabak an. Ich grinste.

Ich ließ es geschehen, ich nahm es auf mich; was blieb mir schon anderes übrig. Neue Schuhe brauchte ich auch keine, der Tabak war mir wichtiger. Bald wurden wir nach Montana abtransportiert, und das war wieder eine weite Reise. In Billings lagen wir in gelben Zelten dicht beim Bahnhof. Wir wurden hinausgefahren in die Felder und hackten Zuckerrübenpflanzen aus; jede Pflanze mußte von der anderen so weit entfernt sein, wie ein Schuh lang ist. Wenn ich in den Himmel schaute, zuckten darin grüne Rübenblätter. An einem schwülen Mittag schaute uns ein Mann durch dünnrandige Augengläser an und rechnete uns vor, wieviel wir zu arbeiten hätten; er sagte, er könne das feststellen, er sei Ingenieur. Mexikanische Arbeiter winkten uns zu. Zwischen Scheiben weißen Wattebrotes lagen Scheiben Ei; das mußte bis zum Abend reichen. Es gab Wasser aus Milchkannen, die die Farmer neben ihre Äcker stellten. Vom Rübenhacken schwoll mir die Hand an; ich wurde lahm, jeder Schritt schmerzte. Ich legte mich auf einer heißen Wiese unter den Lastwagen, denn sonst war nirgends Schatten. Unser Bewacher hielt die Maschinenpistole in der Hüfte fest und sagte auf deutsch: »Trinken Sie nicht zuviel Wasser, sonst müssen Sie zu sehr schwitzen.« Er war korrekt und eisig, doch wunderte es mich nicht. Einer flüsterte mir zu: »Du, den kenne ich. Das ist der Sohn vom Ofen-Hirsch aus Mannheim.« Beim Zurückfahren ins Lager leuchtete die rosa Lichtreklame des ›Chinese Coffee Room‹, und am Bahnhof roch es nach verbranntem Fleisch und Gas. Farmer gingen in breiten Hüten; Autos fuhren langsam am Stacheldraht vorbei; geschminkte Mädchen schlenderten vorüber. Einer zog sonntags immer seine Uniform mit allen Orden an; er hatte sie behalten dürfen. Ich war froh, die meine los zu sein.

Ich kam ins Krankenzelt. Neben mir lag einer, der heiser sprach; er war älter als ich, etwa vierzig. Er war aus Berlin, und ich fragte: »Bei den Amis?« – »Nein, bei den Russen.« – »Aha...«, sagte ich, und er erwiderte: »Nein, nicht: aha... Die Russen: ich gehe gern zu ihnen. Abgesehen davon, daß es mein Glaubensbekenntnis ist...« Als Kommunist war er zehn Jahre im KZ und später in einem Strafbataillon gewesen. Im KZ hatte er Diphtherie gehabt; einer seiner Mitgefangenen hatte ihn mit einem Taschenmesser operiert, sonst wäre er erstickt. Er sagte: »In meinem Soldbuch haben die Amis gesehen, was ich für ein Vogel bin... Oh, die hatten dafür keine große Sympathie.« Sein Gesicht blieb unbewegt, als spräche er teilnahmslos. Es machte ihm Eindruck, daß hier jeder Arbeiter ein Auto hatte. – »Wie wir das machen sollen, bei unseren engen Straßen? Wo kriegen wir da die Parkplätze her?« sagte er. Er war Journalist und glaubte, wie ein roter Faden müsse die sozialistische Lehre durch die Zeitung laufen. Beim Sprechen hob er die Hand und legte Daumen und Zeigefinger aneinander. Er hieß Bolte.

Noch einmal in den Zug, diesmal nach Kalifornien. Ich war im Küchenwagen als Dolmetscher. Die Gelenke schmerzten. Ich legte mich auf den Boden im Waggon. Jetzt hätte ich viel essen können, aber mir schmeckte nichts. Hitze schlug durch die Waggontür herein, draußen lag Land mit Orangenbäumen, und ich übersetzte, damit der Koch wußte, was er kochen sollte. Die Amerikaner schossen aus dem Wagen, und einer drückte mir seine Maschinenpistole in die Hand; ich sollte auch schießen, wollte aber nicht. Es kam mir vor, als wären sie beleidigt.

Im Zug nannten mich die Amerikaner Joe. Einmal hielten wir neben eleganten Wagen, und Leute schauten drüben aus dem Fenster, ein grauhaariges Paar, das den Dolmetscher sehen wollte. So stellte ich mich denn in die Waggontür, ein Abgemagerter mit geschorenem Kopf, der nichts zu sagen wußte. Der Zug ruckte weiter und hielt wieder. In einem Abteil schlief ein Mädchen, und die Sonne schien zu ihr hinein. Da johlten die Amerikaner. Sie fuhr auf und ließ die Jalousie herunterfallen, daß ihr Bild ausgestrichen wurde von den Schattenschraffuren der Jalousie. Das war ein winziges Ereignis außerhalb, drüben im andern Zug, und es kam mir vor, als sähe ich es durch einen Kamin.

In Fort Ord war das Lager beim Militärhospital aufgebaut. Es waren schon andere dort, solche vom Afrikakorps. Von denen sprach mich einer mit ›Kamerad‹ an, und das gefiel mir nicht. Wer im Eßsaal auf der linken Seite saß, war ein Feind derer, die rechts saßen, und umgekehrt. Also setzte ich mich halt zu denen auf der linken Seite. Auch bei der Zählung wurde so verfahren. Abends verprügelten sie sich, und ich lag krumm in meiner Koje. Ich meldete mich zum Arzt und ging an Photographien vorbei, die vom Boden bis zur Decke reichten; schwarze Leichenberge aus Konzentrationslagern waren dort zu sehen.

Der Arzt schickte mich ins Lazarett; ein Soldat begleitete mich. Ich entschuldigte mich, weil ich langsam ging. Ich bekam ein Zimmer neben dem Bad. Ich aß nichts und wurde auch nachts gemessen. Ich schluckte täglich viermal zehn Tabletten. Es wurde besser, und der Arzt bat mich, ihm die Krankenpapiere auszufüllen. Er untersuchte die Neuen an meinem Bett und diktierte, was ich schreiben sollte; bald wußte ich es selber. – »Ich werde dafür sorgen, daß Sie nach Haus kommen«, sagte er.

Für die Lagerzeitung schrieb ich einen Aufsatz über Thomas Mann. Ein Sanitäter erzählte, die wollten das nicht drucken, aber der Amerikaner habe befohlen, daß es gedruckt werde; die Bombe war in Hiroshima abgeworfen worden. Einer aus Karlsruhe, beleibt und über vierzig Jahre alt, sagte: »Das bedeutet den Untergang der Welt.« Mittwochs und sonntags gab es Truthahn oder Hühner; zum Früstück standen porredge, ham and eggs, Dosenmilch und Fruchtsalat auf unserm Tisch. Die Luft atmete sich leicht, als wär sie ausgebleicht. Zuweilen regnete es mittags, und der Sand im Geviert der niedern Lazarettbaracken wurde für Minuten dunkel. Ein Amerikaner sprang drüben am Gitter hoch, krallte sich in den Maschendraht, trommelte mit den Fäusten auf den Boden, brüllte und stöhnte; er war im Dschungelkrieg dabeigewesen. Im Rollstuhl wurde ich durch gelbe Gänge zum Herzarzt gefahren, wo ein Oberst in Khakiuniform hinter mir ins Wartezimmer trat und wartete, während ich zum Arzt hineinging. Ich dachte: wie sich wohl ein deutscher Offizier in einem solchen Augenblick verhalten hätte... und war froh, Kriegsgefangener zu sein.

Drei Monate gingen vorbei; dann wurde ich im Auto weggefahren; es ging nach San Franzisko. Wir waren zu fünft, und zwei von uns waren Amerikaner, die unterwegs anhielten und Zigaretten und Bier brachten. Wir freuten uns darüber. Im Bahnhof wartete der First Class Train mit roten und gelenkig ineinandergewachsenen Wagen. Wir stiegen über einen Säulenstumpf aus Messing ein. Auf dem Korridor ging es sich weich. In unserem Abteil standen Lehnsessel und ein Tisch auf einem Teppich. Die Toilette war eine blanke Kabine. Auf einem Nickeltablett brachte uns ein Dunkelhäutiger das Essen aus dem Speisewagen und zog am Abend frische Leintücher über die Betten, die hinter einem umgeklappten Sofa aus der Wand gezogen wurden. Die Amerikaner schliefen auf dem Boden; sie fuhren in Urlaub und brachten uns nach Tennessee; einer war Farmersohn und erzählte, bei ihnen wohne eine Deutsche, und das sei eine gute Frau. Vor dem Fenster schäumte der Salzsee. Der Schlafwagenkellner sagte: »I am a writer« und zeigte eine illustrierte Zeitung, wo er in weißer Jacke abgebildet war bei seiner Arbeit hier im eleganten Zug.

Dann ein anderes Lazarett, und bald darauf wieder ein neuer Zug. Er hielt hinter New York. Eine Fläche, mit roten Steinhäusern belegt, wuchs zum Rand der grauen Ferne. Es näherte sich schon das nach Leichen riechende Europa, und ich spürte an der Hand meinen silbernen Ring. Ein Schlesier sagte, er sei freiwillig in den Krieg gegangen, und der Krieg sei ein Opfer, das er Deutschland gebracht habe. Wieder sah ich den Zettel vor mir, auf dem gestanden hatte: »Wir werden sie mit unseren Händen erwürgen, wenn wir keine Waffen haben« und wollte nie mehr solche Worte lesen.

Ich ging in Le Havre vom Schiff. Einer hielt mich fest und sagte: »Oh, nice ring!« Dann warf er meine Hand weg: »Broken stone!« Ich atmete auf. Ich habe diesen Ring noch heute; er ist blank, wie er immer gewesen ist, damals in Rußland und später in Amerika; er ist das Wichtigste für mich aus jenem Krieg.

Italo Calvino

Zuletzt kommt der Rabe

Der Fluß war ein Geflecht durchsichtiger Wirbel, mit der Strömung in der Mitte. Ab und zu sah man etwas wie einen Schlag silberner Flügel an der Oberfläche: das Aufleuchten einer Forelle, die sogleich wieder im Zickzack auf den Grund zurückkehrte.

»Da gibt's viele Forellen«, sagte einer der Männer.

»Wenn wir eine Handgranate hineinschmeißen, kommen sie alle mit dem Bauch nach oben an die Oberfläche«, sagte der andere, nahm eine Handgranate vom Koppel und machte sie zum Abzug fertig.

Da trat der Junge näher, der ihnen zugeschaut hatte, ein kleiner Kerl vom Gebirge, mit rundem Apfelgesicht.

»Gib's mir!« sagte er und ergriff ein Gewehr.

»Was will denn der hier?« rief der Mann, dem das Gewehr gehörte, und wollte es dem Jungen wieder wegnehmen. Der zielte mit der Waffe ins Wasser.

»Wenn du da hineinschießt, erschreckst du nur die Fische, sonst gar nichts«, wollte der Mann erklären, aber er kam nicht mehr dazu. Mit einem Spritzer war eine Forelle an die Oberfläche geschnellt und der Junge hatte sie mit der Kugel am Rücken getroffen, als hätte er sie genau an der Stelle erwartet. Nun lag die Forelle auf dem Rücken und zeigte ihren weißen Bauch.

»Verdammt und zugenäht!« riefen die Männer.

Der Junge lud die Waffe von neuem und ließ sie in der Luft kreisen. Es war eine saubere, klare, zitternd gespannte Luft: man konnte die Nadeln der Kiefern am anderen Ufer erkennen und jeden kleinsten Wirbel des Stromes. Wieder schäumte das Wasser auf: eine andere Forelle. Er schoß, und sie schwamm tot davon. Die Männer sahen auf die tote Forelle, auf den Jungen.

»Der hat's aber 'raus«, sagten sie.

Der Junge hob wieder den Lauf des Gewehres in die Luft. Es war doch merkwürdig, dachte er, wie man überall von Luft umgeben war, und Meter von Luft trennten einen von den anderen Dingen. Doch wenn man ein Ziel anvisierte, war die Luft nur noch eine einzige unsichtbare gerade Linie, die sich von der Mündung des Gewehrs zu dem Ding hin spannte, zu dem Falken etwa, der, scheinbar mit regungslosen Flügeln, im Himmel schwebte. Ein kleiner Zug mit dem Finger, und die Luft blieb leer und durchsichtig wie zuvor, aber da oben, wo die Linie aufhörte, schloß der Falke seine Flügel und fiel wie ein Stein zur Erde herab. Ein guter Geruch von verbranntem Pulver stieg auf.

Er ließ sich noch mehr Munition geben. Jetzt stand schon eine ganze Reihe von Männern hinter ihm am Flußrand und sah ihm zu. Die Pinienzapfen auf der anderen Seite, oben in den Bäumen, warum konnte man sie erkennen, aber nicht berühren? Wozu dieser leere Raum zwischen ihm und den Dingen? Warum waren die Zapfen, die doch in seinem Blick mit ihm zusammenhingen, so weit weg? Aber wenn er den Lauf des Gewehres darauf richtete, ergab es sich gleich, daß es nur ein Trick war: er berührte den Hahn, und im selben Augenblick fiel der Pinienzapfen herab, sauber am Stengel abgeschnitten. Es war da ein Gefühl der Leere, wie eine Liebkosung – die Leere im Gewehrlauf setzte sich fort, verlängerte sich in der Luft und wurde im Schuß plötzlich voll, angefüllt bis dorthin, bis zum Zapfen, zum Eichhörnchen, zum weißen Stein, zur roten Mohnblume.

»Der trifft nie daneben«, sagten die Männer, und keiner wagte zu lachen.

»Du kommst mit uns«, erklärte der Führer.

»Und ihr gebt mir das Gewehr«, erwiderte der Junge.

»Das versteht sich.«

Er ging mit ihnen. Er machte sich auf mit einem Brotbeutel, in dem ein Apfel und zwei Stück Käse steckten. Das Dorf war ein Flecken aus Schiefer, Stroh und Kuhdünger unten im Tal. Es machte Spaß, so davonzugehen; bei jeder Wendung des Weges sah man neue Dinge, Bäume mit Zapfen, Vögel, die von den Zweigen aufflogen, Moose auf den Steinen – lauter Dinge im Strahl der scheinbaren Entfernung, die man mit einem einzigen Schuß verschlang.

Doch jetzt durfte er nicht schießen, sie erklärten es ihm: es gab Gegenden, die mußte man lautlos durchstreifen, und die Munition brauchte man im Krieg. Aber einmal überquerte ein aufgeschreckter Hase von den Schritten und Stimmen verstört, ihren Weg. Er wollte schon im Gebüsch auf der anderen Seite verschwinden, als ein Geschoß des Jungen ihn niederstreckte.

»Ein guter Schuß«, mußte selber der Führer zugeben. »Doch wir sind hier nicht auf der Jagd. Sogar wenn du einen Fasan siehst, darfst du nicht schießen.«

Noch war keine weitere Stunde vergangen, als in der Reihe der Männer aufs neue Schüsse laut wurden.

»Schon wieder der Bengel!« rief der Hauptmann wütend und lief zu ihm. Der Junge lachte strahlend mit seinem rotweißen Apfelgesicht. »Rebhühner«, sagte er und zeigte darauf. Ein Schwarm hatte sich von einer Hecke erhoben.

»Und wenn's Grashüpfer wären! Ich habe es dir gesagt. Gib das Gewehr her! Und wenn du mich noch einmal auf die Palme bringst, kannst du in dein Dorf zurücklaufen.«

Der Junge schmollte. Es war ihm langweilig, ohne Waffe zu marschieren, doch da er nun einmal mit ihnen unterwegs war, blieb immer noch die Hoffnung, daß er sein Gewehr zurückbekam.

Sie übernachteten in einer Unterkunft der Hirten. Der Junge erwachte, als eben der Morgen dämmerte; die anderen schliefen noch. Er nahm ihr schönstes Gewehr an sich, füllte seinen Brotbeutel mit Patronen und ging hinaus. Die Luft war zart und sauber, morgenfrisch. Nicht weit von der Hütte stand ein Maulbeerbaum. Zu dieser Stunde kamen die Eichelhäher. Da war schon einer: er schoß, rannte hin, ergriff den Vogel und stopfte ihn in den Beutel. Ohne sich von der Stelle zu rühren, an der er seine Beute aufgelesen hatte, suchte er nach einem neuen Ziel. Eine Haselmaus!

Vom Schuß erschreckt, flitzte sie den Stamm einer Kastanie empor. Tot, war es eine dicke Maus mit grauem Schwanz, die bei jeder Berührung ganze Büschel von Haaren verlor. Unter dem Kastanienbaum stehend, sah der Junge auf einer Wiese, etwas weiter unten, einen roten Pilz mit weißen Punkten, sicherlich war er giftig. Er zerriß ihn mit einem Schuß, dann lief er hin, um zu sehen, ob er ihn richtig abgetrennt hatte. Das war ein hübsches Spiel, so von einem Ziel zum anderen weiterzugehen, vielleicht kam man auf diese Weise um die ganze Welt. Er sah eine fette Schnecke auf einem Stein, blickte über Kimme und Korn, und als er dann anlangte, fand er nur noch den zersplitterten Stein vor und etwas tröpfelnden Schleim. So entfernte er sich von der Behausung der Hirten, abwärts über Wiesen, die er nicht kannte.

Vom Stein aus erblickte er eine Eidechse auf einem Mäuerchen, von der Mauer einen Tümpel mit einem Frosch, vom Tümpel ein Plakat auf der Straße: ein leichtes Ziel. Vom Plakat aus sah man die Straße in Schleifen abwärts führen, und unten – unten waren Männer in Uniform. Als der Junge, über das ganze weißrote Apfelgesicht lächelnd, vor ihnen auftauchte, riefen sie etwas und richteten ihre Waffen auf ihn. Doch der Junge hatte schon goldene Knöpfe auf der Brust von einem der Männer erspäht und, auf einen Knopf zielend, Feuer gegeben.

Er hörte den Schrei des Mannes und die garbenartigen oder vereinzelten Schüsse, die über seinen Kopf hinwegpfiffen; da lag er am Boden, hinter einem Haufen Schottersteine am Rand der Straße, im toten Winkel. Er konnte sich sogar bewegen, denn der Haufen war lang; er konnte plötzlich hinter einer Seite hervorlugen, unerwartet, das Mündungsfeuer der Waffen beobachten, das Graue und das Glänzende an den Uniformen der Soldaten, konnte auf eine Achselkappe, auf eine Armbanduhr schießen. Dann rasch zu Boden und zur anderen Seite hinüber und dort gefeuert! Nach einer Weile hörte er hinter seinem Rücken eine Salve, aber die Geschosse flogen über ihn hinweg und trafen die Soldaten; es waren die Gefährten, sie kamen ihm mit Maschinenpistolen zu Hilfe.

»Wenn der Bursche uns mit seinen Schüssen nicht geweckt hätte...«, sagten sie.

Unter dem Feuerschutz seiner Gefährten konnte der Junge besser zielen. Doch plötzlich streifte ein Geschoß seine Wange. Er wandte sich um: ein Soldat hatte die Straße oberhalb seiner eigenen Position erreicht. Er nahm Deckung in einem Graben, hatte aber zugleich auch schon abgedrückt, und zwar nicht den Soldaten, doch das Gewehr mit einem Streifschuß an der Kammer getroffen. Er hörte, wie der Soldat sich vergeblich bemühte, die Waffe wieder schußfertig zu machen, und sie dann wegwarf. Da kroch der Junge aus seinem Versteck hervor und schoß auf den Soldaten; der machte, daß er wegkam, und der Junge riß ihm eine Epaulette von der Schulter.

Er folgte ihm. Einmal verschwand der Soldat im Wald, dann tauchte er wieder auf und geriet ins Schußfeld. Der Junge brannte ihm die Helmspitze ab, dann eine Gürtelschnalle. So gelangten sie, einer hinter dem anderen her, in ein unbekanntes Tal, wo man die Geräusche des Kampfes nicht mehr hörte. Es kam der Punkt, wo der Soldat keine Bäume mehr vor sich fand, sondern nur eine Lichtung, die von einem dichten Kranz von Gebüschen umgeben war. Der Junge trat gerade aus dem Wald hervor. Mitten auf der Lichtung gab es einen großen Stein; der Soldat konnte eben noch dahin gelangen und sich dahinter zusammenkauern, den Kopf zwischen die Knie gedrückt.

Dort fühlte er sich für den Augenblick sicher. Er trug Handgranaten bei sich, und der Junge konnte nicht näher herankommen, nur von weitem mit seinem Gewehr Wache stehen und aufpassen, daß der andere nicht entwischte. Gewiß, wenn er mit einem Satz in die Büsche gelangte, war er in Sicherheit und würde den Hang hinunterrutschen. Doch dieses nackte Stück Lichtung mußte überquert werden; wie lange würde der Junge da bleiben? Und wollte er denn nie den Lauf seiner Waffe zu Boden senken? Der Soldat beschloß, eine Probe zu machen: er steckte den Helm auf die Spitze des Bajonetts und ließ ihn über den Rand des Steins emporragen. Ein Schuß, und der Helm rollte durchlöchert zu Boden.

Der Soldat gab die Hoffnung nicht auf; natürlich war es leicht, auf den ruhigen Stein zu zielen, doch wenn er sich ganz schnell bewegte, konnte ihn der Junge wohl kaum treffen. In diesem Augenblick durchflog ein Vogel den Himmel, rasch, vielleicht ein Märzhähnchen. Ein Schuß, und er fiel. Der Soldat wischte sich den Schweiß vom Hals. Wieder flog etwas vorüber, ein Krammetsvogel; auch er fiel herab. Der Soldat schluckte. Hier mußte eine Vogelstraße sein; immer neue Vögel flogen am Himmel hin, immer wieder andere, und jener Bursche schoß, und sie fielen herab. Dem Soldaten kam ein Gedanke: ›Wenn er auf die Vögel aufpaßt, läßt er mich aus den Augen. Sowie er schießt, springe ich.‹ Doch auch hier war es besser, es erst einmal zu probieren. Er befestigte den Helm wieder auf dem Bajonett und hielt ihn bereit. Zwei Vögel flogen gemeinsam über den Himmel, diesmal waren es junge Schnepfen. Der Soldat bedauerte es, eine so gute Gelegenheit nur für die Probe zu verschwenden, doch er riskierte es noch nicht, selber zu springen. Der Junge schoß eine Schnepfe herunter, da streckte der Soldat den Helm hervor, hörte den Schuß und sah den Helm in die Luft fliegen. Er fühlte einen Geschmack wie Blei im Mund; kaum nahm er wahr, daß auch der zweite Vogel zu Boden stürzte.

Es kam darauf an, keine überstürzte Bewegung zu machen; hinter dem Felsbrocken, mit den Handgranaten griffbereit, war er sicher. Warum versuchte er nicht, aus dem Versteck heraus den Jungen mit einer Handgranate zu treffen? Er streckte sich, den Rücken fast am Boden, legte den Arm nach hinten, wobei er sorgfältig darauf achtete, in Deckung zu bleiben, nahm alle Kraft zusammen, zog ab und warf. Ein guter Wurf; das Geschoß wäre weit genug geflogen, doch mitten auf seiner Flugbahn traf es ein Schuß und brachte es zur Explosion. Der Soldat warf sich mit dem Gesicht zu Boden, um nicht von den Splittern getroffen zu werden.

Als er den Kopf wieder hob, war der Rabe da. Über ihm im Himmel kreiste langsam ein Vogel; vermutlich ein Rabe. Jetzt, gleich, mußte der Junge ihn abschießen. Doch der Schuß ließ auf sich warten. Ob der Rabe zu hoch stand?

Dabei waren andere noch höher und schneller gewesen und doch getroffen worden. Endlich ein Schuß; jetzt würde der Rabe stürzen, nein, doch nicht, er fuhr fort, gelassen in Kreisen niederzuschweben. Ein Pinienzapfen fiel, von einem nahen Baum. Fing der Junge jetzt an, auf Bäume zu schießen? Einen Pinienzapfen nach dem anderen holte er herunter; sie schlugen mit dumpfem Geräusch auf den Boden.

Bei jedem Schuß blickte der Soldat auf den Raben: fiel er? Nein, immer tiefere Kreise zog der schwarze Vogel über ihm. Ob der Junge ihn vielleicht nicht gesehen hatte? Vielleicht gab es den Raben gar nicht, vielleicht war er nur ein Blendwerk der Einbildung? Möglicherweise sieht jemand, der sterben muß, alle Vögel vorüberziehen; und wenn der Rabe kommt, heißt das: es ist Zeit. Auf jeden Fall aber mußte man den Jungen, der immer noch auf Pinienzapfen schoß, aufmerksam machen. Also erhob sich der Soldat, jetzt stand er auf den Füßen, zeigte mit dem Finger auf den schwarzen Vogel.

»Da ist der Rabe!« schrie er, in seiner Sprache. Das Geschoß traf ihn genau in der Mitte des Adlers, der mit entbreiteten Flügeln auf seinen Waffenrock genäht war.

Langsam kreisend schwebte der Rabe herab.

Mario Rigoni Stern

Begegnung in Polen

Es war im Winter 1942. Im Januar. Jenem sehr kalten Januar des Jahres 1942. Wir fuhren in einem langen Eisenbahnzug dem Krieg entgegen, der damals im Osten wütete. In Verona hatten wir einen schönen Vorrat von Wein eingekauft, der in Wien schon zu Ende ging. Es war kalt, und die vom Singen heiseren Kehlen mußten häufig befeuchtet werden. Wir sangen: »Sul ponte di Bassano, bandiera nera«, oder: »Da Aosta siam partiti con la tristezza in cor...«

Nach Wien blieb der Zug in einem kleinen verlassenen Bahnhof eine Nacht lang stehen und fror ein. Wir wurden in eine alte Fabrik einquartiert, wo man in Friedenszeiten irgend etwas und jetzt nichts mehr herstellte. Während des Tages liefen wir zusammen mit den Burschen des Dorfs Ski auf den Hängen. Der Schnee war leicht und trocken. Als der Zug aufgetaut war, fuhren wir weiter und hielten später, in Schlesien, von neuem an. Wir wurden in der Nähe einer kleinen Stadt in Holzbaracken verteilt; nachts achteten die Soldaten der Luftwaffe darauf, daß die Kohleöfen brannten, und am Morgen brachten sie uns ein teeähnliches Getränk.

Schon war ein Monat vergangen seit unserer Abreise. Der Osten war noch weit weg, und wir dachten nicht an den Krieg wie damals, als wir Italien verließen, oder wie später, als wir mitten drin waren. Man spielte Karten oder Morra, ging Skilaufen oder schäkerte mit den Mädchen des Ortes.

Anfang Februar verließen wir auch Schlesien. Der Maschinist ging den Zug entlang und schlug mit einem langen Hammer auf die Räder. Der Zug quietschte, weil es so kalt war, stieß Dampfwolken aus, kam ins Gleiten und bewegte sich endlich vorwärts. Er ratterte in den Winter hinein, und auf den Scheiben der Fenster bildete sich eine dicke Eisschicht. Mit unserem Atem machten wir das Eis in einem Kreis von wenigen Zentimern flüssig und beobachteten durch dieses Loch die Landschaft.

Tannen, Birken, Dörfer, Städte, Birken, Dörfer, gefrorene Wasserläufe, Jungen auf Schlittschuhen, in der Ebene ein Schlitten, eine Hütte, Tannen. Erheiternd war der Anblick eines dicken Hasen, der verängstigt aus der Schneeschutzhecke schlüpfte, die sich der Bahnlinie entlangzog. Poesie und Staunen kam von den Rehen, die in kleinen Gruppen vom Waldrand aus unserem ganz mit Eiszapfen behängten Zug nachschauten. Es war schwer zu glauben, daß in der Welt Krieg war und wir Waffen trugen.

Ziemlich weit hinter Warschau hielt der Zug auf offenem Feld an. Wir waren nahe bei Pripet. Die Partisanen hatten eine Brücke gesprengt, und wir mußten warten, bis die Deutschen sie wieder instand gesetzt hatten. Es war das erstemal, daß wir das Wort »Partisanen« hörten; wir wußten nicht, was es bedeutete. So saßen wir in unserem Wagen und spielten Karten in der Nähe des Ofens, der vor Hitze glühte dank der Kohle, die wir den Deutschen gestohlen hatten. Ich verlor wie immer, und mein Partner, der Sanitätskorporal, ärgerte sich. Da hörten wir plötzlich, draußen gerufen, abgerissene Sätze, die ich im Flug erfaßte: »Ich Italien. Ich Krieg Italien. Ich Asiago.«

Nun müßt ihr wissen, daß ich von Asiago bin, und als ich dieses Wort so von einem Fremden gerufen hörte, warf ich die Karten hin und lehnte mich zur Wagentüre hinaus. Neben dem Geleise stand ein älterer Mann in einem abgetragenen Soldatenmantel und Filzstiefeln; er war grau, sein Schnurrbart gelblich, und weil er lachte, sah man seine spärlichen schwarzen Zähne.

Nur er konnte gerufen haben.

»Landsmann«, rief ich ihm zu, »Du Italien? Du Asiago?«

»Ja«, sagte er, »ich Krieg Italien; ich Asiago.«

Mit einem Sprung war ich auf dem Boden und rief, ich

sei auch von Asiago; denn wenn du mit einem sprichst, der deine Sprache nicht gut versteht, schreist du, als ob er schwerhörig sei. Es war wirklich, wie wenn sich Leute vom selben Ort in der Fremde begegnen: während er mir mit der Hand auf die Schulter klopfte, umarmte ich ihn.

Ich verstand alles, was er mir erzählen wollte. Er sagte, daß er 1915 in meinen Bergen gekämpft habe, daß er am Ende des Kriegs noch dort gewesen und gefangengenommen worden sei. Als Gefangener half er den Arbeitern die Trümmer des Dorfes wegräumen und die Toten begraben. Er sprach vom Hunger, den sie hatten, und wie die Frauen meines Dorfes ihm Brotschnitten zusteckten.

Meine Freunde waren unterdessen an die Waggontüre getreten und folgten unserem lebhaften Gespräch. Sie sagten zueinander: »Rigoni hat in Polen einen Landsmann gefunden.«

Unterdessen zählte er mir Namen von Ortschaften und Bergen auf, so daß ich ihm wohl oder übel glauben mußte. Ich gab ihm zu rauchen, und als ich bemerkte, daß er den Rauch gierig einsog, schenkte ich ihm das ganze Paket. Er gab mir zu verstehen, ich solle auf ihn warten, und entfernte sich, wie eine Dohle im Schnee hüpfend, in Richtung einer Häusergruppe.

Es war kalt, und um mich zu wärmen, schlug ich die Hände gegen meinen Körper. Die Häuser dort unten, zu denen mein Pole gegangen war, standen rund um einen Ziehbrunnen, dessen lange Balancierstange in den grauen Himmel stach. Sie waren breit und niedrig, mit olivgrünen Strohdächern, die sich vom schimmernden Weiß des Schnees und vom grauen Himmel scharf abhoben. Aus den Kaminen stieg gemächlich der Rauch, und mir kam der Rückzug Napoleons in den Sinn, wie er in »Krieg und Frieden« geschildert wird. Ich dachte auch an die Schnepfen, die aus dieser Gegend zu uns kommen, und an viele andere Dinge, mehr von der Empfindung als von Gedanken geleitet: Kinderspiele im Schnee, die alte Tante des Großvaters, die für uns strickte, Stallwärme, ferne und nahe Bilder und Gerüche. Fast erwartete ich zu sehen, daß mein kleiner Bruder oder meine Braut aus jenen Häusern traten und daß auf den Straßen Schlitten fuhren, mit Holz beladen und von dampfenden Pferden gezogen.

All diese Erinnerungen und die Begegnung mit dem polnischen Landsmann und die Bewegungen, die ich im Schnee machte, um nicht zu frieren, erfüllten mich mit einer sanften und fröhlichen Harmonie.

Da kehrte mein Freund zurück, einen Kessel Bier tragend. Viel Bier habe ich schon getrunken auf Reisen durch die ganze Welt, aber ähnliches noch nie, und leider werde ich nie wieder ähnliches trinken. Richtig in der Temperatur, schmackhaft, durchsichtig, schaumig, ließ es im Mund Wohlgeruch zurück und die Sehnsucht, noch mehr zu trinken.

Solang der Zug hielt, blieb auch er. Ich trank sein Bier, indem ich den Kessel an den Mund hob und den Kopf rückwärts beugte, und er rauchte meine Zigaretten. Er erzählte mir von Polen, von den Deutschen, von seiner Familie und wie es ihm gelinge, Bier herzustellen, von der Teuerung und vom Hunger und daß es Juden gebe, die unter der Peitsche arbeiteten.

Ich fragte ihn dann auch, was »Partisanen« seien; da wich er aus und begann wieder vom Tabak zu sprechen.

Der Maschinist ging den Zug entlang und schlug mit dem langen Hammer auf die Räder; der Offizier kam, um nachzusehen, ob wir alle da seien, und ich goß das restliche Bier in die Becher meiner Kameraden. Den leeren Kessel füllten wir mit Zwieback.

Die Lokomotive pfiff, der Trompeter blies das »Avanti«, und der Zug, dieser lange Zug, der mit so vielen Alpini beladen gegen Osten fuhr, setzte sich ratternd wieder in Bewegung, dem Krieg entgegen.

Der Pole, mein polnischer Landsmann, stand dort, die Füße im Schnee, bis er nur noch ein kleiner schwarzer Punkt in der Ferne war; aber immer noch sehe ich seinen Arm, der zum Abschied den Hut schwenkte.

Als es Abend wurde, zündeten wir die Öllampen an, und der Zug drang in die Nacht ein, durch Wälder von Tannen, die sich unter der Schneelast beugten, durch die Heide, über die der Wind fegte, vorbei an verschlafenen Dörfern, und trug in seinem Innern junge, fremde Männer dem Krieg entgegen.

Sie lagen, einer neben dem andern, im Stroh, schliefen und träumten von Bergen und Mädchen. Nur einer schlief in jener Nacht nicht. In einer Ecke des Wagens, begleitet vom Rhythmus der Räder auf dem Geleise, dachte er zum erstenmal in seinem Leben an das Schicksal der armen Leute, an den Krieg, der von den armen Leuten verlangt, daß sie sich gegenseitig töten, und er fragte sich: »Wer wird zurückkehren von allen, die in diesem Zuge sind? Wie viele Landsleute werden wir töten? Und warum?«

Wir sind ja alle Landsleute auf der Erde.

Tadeusz Konwicki
Korporal Koziołek und ich

Korporal Koziołek krähte mit einer Stimme, die verspäteten Stimmbruch verriet:

»Auf der Stelle – weggetreten!«

Und sofort, bereits inoffiziell, schlug er dem Drachen auf die Schulter:

»Zieh los, Alter, sieh mal nach, was das Abendessen macht.«

Drache flitzte willig zu den nahegelegenen Gebäuden, wo wir rasteten. Ein dichter, saftiger Rauch stieg aus dem Schornstein des Hauses, in dem der Kommandant Quartier hatte, und ließ uns hoffen, daß das heutige Abendessen uns die mehrtägige Fastenzeit belohnen würde.

Korporal Koziołek aber wiegte sich träge von einer Seite auf die andere (die Beine drückte er nie in den Knien durch – so daß er aussah wie einer, dem soeben der Stuhl unter dem Gesäß weggezogen worden war), ging auf den Haufen verbrauchten Strohs zu und setzte sich dort mit leisem Gestöhn nieder. Dann musterte er launig seine Gruppe. Die Männer glaubten an ihn wie an ein Bild, so hieß es zumindest.

»Was steht ihr herum wie bei einer Hochzeit? Hinsetzen! Tun euch die Knochen noch nicht weh? Wollt ihr ein bißchen nachexerzieren?«

Korporal Koziołek war ein feiner Kerl. Vielleicht etwas zu streng. Aber das konnte von seinem Eifer kommen. Denn ein Dienstfuchser war er, wie er im Buche steht. Ohne Appell und ohne Gebet durfte man sich selbst nach dem längsten Marsch nicht aufs Ohr legen. Manchmal konnte er eine Stunde vor dem Einsatz mit dem Zug seine beliebte lockere Marschordnung exerzieren. Ehrlich gesagt, hatte dieses Exerzieren auch den Eifrigsten das Laufen verleidet. Keiner von uns glaubte übrigens an diese Marschordnung. Denn wozu brauchte man das Ausschwärmen zu kennen, wenn man dabei vom ersten besten Feuerstoß erledigt werden konnte. Korporal Koziołek dagegen fühlte sich während des Exerzierens wunderbar. Für Übungen bevorzugte er hügeliges Gelände. Er stellte sich auf die natürliche Bodenerhebung hin, knallte mit seiner Spitzrute auf die breiten Schäfte und kommandierte mit dünner Stimme:

»Schützenkette!«

»Auf die Plätze!«

»Sprung auf, marschmarsch!«

Hier muß ich leider bemerken, daß Korporal Koziołeks einzige schwache Seite eben diese unglückselige hohe Stimme war, die mit dem Ernst der bekleideten Stellung (Führer der ersten Gruppe, der manchmal den Kommandanten vertrat) nicht übereinstimmte. Außerdem war Korporal Koziołek, was soll man da viel herumreden, ein typischer Fall von Unteroffizier – ein Kommißkopf. Vielleicht nur ein bißchen sonderbar, weil er selbst für die Partisanen verhältnismäßig jung war. Später dachte ich oft, aus einer größeren Zeitentfernung, die mir erlaubte, dem Korporal Koziołek gegenüber eine kritischere Stellung einzunehmen, ob denn die ganze Haltung des Korporals nicht eine Pose war, die er aus einer Gelegenheitslektüre übernommen hatte. Auch die Ereignisse konnten zum Entstehen solcher Gedanken beitragen, aber davon später.

Die Sonne rieb sich bereits an den kahlen Wipfeln der Fichten, und ringsum stank es nach durchschwitzten Fußlappen. Wir hatten uns im Gras neben dem Stroh des Korporals langgelegt und hatten gar keine Lust zur Unterhaltung, denn es war ziemlich stickig, und in einer so schwülen Luft wurde der Mensch schrecklich faul. Korporal Koziołek begann langsam, seine Schuhe auszuziehen, dann wickelte er den Fußlappen ab, roch daran mit Widerwillen und streckte sich im Gras aus. Die Fußlappen dampften, und Koziołek sagte unerwartet:

»Na, Jungs, und wenn der Krieg so plötzlich aus wär?«

Wir knurrten zufrieden und unentschlossen. Denn eigentlich, was sollte man schon sagen. Man sprach manchmal davon, aber im Ernstfall wüßten wir doch nicht, wie das alles wäre. »Alles« – das war das ruhige bürgerliche Leben. Nun, wir waren, verdammt und zugenäht, im Kriege aufgewachsen und hatten uns an ihn gewöhnt.

Die Frage des Korporals Koziołek machte verlegen.

Ich erdreistete mich jedoch, die Diskussion aufzunehmen.

»Offen gestanden, Herr Korporal, ich habe den Krieg satt.«

Koziołek sah mich nachsichtig an. Ich galt in der Gruppe als Flasche. Halt so ein Intellektueller, der nicht einmal einen Lebensmittel-Stoßtrupp richtig durchführen kann, »weil es irgendwie peinlich ist, jemandem das letzte Huhn wegzunehmen«, wie ich einmal vor dem Korporal erklärt hatte.

Korporal Koziołek kratzte sich geringschätzig am Kinn, an dem sich die ersten paar Härchen durchgesetzt hatten, die an fahlrot gewordenes Gefieder erinnerten.

»Dorftrottel (diesen Decknamen bekam ich trotz meiner verzweifelten Proteste), du bist ein Arschloch. Weil du vor allem Angst hast. Das kannst du nicht, weil es peinlich ist, jenes nicht – weil man dafür in die Hölle kommt...«

Ich schwieg gehorsam, und Koziołek legte die trocknenden Fußlappen auf die andere Seite. Es war still, nur ein Kranich schrie irgendwo im Sumpf.

»Einen Krieg, Mensch, gewinnt man nicht durch Gutmütigkeit. Erwischst du den Sauhund nicht zuerst, so erledigt er dich. Dazu ist Krieg. Bei uns werden keine Gefangenen gemacht.«

Die letzten Worte ließen die Mannschaft aufhorchen. Ich hielt mich aus der Diskussion heraus, denn was kann dazu schon einer sagen, der sich bis vor kurzem noch beim Anblick des Blutes abwandte.

Schnecke fragte schüchtern:

»Na und wenn wir, Herr Korporal, so zufällig Gefangene schnappen sollten, was würden wir mit ihnen machen?«

Korporal Koziołek wurde keinesfalls böse. Er war nicht einmal ironisch verwundert, er hob nur die rechte Hand nach oben und führte mit dem Zeigefinger ein paar Bewegungen aus, als drückte er auf den Abzug:

»Abknallen.«

»Erschießen, diese Sauhunde«, antwortete jetzt Wiktor, der als Draufgänger bekannt war.

»Herr Korporal, den ersten Schwaben, den wir erwischen, müßte Fink oder Dorftrottel erledigen«, rief Amsel, und die Mannschaft brüllte vor Lachen, auf das die unruhig gewordenen Hofhunde mit Gebell antworteten.

Korporal Koziołek streckte seine Beine aus und begann, seine schmutzigen Fingernägel genauer zu betrachten. Wir wußten, daß er gleich anfangen würde zu erzählen. Ich rückte näher und machte mich vielleicht etwas zu vertraulich auf dem Korporalsstroh breit. Koziołek merkte es aber nicht, sah in den gelben Himmel und begann zu erzählen.

»Im vergangenen Sommer – damals war ich noch beim Donner – gingen wir zu dritt auf die Chaussee zu. Es war zum Kotzen: die Kompanie hatte keine Waffen und zu fressen gab's eigentlich auch nichts. Ich wollte mir die ganze Zeit schon ein Parabellchen ergattern. Also los. Ich hatte das Kommando. Es war etwas heiß, so machten wir einen Abstecher ins Dorf nach saurer Milch (Korporal Koziołek erzählte gewöhnlich sehr detailliert). Danach kamen wir über die Feldraine an die Chaussee. Im Feld stand noch der Roggen. Wir konnten also ganz nah heran. Im Wacholder, der dort wuchs, stach es wie verflucht. Im Graben an der Chaussee war Wasser. Wir hatten Durst. Da kroch Fichte – ein tapferer Junge – an den Graben und trank sich am Regenwasser satt. So lagen wir eine Stunde etwa. Da plötzlich ratterte ein Motor...«

Der Korporal unterbrach und fühlte seine Taschen ab. Er zog eine vorkriegsmäßige Pfeifentabakschachtel heraus und drehte sich eine Zigarette. Die von der Weide heimkehrenden Kühe brüllten.

Rauch schnaubend fuhr Koziołek in seiner Erzählung fort:

»Wir gucken, Mensch, und da fährt aus der Kurve ein Laster heraus, mit Tarnfarbe bestrichen. Also ein militärischer. Ich protzte eine Granate auf die Chaussee, die Kameraden knallten noch ein paarmal aus den Kb in den Motor, und dann sprangen wir auf den Weg. Langsam öffnete sich die Tür des Lasters, Mensch, und zwei Hände streckten sich heraus. Ich seh – eine prima Uhr. Gleich danach zogen wir zwei Schwaben aus der Kabine. Im Wagen war nichts Besonderes. Bißchen Benzin. In der Kabine hatten sie Konserven, Kb und Empi, die ich jetzt trage. Sofort zogen wir die Schwaben aus – die Hundesöhne zitterten schrecklich vor Angst. Fichte sagt: – ›Abknallen, Herr Korporal?‹ Ich zwinkerte nur, und schon zog Fichte einen am Hemd in die Büsche. Der Deutsche stöhnte, aber er sagte nur: ›Zum Kommandanten.‹ Ich knöpfte mir den zweiten vor und ebenfalls in die Büsche. Habe nur einmal aus der Empi gesichelt, fertig war er. Den Laster steckten wir in Brand. Zurück schleppte Fichte die organisierten Konserven. Wir zählten nach: siebzehn Dosen waren's. Nur das Auto tat uns leid.«

Korporal Koziołek endete und sah sich in der Runde um. Die Jungs schwiegen. Nach einer Weile fragte Fink:

»Herr Korporal, und was war mit der Uhr?«

Koziołek streckte seinen mageren Arm aus, und zum ersten Mal sahen wir an seinem Gelenk eine helle Nickeluhr mit Metallarmband.

Ich weiß nicht, wieso (schon immer platzte ich zu falscher Zeit heraus), ich sagte:

»Aber das... irgendwie... Gefangene morden...«

Die Jungens sahen sich an und brachen in Gelächter aus. Korporal Koziołek lachte am längsten. Aber dann wurde er ernst und sagte:

»Tja, Mensch, Kriege werden nicht mit Büchern gemacht.«

Ich wollte noch etwas sagen, aber der Korporal warf sich auf den Rücken und seufzte überraschend:

»Ach, eine gute Nummer wäre jetzt nicht unflott...«

Das Gespräch ging auf die Mädchen über, und ich, in dieser Materie unzuständig, beschränkte mich lediglich auf das Zuhören. Übrigens fühlte ich mich ein wenig lächerlich gemacht und hatte keine Lust, mehr zu riskieren.

Aber Korporal Koziołek war mit sich zufrieden. Sein etwas piepsiges Lachen verscheuchte die Schwalben, die unter das Strohdach der Scheune wollten, an der wir lagen.

Kommandant unserer Abteilung war ein Oberleutnant, der nicht viel älter war als wir. Eigentlich ein Junge. Sah allerdings imponierend aus: war sehr groß, hatte riesige schwarze Augenbrauen, eine mächtige Hakennase und Augen fast wie eine Kuh. Er achtete sehr auf die Moral der Truppe (nicht einmal Korporal Koziołek wagte in seiner Gegenwart zu fluchen oder unanständige Themen anzuschneiden) und fühte überhaupt die Abteilung ein bißchen nach literarischen Vorstellungen vom edlen Kommandeur.

Mich persönlich verbanden mit dem Kommandanten irgendwelche schwer beschreibbare Bande. Am Anfang unterhielten wir uns manchmal. Mit der Zeit riß das aber ab, denn der Kommandant wollte mich nicht bevorzugen. Er war mir gegenüber sogar eher anspruchsvoller und bestrafte mich manchmal für Vergehen, die er ›Flaschigkeit des Dorftrottels‹ nannte. Ich wiederum wollte nicht den Schein erwecken, als drängte ich mich ihm auf, und so mied ich ihn eben.

Um so größer war mein Erstaunen, als am nächsten Morgen, fast mit dem Morgengrauen, während ich Wache stand am ausgebrochenen Zaun und den hellroten Himmel anstarrte, der Kommandant aus der Kate herauskam, den Fliederstrauch anpinkelte und dann langsam auf mich zukam.

»Na, Dorftrottel, alles still?«, fragte er und knöpfte sich die Hose zu.

»Still, Herr Kommandant«, sagte ich und richtete meinen gebeugten Rücken gehorsam auf.

»Dorftrottel, in letzter Zeit hatten wir leider keine Gelegenheit, uns zu unterhalten. Ich bin halt ständig müde und kann mich nicht aufraffen.«

Ich sah aufmerksamer hin und bemerkte tatsächlich den Nebel der Erschöpfung in seinen Augen.

»Es klappt bei mir nicht besonders, Herr Kommandant,

ein bißchen mache ich schlapp«, begann ich ungeschickt, mich und ihn zu entschuldigen. »Ich weiß mir mit den Versorgungs-Stoßtrupps keinen Rat. Es ist irgendwie verflucht, gegen Weiber zu kämpfen. Der Einsatz geht noch an, da schießen wenigstens alle, also schießt man mit. Außerdem, scheint mir, bin ich feige«, fügte ich nach kurzem Zögern hinzu.

Ich erwartete Protest, Widerspruch des Kommandanten. Aber er sah mich scharf an, und sagte:

»Vergiß nicht, daß ich von dir mehr verlange als von den anderen. Du mußt deinen Intelligenzkomplex überwinden. Daß du jemandem die Schuhe nicht wegnehmen willst, ist keine von der Ethik gerechtfertigte Geste der Ehrlichkeit. Vergiß nicht, daß wir Krieg haben und daß wir hier eine Kampfeinheit sind. Jede Schwäche trifft wie ein Bumerang uns selbst.«

Die Sonne hatte sich aus dem violetten Waldstreifen bereits herausgeschnitten und zitterte im roten Nebel. Hitze kündete sich an.

»Jawohl«, stimmte ich stramm bei.

Der Kommandant bohrte seine Kuhaugen in mich hinein und betrachtete mich eine Weile. Danach zog er das Koppelzeug höher und begann, die Fingernägel abzunagen. Er wußte, daß er mich nicht überzeugen konnte. Übrigens hätten wir das, worum wir stritten, auch nicht so leicht präzisieren können.

Der Kommandant fragte bereits dienstlich, sogar feindlich (möglich auch, daß es mir nur so schien):

»Wer hat nach dir Wache?«

»Funk, Herr Kommandant!« Ich schlug die Hacken zusammen.

Das Gewehr drückte mich, also warf ich es auf die linke Schulter.

Der Kommandant ging langsam auf die Kate zu, und mir war, als hätte ich eine wertvolle Uhr verdorben.

Dann rissen irgendwo die Hähne den Hals auf, dann brüllte das aus den Ställen hinausgetriebene Vieh, und dann ging am Zaun entlang eine aufgelöste Magd mit einem Eimer nach unten zum Brunnen. Durch das offene

Hemd sah man ihre schaukelnden Euter. Sie lachte mich dümmlich und lüstern an. »Hündin«, dachte ich und wandte mich zur Kate, woher das Klopfen gespaltener Holzscheite zum Anheizen des Ofens hallte. Dann kroch der verschlafene, saure und bibbernde Fink aus der Tür.

»Hol sie der Teufel mit dieser Wache«, brummte er. »Paß bloß auf, daß ich beizeiten abgelöst werde«, baute er vor, bevor ich ging.

Eine Stunde saß ich halbwach bei Tisch, dann warf ich mich aufs Stroh und schlief ein.

Als ich erwachte, stand die Sonne hoch. Die unbarmherzige Hitze preßte große Schweißtropfen aus mir heraus. Ich hob den Kopf. Hinter dem Staubregenbogen saßen die Kameraden bei Tisch und aßen. In der Luft hing der Gestank von Zubern mit dem Fraß für die Schweine. Die schmutzige und verschwitzte Bäuerin klimperte am großen Ofen mit den Töpfen. Fliegen summten.

»Abteilung auf!« rief im Scherz Korporal Koziołek, als ich mich gähnend im Stroh aufsetzte.

»Komm, Plinsen essen«, lud Fink ein.

Die Gruppe schmatzte emsig. Koziołek schob mir freundlich eine Schüssel Plinsen zu. Ich war hungrig, also machte ich mich ans Essen.

»Haut rein, Männer«, sagte Korporal Koziołek und wischte sich das fettige Kinn ab, »wir haben uns eine prima Verschnaufpause verdient. Hier scheint es windstill. Es läßt sich aushalten. Abends, wenn es abkühlt, üben wir ein bißchen«, fügte er hinzu.

»Herr Korporal«, opponierte Wiktor, »heute könnten wir es uns sparen. Sicher regnet's noch, so verdammt heiß ist es.«

»Es schadet nichts, wenn ihr euch die Hosen ein wenig durchlüftet. Sind wir Militär oder eine Zivilbande«, erboste sich der Korporal über diese Vertraulichkeit. Dann drehte er eine Zigarette und ging, sie anzuzünden.

Nach dem Frühstück traten wir auf den Hof. Die Sonne brannte, daß wir die Hemden ausziehen mußten. Gleich krachten auch schon die appetitlich geknackten Läuse.

»Himmelarsch mit diesem Krieg«, regte sich Wiktor auf. »Die Läuse beißen schlimmer als die Deutschen. Und durch wen das alles? Durch diese Sauschwaben. Abknallen müßte man die Hurensöhne ein für allemal, dann wär Ruhe.« Er schleuderte wütend einen Stein gegen die Hundehütte, in der ein kahlgewordener Kundel schlief.

Aber die Deutschen waren weit, die Gegend ruhig, also legten wir uns ins Gras und mieden dabei geschickt den Hühnerdreck, der auf dem Hofrasen dicht gesät war.

Ich betrachtete den erhitzten Himmel ein wenig, dann schob ich meinen Blick träge zu den reifenden Feldern hin. Am Zaun stand Amsel Wache und wischte sich den Schweiß, der reichlich unterm Helm hervorfloß (die Helme mußten wir auf Befehl des Kommandanten tragen, Korporal Koziołek paßte auf, daß der Befehl befolgt wurde). Hinter dem Zaun, vor der zweiten Kate, wo der Kommandant Quartier hatte, stand ebenfalls jemand Wache. Manchmal kam ein kurzer Wind auf, der aber kaum unsere glühenden Körper kühlte.

An der Schwelle der Kate schäkerte Korporal Koziołek mit der Magd, derselben, die ich am Morgen gesehen hatte.

Dann, glaube ich, nickte ich ein bißchen ein.

Ich wurde wach, mehr aus Ahnung als von einer Stimme. Ich hob rasch den Kopf: Amsel lief vom Zaun her. Der Helm hüpfte ihm komisch auf dem schwitzenden Schädel. Ich wurde unruhig. Die Jungs hoben ebenfalls verängstigt die Köpfe. Ich sah, daß Koziołek allein auf der Schwelle war und eilig aufstand.

»Deutsche«, stöhnte der keuchende Amsel hervor.

Wir waren perplex.

Einen Augenblick war Ruhe, nur Amsels Schnaufen machte uns die Gefahr bewußt. Wir sprangen schnell auf. Mir wurde übel, fast wäre ich gestürzt. Aber die Jungs liefen schon ins Haus. Als Amsel am Eingang der Kate ankam, erschien Korporal Koziołek im Türrahmen und lud eilig seine Empi. In der Stube wühlten die Jungs wortlos im Stroh nach den Waffen, die sie dort nachlässig hatten liegenlassen.

Fieberhaftes Getöse herrschte. Bald darauf liefen wir auf den Hof hinaus. Ich wie immer als letzter. Schnelle Orientierung war, glaube ich, niemals mein Fall.

Am Zaun kniete bereits Amsel mit dem Gewehr im Anschlag. Etwas seitlich unter dem Fliederbusch duckte sich Korporal Koziołek. Gebückt laufend erreichten wir die Sträucher, die den Hof von der Dorfstraße trennten. Das Gewehr fiel mir ein. Der Kolben war schweißig von den Händen. Ich lud durch. Das Gerassel des Schlosses war so laut, daß es ein Echo hervorzurufen schien.

»Leise, du Hurensohn«, flüsterte Koziołek wütend und neigte sich nach vorn.

Ich hörte eine deutsche Stimme.

Im Bruchteil einer Sekunde erblickte ich durch die Lükke im Gesträuch etwa zehn Meter von mir einen Kopf mit grauem Käppi.

Dann konnte ich die blitzschnell aufeinanderfolgenden Ereignisse nicht mehr registrieren.

Ich glaube, Koziołek sprang aus den Büschen und schrie:

»Hände hoch!«

Diesen Befehl wiederholten mehrere andere Stimmen in verschiedenen Tonlagen. Bevor die verdutzten Deutschen sich rühren konnten, hatten ihnen die Jungs schon die Waffen aus den Händen gerissen. Als ich aus den Büschen kroch (wieder als letzter), tastete Wiktor die Taschen der Deutschen ab. Sie standen mit erhobenen Händen, als wollten sie die Windrichtung prüfen. Ihre Augen drückten grenzenlose Bestürzung und Angst aus.

Korporal Koziołek mit herabfallenden Hosenträgern und der schußbereiten Empi stand in der Mitte des Weges. Der Rest der Jungen, ein halbnacktes Dutzend zerlumpter Kerle, umringte die Gefangenen. Ihre Hände zitterten. Ich wollte etwas sagen.

»Wo sind ihre Waffen?« fragte ich.

Niemand antwortete. Nur schweres, beschleunigtes Atmen. Da entdeckte ich zwei Mauser in den Händen von Fink und Amsel. Die Deutschen waren zu zweit.

Wiktor zog aus den Taschen der Deutschen der Reihe

nach: Zigarettenpäckchen, ein Bündel Briefe, Brieftaschen mit Ausweisen, Taschenmesser und irgendwelche Kleinigkeiten, die ich nicht sehen konnte. Danach schnallte er ihnen das Koppelzeug mit den Munitionstaschen ab.

»Mehr haben sie nicht, Herr Korporal«, meldete er.

Korporal Koziołek zog die Hosenträger zurecht und dachte eine Weile nach. Mit fast schon ruhiger Stimme sagte er:

»Führt sie in die Kate.«

Wiktor wies mit dem Lauf des Mausers auf die Tür der Kate:

»Marsch!«

Die Gefangenen verstanden nichts, drehten sich auf der Stelle um und gingen rückwärts in der gezeigten Richtung. Die Hände hielten sie unsicher immer noch über den Köpfen. Wiktor stieß den linken mit dem Lauf gegen die Brust:

»Schnell!«

In der Kate war es fast dunkel, als wir aus dem sonnigen Hof eintraten. Die Gefangenen setzten sich auf das Stroh in der Ecke. Langsam ließen sie die Arme herunter und sahen unruhig auf den sie umgebenden Kreis. Durchs Fenster sah ich, wie Koziołek ins Quatier des Kommandanten lief. Es war unerträglich still.

»Amsel, warum hast du die Wache verlassen?« fragte ich, um das Schweigen zu unterbrechen, und erschrak selber über meine Stimme.

Die Gefangenen blickten mich ängstlich an. Es tat mir leid. Amsel ging auf seinen Posten zurück. Die Bäuerin mit Kindern am Ofen zitterte.

Als der Kommandant mit dem Korporal kam, beruhigten wir uns fast ganz. Wiktor versuchte sogar zu scherzen:

»Fink, ich rieche, daß du erschrocken bist.« Und er zog mit der Nase. Aber niemand lachte.

Der Kommandant betrachtete die Gefangenen und ließ sich ihre Papiere geben. Ich näherte mich hilfsbereit, obwohl ich überhaupt nicht deutsch konnte.

Der Kommandant drehte in der Hand ein kleines grünes

Heft, auf dem mit gotischer Schrift geschrieben stand: Soldbuch. Dann öffnete er es und las:

»Erich Knothke.«

Das Stroh raschelte. Einer der Gefangenen rührte sich. Der Kommandant übersetzte mit Mühe die Eintragungen im Soldbuch. Obergefreiter, geboren 1925, Schüler des Konservatoriums. Der andere war Unteroffizier und von Beruf Schneider. Die Soldbücher rochen nach Schweiß und nach Kommißtuch. Auf den Scheiben summten Fliegen. In der Ecke seufzten die Gefangenen.

Langsam kehrten wir zu den normalen Beschäftigungen zurück. Wiktor und Fink gingen auf den Hof, Signal blieb bei den Gefangenen. Als Bewachung. Korporal Koziołek legte sogar die Empi auf die Bank.

Im Weggehen sagte der Kommandant:

»Paßt gut auf sie auf.«

Und weiter nichts.

Korporal Koziołek musterte die Gefangenen lange. Schließlich stand er auf, ging zu ihnen und gab ihnen zu verstehen, daß sie sich ausziehen sollten. Sie blinzelten mit den Augen zum Zeichen, daß sie nicht verstanden. »Schnell«, nötigte sie Koziołek. Da schluchzte der Jüngere plötzlich los. Sie streckten ihre Hände aus und flehten um etwas. Sie dachten, nun käme die Exekution. Korporal Koziołek versuchte, ihnen klarzumachen, halb deutsch, halb polnisch, ein wenig in der Zeichensprache, daß er nur die Kleider austauschen will, weil seine Soldaten abgerissen sind. Sie verstanden. Rasch zogen sie sich die Uniformen vom Leib. Dabei erklärten sie fieberhaft etwas. Offenbar brachten sie ihre Bereitschaft zum Ausdruck, alles hinzugeben, wenn man sie nur leben ließe.

Als wir uns später auf dem Hof versammelten – die Gefangenen blieben in zerrissenen Lumpen in der Stube unter Bewachung – tauchte Koziołek, trotz der Hitze, in der Uniform des Unteroffiziers auf. Er war fast etwas stolz.

Wir fühlten übrigens alle eine gewisse Freude. Und etwas Unruhe. Es waren ja die ersten Gefangenen. Wir freuten uns. Aber ich platzte wie immer dumm heraus:

»Herr Korporal, und was machen wir mit ihnen? Gegen Abend lassen wir sie wohl laufen, was?«

Korporal Koziołek lachte laut. Mehrere Stimmen begleiteten ihn. Eine Weile betrachtete er die Tressen auf den Schulterklappen seiner neuen ehemals deutschen Uniform und sagte plötzlich, fast mit gelangweilter Stimme.

»Was wir machen? Klar – abknallen.«

Ich fühlte, wie mir die Hand erstarb. Ich drehte mich auf die andere Seite. Irgendwo musizierten Heimchen. Die Gefangenen taten mir leid. Ich war immer schon sentimental.

»Paff, und das Köpfchen spritzt auseinander«, schnalzte Wiktor mit den Fingern und lachte peinlich. Ich hatte Angst vor ihm. Über den Hof schritt der rotfüßige Hahn. Die Mittagszeit nahte.

Das Mittagessen aßen wir im Hof. Ich war froh darüber. Ich konnte den Anblick der gebeugten Gestalten der Gefangenen nicht ertragen. Es fügte sich auch glücklich, daß man mich nicht zu ihrer Bewachung bestimmt hatte. Die Sonne brannte auf unsere Rücken. Korporal Koziołek, immer noch in Uniform, wischte pralle Schweißtropfen von der Stirn. Der Hund lag wie tot vor der Bude. »Wann legt man sie um?«, fragte ich mich und sah in das dunkle Loch des Fensters. Am Horizont tauchten erste Wolken auf. Die Suppe war unwahrscheinlich heiß. Das Gespräch schleppte sich träge. Danach lagen wir im Gras.

Nach den letzten Ereignissen würde das durch Koziołek angekündigte Exerzieren wohl doch nicht stattfinden. Die Hühner bewegten lächerlich kantig ihre Köpfe. Ich spürte Unruhe vor dem Abend.

Korporal Koziołek drehte sich faul von einer Seite auf die andere und sagte ruhig, wie beiläufig, als wäre es ihm soeben eingefallen:

»Du, Dorftrottel, gib den Gefangenen etwas zu fressen.«

Ich rührte mich bewußt langsam, um nicht übermäßige Bereitschaft zu zeigen, sonst könnte es sich der Korporal noch anders überlegen. Ohne Eile blieb ich vor dem Hund stehen und kratzte ihn an der knochigen Seite. Er keuchte flink und sah mich mit seinen eiternden Augen an. Während ich ins Haus ging, spürte ich den Blick der Jungen auf mir ruhen. Ich strengte mich an mitzubekommen, ob sie etwas sagten. Aber sie schwiegen.

In der Stube war es fast kalt. Die Gefangenen hockten reglos auf ihren Plätzen. Der Posten spielte mit der Sicherung der Schnellfeuerpistole. Ich sah nicht in ihre Richtung. Ich nahm Teller mit Suppe von der Bäuerin und stellte sie vor die Gefangenen hin. Danach holte ich Brot. Die Gefangenen regten sich. Der jüngere, der vom Konservatorium, fing an zu jammern. Er hatte feuchte Augen, aber ich verstand kein Wort. Ich erriet, daß er sich fürchtete. Ich blickte zum Fenster. Die Gardinen wogten im leichten Wind.

»Nicht Tod«, log ich. »Essen, und dann nach Hause.« Ich zeigte auf das helle Viereck der Tür.

Sie blickten ungläubig. Ich lächelte noch einmal.

»Essen.«

Sie glaubten. Der jüngere sagte noch etwas, aber er war bereits ruhiger. Und dann streckte er die weißen, knochigen Hände nach dem Teller aus. Sie aßen leise. Der jüngere schluchzte, und der Unteroffizier schmatzte zuweilen.

Geräuschlos, um die Aufmerksamkeit der Gefangenen nicht auf mich zu lenken und ihren Blick zu meiden, entschlüpfte ich nach draußen. Es war still. Der Schatten der Wolke glitt über das reife Getreide und berührte lautlos die Linde.

Ich legte mich ins Gras neben die Kameraden; wir lagen lange, die Zeit an den schmalen Schatten der Wolken messend.

Der Tag war ungewöhnlich heiß, aber er ging zum Glück zu Ende. Scharen von Krähen versammelten sich überm Wald, berieten laut und zerflossen im farblosen Himmel. Danach sammelten sie sich wieder, und ihr Schrei übertönte unseren schweren Atem.

Korporal Koziołek saß auf der Schwelle und manipulierte schamlos mit der rechten Hand am Busen der Magd. Manchmal lachte er und blickte sofort zur Mannschaft, die im Gras ausgestreckt lag, ob jemand seine Werbung sähe. Aber die Jungen schliefen. Ich war irgendwie unruhig. Ich fürchtete den Abend.

Am Zaun hielt Wiktor Wache.

Auf einmal hörte ich Schritte. Ich hob den Kopf. Der Kommandant kam aus seinem Quartier zu uns. Über den gebeugten Rücken hatte er die Jacke geworfen.

Ich stand rasch auf. Die aus dem Schlummer gerissenen Jungen hoben die Köpfe. Die Magd verschwand von der Schwelle in die Dunkelheit der Kate. Korporal Koziołek ging ihm entgegen.

»Was ist mit den Gefangenen?« fragte der Kommandant.

»Sie sitzen still, Herr Kommandant«, antwortete Koziołek. »Das Mittagessen haben sie bekommen.« Der Kommandant blieb nachdenklich stehen Wir bildeten einen Kreis um ihn. Meine Hände fingen an zu zittern. Der Kommandant glättete seine Haare.

»Koziołek, Ihre Gruppe wird am Abend die Gefangenen erschießen«, sagte er nachdrücklich, aber ruhig. Mir wurde heiß. Korporal Koziołek trat von einem Bein auf das andere und schluckte den Speichel hinunter.

»Jawohl«, sagte er leise und farblos.

Der Kommandant richtete sich auf und befahl laut, als wäre es eine Herausforderung.

»Es wird ausgelost. Zwei, die das Los ziehen, werden heute abend während des Marsches die Deutschen erschießen!«

Wir schwiegen.

Die Krähen krähten entsetzlich am vergilbenden Himmel.

»Na, Koziołek, los, anfangen!« Der Kommandant wurde ungeduldig.

Koziołek rührte sich. Nach einer Weile nahm er Haltung an:

»Jawohl.«

Er ging langsam auf die Kate zu. Wir ihm nach. Der Kommandant stand gerade in der Hofmitte. Von den Wiesen wehte Feuchtigkeit. Ich zitterte.

Wir hielten vor der Kate. Der Korporal trat ein. Man hörte seine Schritte und das Stroh rascheln. Bald kam er heraus mit einem Blatt Papier. Irgendwo brüllten die Kühe.

Korporal Koziołek fragte den Kommandanten auf der Seite:

»Soll ich für mich auch ein Los...?«

»Ja.«

Koziołek zerriß langsam das Blatt in dreizehn Streifen. Ich lehnte mich an den Türrahmen. Dann feuchtete er die Spitze eines Kopierstiftes an und zeichnete auf zwei Streifen zwei krumme Kreuze. Es war ganz still. Der Kommandant stand mit geschlossenen Augen reglos da.

Der Korporal rollte die Papierstreifen zusammen und schüttete sie in seine speckige Viereckmütze. Danach mischte er sie mit den Fingern. Wir traten alle an den Kommandanten heran.

Fink zog als erster. Als er das Papier auseinanderwickelte und darauf sah, wurden seine Augen starr. Wir fragten nicht nach dem Ergebnis. Danach tauchten die Hände der Reihe nach in die Mütze und zogen weiße Fetzen linierten Papiers aus einem Schulheft.

Ich stellte mich außerhalb des Kreises und rechnete damit, daß jemand vor mir das fatale Los ziehen würde. Aber ich hielt es nicht aus auf der Stelle. In der Magengrube fühlte ich den mir aus der Schule wohlbekannten Druck. Es zogen der Reihe nach: Wiktor, Amsel, Pflugschar, Knopf, Schnecke, Antek, Signal. Danach kam der Graue dran. Ich hielt den Atem an. Aber auch er warf ein leeres Stück Papier auf den Boden. Ich wandte mich zum Zaun um. Meine Hände zitterten. Jetzt mußte Korporal Koziołek ziehen und einen Zettel mit dem ungeschickten Kreuz erwischen.

Aber ich hörte die nervöse Stimme Koziołeks:

»Wer zum Donnerwetter hat noch nicht gezogen?«

Ich begriff, daß meine Sache verspielt war. Er rechnete mit demselben wie ich.

Ich kam dran. Die Kameraden traten schweigend auseinander. Der Kommandant blickte unruhig und gehässig. Als ich in die Mütze griff, merkte ich, daß die Lippen des Korporals Koziołek zitterten. Doch vielleicht schien es mir nur so? Laut, sehr laut tickte die Uhr des Korporals Koziołek in der Stille.

Ich wickelte den Zettel aus. Eine heiße Welle überflutete mich. Der Zettel hatte ein Kreuz. Ich versuchte zu lächeln.

Koziołek fragte unruhig:

»Na, dann brauche ich wohl nicht mehr zu ziehen?«

Der Kommandant nickte.

»Nut, nut, nut, nut, nut«, rief die Bäuerin die Ferkel. Der Hund vor der Hütte bellte.

Der Kommandant sagte, ohne uns anzusehen:

»Fink und Dorftrottel führen also die Exekution durch. Fink aus der Empi des Korporals und Dorftrottel aus meinem Parabellum. Den Rest klärt der Korporal während des Marsches.«

Und er entfernte sich langsam ins Quartier. Wir salutierten.

Dann knüpfte sich allmählich ein normales Gespräch an. Vielleicht sogar lebhafter als gewöhnlich. Alle, mit Ausnahme von Fink und mir, freuten sich. Der Korporal setzte sich wieder auf die Schwelle.

Ich brachte meine Gedanken nicht zusammen. Ich legte mich ins Gras, lauschte auf den Pulsschlag der Schläfe. Das brachte Erleichterung. Ich vermied den Blick nach der Kate. Mir war heiß, obgleich sich die Sonne bereits auf den Wald senkte.

Ich lag sehr lange und strengte mich die ganze Zeit an, nichts zu denken. Mein Blick wanderte immer woanders hin. Ich wollte mich auf etwas Belangloses konzentrieren, das mich abgelenkt hätte von dem dunklen Rechteck des Fensters, das uns mit den Gefangenen verband. Trotzdem schlich die Zeit langsam dahin. Die vergilbte Sonne schwellte an und errötete vor dem Sprung hinter den schwarzen Horizont. Ich erfand noch andere Metaphern, Bilder für den Sonnenuntergang. Aber mein Blick stahl sich unentwegt wie ein Dieb an die Kate heran. Ich schwitzte. Ich weiß nicht, ob ich Mitleid mit den Gefangenen empfand. Ich hatte nur Angst, Leben zu unterbrechen. Wir schätzten das Leben.

Danach kehrten die Kühe heim, früher als sonst, weil die Einheit vor dem Abmarsch Milch bekommen sollte. Die scheckigen Kühe mit hängenden Eutern sahen mich höhnisch mit den Augen des Kommandanten an.

Die Kameraden hörten sich seelenruhig Wiktors Witze an. Die Sache mit den Gefangenen hatten sie mir und Fink überlassen. Ich bekam Durst. Ich ging um das Haus herum auf der Suche nach einem Eimer. Ins Haus ging ich nicht. Aus den Himbeersträuchern kam Rascheln und Gekreisch. Korporal Koziołek war stramm dabei, die Magd zu vergewaltigen. Ich ging hinab zum Ziehbrunnen. Der Ziehbrunnen quietschte entsetzlich. Ich beugte mich über den Schacht und erblickte ein fast kindliches Gesicht, das die Wasserfalten zu einer Lachgrimasse verzerrten. Ich wandte mich um und kehrte, ohne getrunken zu haben, zurück auf den Hof. Die Sonne berührte die Silhouette des Waldes. Der Schrei der Kraniche drang aus dem Sumpf.

Eine Stunde nach Sonnenuntergang kam der Verbindungsmann des Kommandanten. In fünfzehn Minuten marschieren wir ab. Wir sammelten unser Gerät. Ich warf mir den Munitionsgurt über die Schulter und legte den Brotbeutel mit den Trommeln für die Feuerspritze an. Das Gewehr war sonderbar schwer. Wir führten die Gefangenen hinaus. Ihre Blicke fuhren über den Himmel, der in der einbrechenden Dunkelheit hell war; sie waren unruhig. Ich und Amsel bewachten sie. Sie gaben uns fragende Zeichen, ob sie schon gehen dürften. Ich schüttelte den Kopf. Sie ahnten was. Der Jüngere weinte auf einmal bitterlich los. Der Unteroffizier schwieg. Der Junge bat, austreten zu dürfen. Ich schüttelte den Kopf. Ich gab Zeichen, er sollte es an Ort und Stelle tun. Vor dem Lauf des Mauser ließ er die Hose herunter und begann, sich auszuleeren. Ich wandte den Kopf vor dem Gestank. Nicht einmal das Recht zur Scham hatte er.

Danach gingen wir vor das Quartier des Kommandanten. Dort standen die beiden anderen Gruppen schon bereit. Sie blickten die abgerissenen Gefangenen mit nackten Köpfen neugierig an. Korporal Koziołek in der Uniform, von der die Unteroffizierszeichen frisch abgetrennt waren, gab acht auf die Ordnung. Es wurde kühl.

Ich hielt mich weit von den Gefangenen entfernt. Der Kommandant kam aus dem Quartier heraus und verschwand an der Spitze der Kolonne. Wir zogen ab. Langes Gekläff der Hunde begleitete uns, ihm antwortete fernes Bellen anderer Hunde. Der Himmel verfinsterte sich und die ersten Sterne blinkten. Dann schwamm Orion heraus, der uns in dieser Nacht führen sollte. Der Bär, unser gestriger Kompaß, blieb seitlich zurück. Wir kamen auf einen Sandweg, den ein Wald umgab. In meinem Brotbeutel sang rhythmisch die Munition in den Trommeln.

Als Schwärme von Sternen den Himmel bevölkerten, was ungefähr die Stunde vor Mitternacht anzeigte, ging der Befehl nach vorn: Spitze halt! Die Kolonne hielt. Das Herz krampfte sich mir zusammen. Ich wußte: nun ist es soweit. Aber ich rührte mich nicht von der Stelle, als hoffte ich, man würde meine Anwesenheit nicht bemerken und ohne mich zurechtkommen. Aber schon hörte man die gedämpfte Stimme des Korporals Koziołek:

»Wo ist Dorftrottel? Dorftrottel, Dorftrottel!«

Ich bewegte mich.

»Hier«, flüsterte ich und dämpfte mit der Hand die schaukelnde Munition im Brotbeutel. Ich trat vor zum Korporal. Er suchte meine Hand und gab mir das Parabellum. Im schwachen Licht der Sterne bemerkte ich, daß der Milchbart in seinem Lausbubengesicht zitterte. Das Gewicht des Augenblicks entsetzte mich.

»Nimm schon!« flüsterte er unsicher.

Er ging, kam aber gleich wieder. Er sagte nichts, winkte nur mit der Hand ab, drehte sich um und brummte:

»Schon durchgeladen.«

Ich schob mich an die Kolonne heran. Die kahlen Köpfe der Gefangenen erkannte ich sofort. Fink war auch schon da. Ich sagte zu ihm: »Ich nehm' den Musiker.«

Er antwortete nichts. Irgendwo in der Nähe tickte aufdringlich die Uhr des Korporals Koziołek.

Ich zerrte den jüngeren Gefangenen am Ärmel. Er begriff. Er kniete weinend hin und faßte mich an den Händen. Ich stieß ihn zurück.

»Zum Kommandanten«, erklärte ich.

Er glaubte mir nicht.

»Zum Kommandanten«, wiederholte ich und zog ihn hoch. Das Parabellum versteckte ich hinter meinem Rükken und entsicherte es geräuschlos.

Ich ließ ihn vorausgehen, wir kamen zwischen Bäume. Er schluchzte die ganze Zeit. Ich hatte Angst vor ihm, obwohl er wehrlos war und bald nicht mehr leben sollte. Ich hob das Parabellum hoch. In diesem Augenblick drehte sich der Gefangene um und blickte in den Pistolenlauf. Er ging zurück und schrie: »aaaa...«, und ich drückte ohne zu zielen auf den Abzug. Der Feuerstrahl berührte seine Stirn. Im Bruchteil einer Sekunde blitzten seine weißen spöttischen Zähne. Dann verschwand die Schädeldecke, und der Rumpf schaukelte und stürzte zu Boden wie ein der Luft beraubter Ballon. Als ich zurückging, fühlte ich das elastische Moos unter den Füßen. Eine kurze Empisalve ballerte. Es war Fink. Als ich die Kolonne erreichte, kicherte ein verscheuchtes Käuzchen. Ich duckte mich entsetzt und stürzte rasch in die Kolonne. Das Gewehr warf ich über die Schulter. Niemand kam, das Parabellum abzuholen. Ich gab es durch die Kameraden nach vorn.

Die Frage fiel: »Alles in Ordnung?«

Wir schwiegen. Dann antwortete irgend jemand böse:

»In Ordnung.«

Wir zogen los. Ich fühlte eine komplette Leere in mir, fühlte mich wie der Leichnam, der dort im Moos liegengeblieben ist. Ich lachte nervös. Jemand nahm mir das Gewehr ab. Eine Stimme sagte: »Himmel, Arsch und Zwirn.«

Von der Seite sah ich, wie jemand sich eilig den Rock vom Leibe riß. Deutsche Metallknöpfe blinkten, und die Uniform flog hinter uns auf den Weg. Der Schatten im weißen Hemd schloß sich der Kolonne an. Hinter uns auf dem Weg blieb ein unförmiger Fleck: die weggeworfene Uniform des Unteroffiziers.

Der poetische Orion führte uns unentwegt vorwärts, während die wachen Heuschrecken zirpten.

Konstantin Fedin

Der Junge aus Semljowo

Im Haus der Roten Armee in Moskau fand ein literarischer Abend statt. Vom Tisch her, an dem ich saß, ließ ich meine Blicke aufmerksam über die Reihen der Zuhörer schweifen, die in dem feierlichen, altmodischen Saal langsam still wurden. Die Reihen zogen sich weit hin, und die Gesichter, die auf den vorderen Plätzen deutlich zu erkennen waren, verschwammen zum Ende des Saales hin zu leichten Streifen, die gelblich waren vom Licht und ein wenig unklar. Das Auditorium setzte sich aus Kommandeuren zusammen, die von der Front gekommen waren. Ihre Blicke schienen bemüht, nicht die Bitterkeit zu verraten, von der das ganze Volk im Krieg erfüllt war.

Plötzlich sah ich in der zweiten Reihe mitten unter den rauhen und erwachsenen Menschen ein Kindergesicht, das durch die Zartheit seiner Farben und das Leuchten der großen Augen auffiel.

Es war ein Junge in Uniform, der seinen mageren Hals aus dem zu weiten Kragen mit den Sergeantenspiegeln herausstreckte. Er war recht klein von Wuchs und reckte sich, um alles besser sehen zu können. Jeder Zug seines Gesichtes verriet Neugierde. Alles, was im Publikum vorging, das geschah mit ihm in verstärktem Ausmaß: hatte der ganze Saal gelacht und war wieder ernst geworden, so zuckte noch lange ein verstecktes Lächeln kindlichen Vergnügens um seinen schmalen Mund.

»Sieh mal«, sagte ich zu meinem Freund. Sieh mal zur zweiten Reihe, was für ein Krieger dort sitzt.«

Und wir schauten nun unverwandt den Jungen an, wunderten uns über seine Anwesenheit hier, über sein friedliches Aussehen im kriegerischen Gewand, über seine so zierliche, erstaunlich lebendige Figur.

Ungefähr zehn Minuten später wurde mir aus dem Publikum ein sorgfältig zusammengefaltetes Zettelchen übergeben:

»Der Junge, auf den Sie wiesen, hat an vielen Kämpfen von Partisanenabteilungen und regulären Truppenverbänden teilgenommen. Er ist zweimal für eine Staatsauszeichnung vorgeschlagen worden, er hat zehn Gefangene eingebracht.«

Wir überflogen diese Zeilen einige Male, drehten den Zettel in den Händen hin und her und blickten einander zweifelnd an.

»Man muß mit ihm reden«, sagte ich.

Und kaum war die Veranstaltung zu Ende, baten wir darum, den Jungen im Publikum ausfindig zu machen und zu uns zu bringen.

Wir brauchten in dem an den Saal angrenzenden Zimmer nicht lange zu warten. Bald ertönte ein lautes, deutliches Pochen, und die schwere Tür öffnete sich unvermutet leicht. Herein trat ein breitschultriger, hochgewachsener Leutnant mit auffallend großen Händen, der laut die Hacken zusammenschlug, strammstand, was ihn noch größer erscheinen ließ, und fragte:

»Gestatten Sie, hereinzuführen?«

Im ersten Augenblick begriffen wir nicht ganz, wer hereingeführt werden sollte. Aber der Leutnant hatte sich an uns gewandt, und so sagten wir: »Bitte!«

Beim Wegtreten ließ er die Tür ein wenig offen, und an seiner Stelle erschien im schmalen Spalt sofort der Junge in Uniform.

Ebenso wie der Leutnant schlug auch er die Hacken zusammen, stand stramm und sah uns der Reihe nach in die Augen.

Neugierde übertrumpfte jeden anderen Ausdruck seines feinen, zum Kinn hin spitz zulaufenden Gesichtes. Wir schienen ihm der aufmerksamsten Betrachtung wert, und er glich einem Jäger, der zum erstenmal auf der Lauer liegt, um ein sehr seltenes Wild hinter den Büschen hervortreten zu sehen. Ich dachte, gewiß wird er als erster eine Frage an uns stellen: seine Lippen zuckten und wollten die bereits fertigen Worte loslassen. Aber die Disziplin war stärker als die Neugierde, und standhaft wartete er ab, wann man ihn fragen werde.

»Schon lange in der Armee?« fragte mein Kollege.

»Seit der Schnee weg ist.«

»Und im Winter?«

»War ich bei den Partisanen.«

»Wo denn?«

Schweigend wandte er sich nach dem hochgewachsenen Leutnant um und erwiderte, obschon er in dessen Miene volles Vertrauen und Freundlichkeit sah, ganz ernst:

»In den Wäldern.«

Wir lachten, und ich sagte:

»Etwa in den Wäldern um Smolensk?«

Er blickte wieder auf den Leutnant, lachte auch und nickte mit dem Kopf: »Um Smolensk.«

In seinem Lachen war noch so viel kindliche Anmut, daß ich die gleiche frische Bewegtheit verspürte, wie sie einen beim Betreten eines Kindergartens überkommt.

»Wie alt bist du denn?«

»Vierzehn, im fünfzehnten.«

»Oho! Du siehst aber zwei Jahre jünger aus.«

Er ließ diese kränkende Bemerkung unbeachtet, als habe er beschlossen, geduldig ein interessanteres Gespräch abzuwarten.

»Woher stammst du denn?«

»Aus Semljowo.«

»Ach, sieh an! Das kenne ich, ich kenne Semljowo: zu beiden Seiten der Eisenbahn das Dorf und der Bahnhof, und in nächster Nähe die Wälder.«

»Ganz nah ist der Wald, nur ein Katzensprung«, fiel der Junge schnell ein und gab sich ganz in einem strahlenden kindlichen Lächeln preis, blinzelte hintereinander und hob sein spitzes Näschen.

Da sah ich, fast zum Greifen deutlich, diesen Jungen inmitten seiner heimatlichen Wälder, sah ihn, wie er dort vor ein, zwei Jahren war, wie er in diesem oder jenem Augenblick dort auf den fröhlichen, schattigen Smolensker Hügeln wohl gewesen sein mochte. Ich sah ihn zerzaust, ohne Mütze, mit Augen, versunken in stilles Sinnen und wie ein Herbstbach klar, mit einem blauen Äderchen auf der Schläfe und tiefem Schatten über der Oberlippe. Da steht er unbeweglich, den Kopf ein wenig geneigt, als lausche er mit halbem Ohr, wie ein schwerer Tannenzweig nach dem Absprung eines golden-zwiebelfarbigen Eichhörnchens schaukelt. Er sieht, wie das Eichhörnchen einen vorjährigen Tannenzapfen abgerissen hat, ihn abschuppt und zornig leer auf den Boden wirft. Er hört dem Flöten des hoch oben in Espenwipfeln versteckten zitronenfarbenen Pirols zu, der das Rieseln des Bächleins, das von unten aus dem Stumpf am Fuße des Hügels emporquillt, gleichsam nachäfft. Er bleibt bei einer schlanken, hellen Birke stehen, die sich wie ein Faden hoch ins Blau zieht, und auch er strebt, in seinem Sinnen gebannt, hoch hinauf, schweigend vereint mit dem ewigen Leben der heimatlichen Natur. Wer weiß, ob nicht dieser Junge ein Dichter wird, ein russischer Dichter, wie ihn uns die Smolensker Erde in manch einem glücklichen Jahrzehnt schenkt!

Auf dem Gesicht des Jungen vor mir lag jetzt der Widerschein der jähen Erinnerung an das Stück Erde, das ihm teuer war, an die Heimat, mit der der Mensch nur einmal im Leben beschenkt wird und die er dann auf immer wie Vater und Mutter im Herzen trägt.

»Wo ist denn dein Vater?« fragte ich.

»In der Roten Armee.«

»Und deine Mutter?«

»Meine Mutter? Ich weiß nicht. Man hat gesagt, sie ist in die Wälder gegangen.«

»Und was erzählt man von dir, du sollst von den Deutschen Gefangene eingebracht haben?«

»Das hab ich.«

»Als du Partisan warst oder bei der Armee?«

»Bei den Partisanen und bei der Armee.«

»Wie viele denn im ganzen?«

»Im ganzen zehn.«

»Zehn Deutsche? Sieh mal einer an! Hast du sie einzeln eingebracht oder wie?«

Der Junge wandte sich wieder lächelnd nach dem Leutnant um, aber jetzt war sein Lächeln zerstreut: man sah, es war nicht das erstemal, daß man ihn in dieser Angelegenheit ausfragte.

»Je nachdem«, antwortete er gedehnt, »bald einzeln, bald zu zweien.«

»Wie, du hast auch zwei auf einmal eingebracht? Nun, erzähl mal, wie das war.«

Er nahm unsere Verwunderung für die Unfähigkeit von Erwachsenen, die einfachsten Dinge, die für Kinder selbstverständlich sind, zu begreifen, und sagte in dem aufrichtigen Wunsch, uns zu helfen, lebhaft:

»Die Deutschen gehen doch meistens betrunken auf Spähdienst.«

»Betrunken?«

»Sie trinken sich Mut an und ziehen dann los. Einmal hatte ich mich im Tannendickicht versteckt, liege dort still. Da kommen sie vom Spähdienst den Weg entlang.

»Wie viele denn?«

»Zwei. Ich sehe, sie sind betrunken.«

»Wieso, schwanken sie?«

»Na ja doch, sie sind auf Skiern, die Beine rutschen weg, sie fallen und lachen laut. Bis zum Dorf, in dem sie stationiert waren, war es nicht mehr weit. Ich ließ sie vorbei, aber dann schrie ich vielleicht aus dem Tannendickicht! Und schoß! Sie – pardauz – überschlagen sich. Und können nicht mehr hoch, die Skier sind auseinandergefahren. Da griff ich sie.«

»Ja, aber wie denn? Du warst allein, sie aber waren zu zweien.«

»Ich rannte hin, feuerte dem einen in den Arm, schlug dem andern mit dem Revolver über den Schädel und entwaffnete sie. Die Hände band ich ihnen auf dem Rükken zusammen, und dann kam unser Spähtrupp, gerade zur rechten Zeit. Sie wurden abgeführt...«

Er wartete ein wenig und fügte dann hinzu:

»Dann hab ich noch einmal zwei gegriffen, aber da wollte der eine nicht mitkommen. Er leistete Widerstand – es war nichts zu machen.«

»Und was dann?«

»Nichts. Ich schoß ihn nieder, der andere kam mit.«

Sein fröhlich gewordenes Gesicht sagte: ›Sehen Sie, alles ist sehr einfach, und Sie wundern sich!‹ Und tatsächlich schien alles so einfach, daß es wirklich nichts mehr zu erkunden gab und wir den Jungen schweigend ansahen.

Da fragte er mit wiederauflodernder Neugierde schnell:

»Sie haben doch heute eine Erzählung gelesen, ist die wahr, oder haben Sie sie erfunden.«

»Warum erfinden?« antwortete ich. »Die Wahrheit ist interessanter als alles Erfundene.«

»A-ach, was Sie nicht sagen!« entgegnete er zögernd und voller Mißtrauen.

»Gestatten Sie?« sagte der hochgewachsene Leutnant und trat höflich einen halben Schritt vor. »Es wird Zeit für uns.«

»Sind Sie denn sein Aufpasser?« fragte mein Freund, mit dem Kopf in Richtung des Jungen nickend.

»An den Abenden«, sagte der Leutnant. »Er ist nämlich das erstemal hier in Moskau, wer weiß: er könnte sich verlaufen, und dann der Straßenverkehr...«

Beide, der Große und der Kleine, machten eine geräuschvolle militärische Kehrtwendung und gingen...

Konstantin Simonow

Der dritte Adjutant

Der Kommissar war fest davon überzeugt, daß die Mutigen seltener fallen als Feiglinge. Er wiederholte das gern und ärgerte sich, wenn man ihm widersprach.

In der Division war er beliebt und gefürchtet. Er hatte seine besondere Art, die Leute an den Krieg zu gewöhnen. Er erfuhr, was er von einem zu halten hatte, unterwegs. Er holte ihn im Divisionsstab, im Regiment ab und nahm ihn, ohne ihn auch nur einen Schritt von seiner Seite zu lassen, den ganzen Tag überallhin mit, wo er gerade sein mußte.

Wenn angegriffen werden sollte, nahm er diesen Menschen mit in den Kampf und hielt sich neben ihm.

Bestand der Betreffende die Prüfung, dann machte sich der Kommissar am Abend noch einmal mit ihm bekannt.

»Wie war der Name?« fragte er jäh mit seiner abgehackten Stimme.

Der verwunderte Kommandeur nannte seinen Namen.

»Und ich heiße Kornew. Wir waren zusammen unterwegs und haben nebeneinander auf dem Bauch gelegen, jetzt wollen wir uns bekannt machen.«

Gleich in der ersten Woche nach der Ankunft in der Division verlor er zwei Adjutanten.

Der erste bekam Angst und verließ den Schützengraben, um zurückzukriechen. Ein Maschinengewehr mähte ihn nieder.

Abends, als er in den Stab zurückkehrte, ging der Kommissar gleichgültig an dem toten Adjutanten vorüber, ohne sich auch nur nach ihm umzusehen.

Der zweite Adjutant erhielt beim Angriff einen Brustdurchschuß. Er lag in dem zurückeroberten Schützengraben auf dem Rücken, mit weitaufgerissenem Mund nach Luft ringend, und bat um Wasser. Wasser gab es nicht. Vor ihnen, jenseits der Brustwehr, lagen die Leichen der Deutschen. Neben einem von ihnen eine Feldflasche.

Der Kommissar zog den Feldstecher hervor und sah lange hindurch, als wolle er feststellen, ob die Flasche leer oder voll sei.

Dann schob er den behäbigen, nicht mehr jungen Körper schwerfällig über die Brustwehr und ging mit seinem gewohnten gemächlichen Gang über das Feld.

Seltsamerweise schossen die Deutschen nicht. Sie begannen erst zu schießen, als er die Feldflasche erreicht hatte, sie aufhob, schüttelte und sich, die Flasche unter den Arm geklemmt, umwandte.

Sie schossen hinter ihm her. Zwei Kugeln trafen die Feldflasche. Er verschloß die Löcher mit den Fingern und ging weiter, die Feldflasche in den ausgestreckten Händen.

Nachdem er in den Graben gesprungen war, reichte er sie vorsichtig, um nichts zu vergießen, einem Soldaten.

»Gebt ihm zu trinken!«

»Und wenn Sie nun hingekommen wären, und die Flasche war leer?« fragte jemand neugierig.

»Dann wäre ich zurückgekommen und hätte Sie nach einer vollen geschickt«, sagte der Kommissar und maß den Frager ärgerlich mit einem Blick.

Er machte häufig Dinge, die er als Divisionskommissar eigentlich gar nicht hätte tun müssen. Daß es aber nicht nötig gewesen war, fiel ihm erst später ein, wenn es bereits vorbei war.

Dann wurde er ärgerlich auf sich und auf die, die ihn an sein Verhalten erinnerten.

So war es auch jetzt. Nachdem er die Feldflasche gebracht hatte, trat er nicht mehr zu dem Adjutanten und hatte ihn scheinbar völlig vergessen.

Er beobachtete das Schlachtfeld.

Nach fünfzehn Minuten rief er plötzlich den Bataillonskommandeur.

»Haben Sie ihn ins Sanitätsbataillon geschafft?«

»Es geht nicht, Genosse Kommissar, wir müssen den Einbruch der Dunkelheit abwarten.«

»Bis Einbruch der Dunkelheit stirbt er.« Der Kommissar wandte sich ab, für ihn war das Gespräch beendet.

Fünf Minuten danach trugen zwei Rotarmisten, unter den Schüssen gebückt, den bewegungslosen Körper des Adjutanten zurück über das mit Erdhügeln bedeckte Feld.

Der Kommissar aber sah kaltblütig zu, wie sie gingen. Er maß die Gefahr für sich und für die anderen mit demselben Maß. Die Menschen sterben – dafür ist Krieg. Aber die Mutigen sterben seltener.

Die Rotarmisten gingen beherzt, sie fielen nicht und warfen sich nicht auf die Erde. Sie vergaßen nicht, daß sie einen Verwundeten trugen, und gerade deshalb war Kornew fest überzeugt, daß sie ihr Ziel erreichen würden.

Nachts, auf dem Weg zum Stab, fuhr er beim Sanitätsbataillon vorbei.

»Na, geht's ihm besser, haben Sie ihn gesund gemacht?« fragte er den Chirurgen.

Kornew schien, daß im Krieg alles gleich schnell gemacht werden kann und muß – eine Meldung überbringen, angreifen, Verwundete heilen.

Und als der Chirurg zu Kornew sagte, der Adjutant sei an dem Blutverlust gestorben, hob er verwundert den Blick.

»Begreifen Sie, was Sie da sagen?« fragte er leise, packte den Chirurgen am Koppel und zog ihn näher zu sich heran. »Die Leute haben ihn zwei Werst weit unter Beschuß getragen, damit er lebt, und Sie sagen – er ist tot. Wozu haben sie ihn dann getragen?«

Wie er selbst unter Beschuß nach Wasser gegangen war, verschwieg Kornew.

Der Chirurg zuckte die Achseln.

»Und dann«, fuhr der Kommissar fort, als er diese Bewegung bemerkte, »war das ein Bursche, der einfach durchkommen mußte. Ja, ja, er mußte«, wiederholte er ärgerlich. »Sie arbeiten schlecht.«

Und ohne Gruß ging er zum Wagen zurück.

Der Chirurg blickte ihm nach. Natürlich hatte der Kommissar unrecht. Logisch betrachtet, hatte er jetzt etwas

Dummes gesagt. Dennoch steckte in seinen Worten eine solche Kraft und Überzeugung, daß es dem Chirurgen für einen Augenblick schien, als dürfen die Mutigen tatsächlich nicht sterben, und daß, wenn sie dennoch sterben, hat er also schlecht gearbeitet.

»Unsinn!« sagte er laut und versuchte so, diesen seltsamen Gedanken von sich zu weisen.

Doch der Gedanke blieb haften, und dem Arzt war, als sähe er, wie zwei Rotarmisten den Verwundeten über das endlose hüglige Feld schleppten.

»Michail Lwowitsch«, sagte er jäh, als handle es sich um eine längst beschlossene Sache, an seinen Assistenten gewandt, der auf die Vortreppe getreten war, um zu rauchen. »Morgen früh müssen zwei Verbandstellen mit Ärzten noch weiter vorverlegt werden...«

Der Kommissar erreichte erst im Morgengrauen den Stab. Er war schlecht gelaunt und schickte die Leute, die er zu sich beordert hatte, heute besonders schnell fort, mit kurzen, zum Großteil geknurrten Anweisungen. Das war Absicht, und die Sache hatte einen Kniff. Der Kommissar mochte es, wenn die Leute verärgert von ihm gingen. Er war der Auffassung, daß der Mensch alles vermag. Er zürnte niemals jemandem, weil der etwas nicht gekonnt, sondern stets nur, weil er es gekonnt, aber nicht getan hatte. Hatte einer viel vollbracht, so machte der Kommissar ihm zum Vorwurf, daß er nicht noch mehr geleistet hatte. Wenn sich die Leute ein bißchen ärgern, denken sie besser nach. Er brach gern ein Gespräch kurz ab, so daß der andere nur das Wichtigste begriff. Gerade dadurch erreichte er, daß in der Disivion stets seine Anwesenheit zu spüren war. Sprach er mit jemandem eine Minute, legte er es darauf an, daß der andere bis zum nächsten Zusammentreffen etwas zum Nachdenken hatte.

Am Morgen erhielt er die Meldung mit den Verlusten vom Vortag. Beim Lesen mußte er unwillkürlich an den Chirurgen denken. Natürlich war es von ihm eine Taktlosigkeit gewesen, diesem alten erfahrenen Arzt zu sagen, daß er schlecht arbeitete, aber das tat nichts, das tat gar nichts, sollte er ruhig nachdenken, vielleicht wurde er böse und ließ sich irgend etwas Besseres einfallen. Er, Kornew, bedauerte, was er gesagt hatte, nicht. Traurig war nur, daß der Adjutant gestorben war. Aber der Kommissar gestattete sich nicht, lange darüber nachzudenken. Sonst hätte er sich in diesen Kriegsmonaten über zu viele grämen müssen. Er wird sich später daran erinnern, nach dem Krieg, wenn ein jäher Tod zu einem Unglück oder einer Zufälligkeit wird. Aber jetzt ist der Tod immer unerwartet. Einen anderen gibt es jetzt nicht, es wird Zeit, daß man sich daran gewöhnt. Dennoch war er traurig und sagte dem Stabschef besonders trocken, sein Adjutant sei gefallen und ein neuer müsse gefunden werden.

Der dritte Ajutant war ein hellblondes und blauäugiges Bürschchen, das geradewegs von der Schulbank an die Front geraten war.

Als er gleich am ersten Tag der Bekanntschaft neben dem Kommissar über das leicht gefrorene herbstliche Feld, auf dem immer wieder Wurfgranaten explodierten, zum Bataillon vorgehen mußte, blieb er keinen Schritt hinter dem Kommissar zurück. Er ging neben ihm her: Das war Pflicht der Adjutanten. Außerdem schien ihm dieser große schwerfällige Mensch mit seinem gemächlichen Gang unverwundbar. Ist man neben ihm, so kann einem nichts passieren.

Als die Wurfgranaten dann besonders häufig explodierten und klar war, daß die Deutschen auf sie Jagd machten, warfen sich der Kommissar und der Adjutant immer wieder auf die Erde.

Doch kaum hatten sie sich hingelegt, kaum hatte sich der Rauch der Explosion verzogen, da stand der Kommissar schon wieder auf und ging weiter.

»Vorwärts, vorwärts«, knurrte er. »Wir brauchen hier nicht zu warten.«

Fast unmittelbar vor den Gräben gerieten sie in eine Gabel. Die eine Wurfgranate explodierte vor, die andere dicht hinter ihnen.

Der Kommissar stand auf und schüttelte den Schmutz ab.

»Sehen Sie«, sagte er und wies im Gehen auf den kleinen

Trichter hinter ihnen. »Wären wir feige gewesen und hätten gewartet, so hätten sie uns todsicher erwischt. Man muß immer vorwärtsgehen, ohne zu zögern.«

»Wären wir aber schneller gegangen, dann...«, und der Adjutant deutete, ohne den Satz zu vollenden, mit dem Kopf auf den Trichter, der vor ihnen lag.

»Nichts dergleichen«, sagte der Kommissar, »sie haben doch hierher gezielt, das war ein Kurzschuß. Wenn wir schon dort gewesen wären, hätten sie dahin gezielt, und es wäre wieder ein Kurzschuß gewesen.«

Unwillkürlich lächelte der Adjutant, natürlich scherzte der Kommissar. Aber sein Gesicht war todernst, und er sprach voller Überzeugung. Da erfaßte den Adjutanten der Glaube an diesen Menschen, ein Glaube, der im Krieg blitzschnell erwacht und für immer bleibt. Die letzten hundert Schritte ging er Schulter an Schulter ganz dicht neben dem Kommissar.

Das war ihre erste Bekanntschaft.

Ein Monat verging. Bald überzog die südlichen Wege eine leichte Eiskruste, bald weichten sie wieder auf und wurden unpassierbar.

Irgendwo im Hinterland stellte man, laut Gerücht, Armeen für einen Gegenangriff auf, vorläufig aber führte die Division unter Verlusten blutige Verteidigungsgefechte.

Es war eine dunkle südliche Herbstnacht. Der Kommissar saß im Erdbunker und bemühte sich, seine schmutzbespritzten Stiefel auf dem Kanonenofen, nah am Feuer, zu trocknen.

Am Morgen war der Divisionskommandeur schwer verwundet worden. Der Stabschef legte seine mit einem schwarzen Tuch umwickelte verwundete Hand auf den Tisch und trommelte leise mit den Fingern auf die Platte. Daß er das konnte, bereitete ihm Vergnügen, die Finger begannen ihm wieder zu gehorchen.

»Na gut, Sie Dickschädel«, führte er ein bereits begonnenes Gespräch fort, »meinetwegen mag Cholodilin ums Leben gekommen sein, weil er Angst hatte, aber der General war doch ein mutiger Mann, was meinen Sie?«

»Er war es nicht, er ist es. Er wird durchkommen«, sagte

der Kommissar und wandte sich ab, denn er war der Ansicht, daß es hierüber nichts mehr zu sagen gab.

Doch der Stabschef zog ihn am Ärmel und sagte ganz leise, so, daß kein anderer seine verzagten Worte hören konnte:

»Na schön, er kommt durch – wohl kaum, aber nehmen wir's an. Doch Mironow kommt nicht durch, und Sawodtschikow nicht, und auch Gawrilenko nicht. Sie sind gestorben, dabei waren es mutige Menschen. Wie steht es nun um Ihre Theorie?«

»Ich habe keine Theorie«, erwiderte der Kommissar scharf. »Ich weiß nur, daß unter gleichen Umständen die Mutigen seltener fallen als Feiglinge. Wenn Ihnen aber die Namen derer, die mutig waren und dennoch gefallen sind, immer wieder über die Lippen kommen, so liegt das daran, daß man einen Feigling vergißt, bevor er begraben wird, wenn jedoch ein Mutiger stirbt, so gedenkt man seiner und spricht und schreibt über ihn. Wir behalten nur die Namen der Mutigen in Erinnerung. Das ist alles. Und wenn Sie das als meine Theorie bezeichnen, so ist das Ihre Sache. Eine Theorie, die den Menschen hilft, sich nicht zu fürchten, ist eine gute Theorie.«

Der Adjutant betrat den Erdbunker. Sein Antlitz war in diesem Monat dunkler geworden, und die Augen blickten müde. Doch sonst war er genau das Bürschchen geblieben, als das ihn der Kommissar am ersten Tag kennengelernt hatte. Die Hacken zusammenschlagend, meldete er, daß auf der Halbinsel, von der er gerade zurückgekommen war, alles in Ordnung sei und nur der Bataillonskommandeur, Hauptmann Poljakow, verwundet wäre.

»Wer ist an seine Stelle getreten?« fragte der Kommissar.

»Leutnant Wassiljew aus der fünften Kompanie.«

»Wer ist dann in der fünften Kompanie?«

»Irgendein Sergeant.«

Einen Augenblick dachte der Kommissar nach.

»Sind Sie sehr durchgefroren?« fragte er den Adjutanten.

»Ehrlich gesagt, ja.«

»Trinken Sie einen Wodka.«

Der Kommissar goß aus dem Teekessel ein Glas halbvoll mit Wodka, und der Leutnant leerte es auf einen Zug, ohne den Militärmantel, den er nur eilig geöffnet hatte, abzulegen.

»Und jetzt fahren Sie zurück«, sagte der Kommissar. »Ich mache mir Sorgen, verstehen Sie? Sie sind mein Auge dort auf der Halbinsel. Fahren Sie los.«

Der Adjutant stand auf. Mit der langsamen Bewegung eines Menschen, der sich noch gern einen Augenblick im Warmen aufhalten möchte, hakte er die Öse des Mantels zu. Aber nachdem das getan war, verlor er keine Sekunde mehr. Tief gebückt, um sich nicht am Türrahmen zu stoßen, verschwand er in der Dunkelheit. Die Tür schlug hinter ihm zu.

»Der Junge ist in Ordnung«, sagte der Kommissar und blickte ihm nach. »Von solchen weiß ich, daß ihnen nichts passiert. Ich glaube daran, daß sie unversehrt bleiben, und sie glauben daran, daß auch mich keine Kugel trifft. Das aber ist das Wichtigste. Stimmt's, Oberst?«

Nachdenklich trommelte der Stabschef mit den Fingern auf die Tischplatte. Von Natur ein tapferer Mensch, liebte er es nicht, seine eigene Kühnheit oder den Mut anderer theoretisch zu begründen. Doch jetzt schien ihm der Kommissar im Recht zu sein.

»Ja«, sagte er nur.

Im Ofen knisterten die Holzscheite. Der Kommissar schlief. Sein Gesicht ruhte auf der Feldkarte, die Hände hatte er darüber gebreitet, als wolle er allein mit diesen Händen das ganze darauf eingezeichnete Land zurückholen.

Am Morgen fuhr der Kommissar selbst auf die Halbinsel. Später erinnerte er sich nicht gern an diesen Tag. Nachts hatten nämlich die Deutschen, die unvermutet auf der Halbinsel gelandet waren, in hartem Kampf die fünfte Kompanie vernichtet – alle bis auf den letzten Mann.

Der Kommissar mußte im Laufe dieses Tages Dinge machen, die er im Grunde als Divisionskommissar gar nicht zu tun brauchte. Morgens sammelte er alle Leute, die ihm zur Verfügung standen, und führte sie dreimal zum Sturm.

Der von den ersten Frösten berührte, knirschende Sand war durch Einschläge aufgewühlt und blutgetränkt. Die Deutschen wurden getötet oder gefangengenommen. Diejenigen aber, die versuchten, schwimmend das andere Ufer zu erreichen, ertranken im eiskalten Wasser.

Nachdem er das Gewehr mit dem vom Blut geschwärzten Bajonett, das er nun nicht mehr brauchte, abgegeben hatte, schritt der Kommissar die Halbinsel ab. Was sich hier in der Nacht abgespielt hatte, konnten nur noch die Toten berichten. Aber auch die Toten können sprechen. Zwischen den Leichen der Deutschen lagen die erschlagenen Rotarmisten der fünften Kompanie. Die einen lagen von Bajonetten zerstochen in den Gräben und hielten ihre zerschlagenen Gewehre fest in den toten Händen. Die anderen, die nicht durchgehalten hatte, lagen auf dem offenen Feld umher, in der gefrorenen winterlichen Steppe – sie waren weggelaufen, und die Kugeln hatten sie erreicht. Langsam ging der Kommissar über das schweigende Schlachtfeld und betrachtete die Lage der Gefallenen und ihre erstarrten Gesichter. Er stellte sich vor, wie jeder Soldat sich in den letzten Minuten seines Lebens verhalten hatte. Und selbst der Tod söhnte ihn nicht mit der Feigheit aus. Wenn es in seiner Macht stände, er ließe die Mutigen getrennt von den Feiglingen beerdigen. Auch im Tod sollte so, wie zu Lebzeiten, ein Trennungsstrich sein zwischen ihnen.

Forschend sah er in die Gesichter, während er seinen Adjutanten suchte. Sein Adjutant konnte nicht geflohen und nicht in Gefangenschaft geraten sein, er mußte irgendwo hier liegen, unter den Gefallenen.

Schließlich fand ihn der Kommissar hinten, weit entfernt von den Gräben, wo die Menschen gekämpft hatten und gefallen waren. Der Adjutant lag rücklings, den einen Arm ungeschickt unter dem Rücken angewinkelt, den anderen ausgestreckt und im Todeskampf den Revolver mit den Fingern umklammert. Auf der Brust an der Feldbluse trocknete das Blut.

Lange stand der Kommissar vor ihm, dann rief er einen der Kommandeure, befahl ihm, die Feldbluse hochzustreifen und sich die Wunde anzuschauen.

Er hätte das selbst getan, aber seine Rechte, die im Gefecht von einigen Granatsplittern verletzt worden war, hing kraftlos am Körper herab. Verärgert blickte er auf seine bis zur Schulter abgeschnittene Feldbluse und auf die durchblutete hastig gewickelten Binden. Ihn ärgerten nicht so sehr Wunden und Schmerz als vielmehr die Tatsache, daß er verwundet worden war. Er, der in der Division als unverwundbar galt! Die Wunde kam völlig ungelegen, sie mußte schnell ausgeheilt und vergessen werden.

Der Kommandeur beugte sich über den Adjutanten, streifte die Feldbluse hoch und knöpfte das Unterhemd auf.

»Ein Bajonettstich«, sagte er, hob den Kopf, um sich wieder über den Adjutanten zu beugen, und legte sein Ohr lange, für eine ganze Minute, an den unbeweglichen Körper.

Als er sich erhob, lag Erstaunen auf seinem Gesicht.

»Er atmet noch«, sagte er.

»Atmet?«

Der Kommissar verriet durch nichts seine Erregung.

»Zwei Mann hierher!« befahl er barsch. »Aufnehmen, schnell zur Verbandstelle. Vielleicht kommt er durch.«

Und sich abkehrend, ging er weiter über das Feld.

Kommt er durch oder nicht? diese Frage verknüpfte sich für ihn mit einer anderen – wie hatte er sich im Kampf verhalten, warum lag er so weit hinter allen auf dem Feld? Und unwillkürlich mündeten alle diese Fragen in der einen – wenn alles in Ordnung war, wenn er sich tapfer gehalten hat, dann wird er durchkommen, unbedingt wird er durchkommen.

Als der Adjutant nach einem Monat, aus dem Lazarett entlassen, im Gefechtsstand der Division erschien, blaß und schmal zwar, aber das hellblonde und blauäugige Bürschchen wie früher, stellte ihm der Kommissar keinerlei Fragen, sondern bot ihm lediglich die gesunde Linke zum Gruß.

»Ich bin neulich nämlich gar nicht bis zur fünften Kompanie durchgekommen«, sagte der Adjutant, »ich bin an der Anlegestelle steckengeblieben, noch hundert Schritte fehlten, da...«

»Ich weiß«, unterbrach ihn der Kommissar, »ich weiß alles, brauchen nichts zu erklären. Ich weiß, Sie sind ein Prachtkerl, freu mich, daß Sie am Leben geblieben sind.«

Neidvoll sah er das Bürschchen an, das einen Monat nach einer tödlichen Wunde wieder lebendig und gesund vor ihm stand, und sagte wehmütig, mit einer Kopfbewegung auf seine verbundene Hand weisend:

»Der Oberst und ich, wir sind eben nicht mehr in den Jahren. Schon den zweiten Monat heilt es nicht. Bei ihm sogar schon den dritten. So führen wir nun die Division mit zwei Händen. Er mit der rechten, und ich mit der linken...«

Viktor Astafjew

Das alte Pferd

»Steht's da noch?« fragte der Sergeant Danilo den Soldaten Wanjagin.

»Ja, da steht es«, antwortete Wanjagin und überließ den Platz am Scherenfernrohr der B-Stelle dem Sergeanten Danilo, dem Zugführer des Aufklärungszuges. Der betrachtete lange aufmerksam das Sichtfeld rundum vor der Kampflinie, dann fixierte er die hellen Objektive des Fernrohrs auf eine Stelle und ließ es stehen.

»Na, sag bloß«, brach er schließlich aus und klopfte die Taschen ab auf der Suche nach etwas Rauchbarem – »schon drei Tage steht es da!« Und in seiner Stimme schwang Mitleid mit.

Wanjagin seufzte: »Drei Tage –«, und gab ihm etwas zu rauchen. Sie rauchten nun beide, sogen gierig den bitteren Machorka-Qualm ein und schwiegen. Sie verstanden einander auch so, weil sie ganz das gleiche dachten, obwohl sie sehr verschiedene Menschen waren. Der Sergeant Danilo war schon ein älterer Mann. Zu den jungen Soldaten von der Feindaufklärung, die so schnell daherredeten, fix und gewandt, paßte er wenig. Er fühlte sich nicht am rechten Platz und hatte schon zehnmal in diesem Jahr beantragt, man möge ihn zur Infanterie versetzen. Wanjagin war Arbeitersohn, ein Spezialist für den Schliff von Armaturen aus Bronzeguß. Dem Sergeanten sah er darin ähnlich, daß er rötliche Haare hatte. Auch darin glich er ihm, daß er während der Arbeit ungern redete. Dazu mochte ihn die Feinmechanik in seinem Schleiferberuf gebracht haben.

Er war der erste gewesen, der den Sergeanten »Onkel Danilo« genannt hatte. Wegen dieser Respektlosigkeit hatte er von dem eitlen Bataillonskommandeur eine Disziplinarstrafe bekommen und mußte ohne Gamaschen in einer tiefen Mulde schlafen, der sogenannten »Kuhle«, in die die disziplinierteren Soldaten für ihn Stroh geschüttet hatten.

Irgendwie gefiel es Wanjagin in seiner Kuhle, vielleicht weil er ein so störrischer Geselle war. Aber die Strafe ließ ihn doch nicht unbeeindruckt, er löste die Frage des Respekts vor dem militärischen Dienstrang auf eigene Weise und fing an, den Zugführer mit seinem Rang, aber auch seinem Vornamen anzureden: »Sergeant Danilo«. Diese Anrede setzte sich durch und verbreitete sich im ganzen Zug. Der Kommandeur war nicht mehr imstande, etwas dagegen zu tun.

Der Stummel der Machorkazigarette brannte auf dem Fingernagel, knisterte in den Fingerspitzen. Der Sergeant warf ihn weg und stampfte ihn mit dem Absatz aus. »Was meinst du?« fragte er heiser und hüstelte. »Ich meine, wie lange hält es aus?«

»Wer soll das wissen?« zuckte Wanjagin mit den Schultern: »Manche sind zählebig!«

Der Sergeant Danilo trat für eine Sekunde ans Scherenfernrohr und langte wieder nach seinem Tabaksbeutel. »Es steht und steht...«

Im Niemandsland, zwischen den trockenen Baumstubben, die wie Warzen aus dem sumpfigen Gelände ragten, stand seit nun schon drei Tagen das verwundete Pferd. Unbeweglich stand es da und ließ den Kopf hängen. Aus den halbgeöffneten Lefzen troff blutiger Schaum. Blickte man mit dem Fernrohr hin, dann sah man, daß es sich manchmal den Okularen zuwandte, und in seinen großen Augen konnte man dumpfen Schmerz erkennen, Traurigkeit und Unverständnis. Die Erde hielt es aufrecht, die Erde, die es einmal als Fohlen mit weißem Stirnfleck betreten hatte, fröhlich wiehernd. Als es fester auf den Hufen stand und die Mähne lockig und schwungvoll über den glatten Hals flatterte, machte es sich daran, übermütig in die Kruppe der Mutter zu beißen und den jungen Stuten nachzujagen. Es wuchs, wurde angeschirrt, es stellte sich auf die Hinterbeine und wieherte protestierend, als es zum ersten Mal in die Gabel der Deichseln eingespannt werden sollte. Aber es ist eben schwer zu protestieren, wenn man schon in den Deichseln hängt, noch dazu mit der Trense im Maul. So schleppte das junge Pferd schließlich die Wagen über die Straßen bis hin zum Horizont. Seit dieser Zeit kam es ihm immer so vor, als sei dort am Rande der Erde die Straße am Ende, als habe es die schwere Ladung nur bis dahin zu ziehen, dann werde es irgend etwas noch nie Gesehenes erblicken.

Dann gab es auch Tage, ganze Wochen sogar, an denen man das Pferd mit gefesselten Vorderbeinen sich selbst überließ. Dann humpelte es auf dem kühlen Gras umher, in der kühlen Finsternis und hörte den Wachtelkönig rufen.

Der Pferdeknecht führte es zu Tränke am Fluß, wo es das Wasser mit den Lefzen schlürfend einsog. Und der Mann pfiff immerzu, er dachte wohl, das Pferd würde sich beim leisen und anhaltenden Flöten eher sattsaufen.

Die Wagenladungen wechselten. Balken, Brennholz, Heu, Ziegel, Säcke, Fässer, und die Straße nahm kein Ende. Sie führte den Gaul immer und immer weiter und schließlich dahin, wo es Donner, Getümmel und Durcheinander gab, und die Schreie.

Zuerst legte das Pferd die Ohren an, setzte sich auf die Hinterhand und schnaufte, riß vor Angst an den Zugseilen. Die Leute, mit weit aufgerissenen Augen, jagten es vorwärts, dann zwangen sie es, wieder langsam und gemächlich auszuschreiten, indem sie es mit ihrem langgezogenen Singsang, lang wie der Weg, zu beruhigen suchten. Einmal wurde das alte Pferd zusammen mit zwei jungen, heißblütigen Pferden angespannt. Dann trieb man das Dreigespann mitten in die hohen Sonnenblumen hinein, in den dichten Mais.

Stickig war es und heiß.

Die jungen Pferde galoppierten seitlich und rauften saftige Maisstengel aus, fraßen sie im Laufen und zermahlten das Grün, so daß der schleimige Speichel nur so herunterfloß. Aber das alte Tier konnte nicht schritthalten. Seine Beine wurden schwach, gehorchten nicht mehr, ab und zu stolperte es.

Plötzlich stürzte das rechte Seitenpferd und wirbelte den Staub auf. Und das andere fing an zu schwanken und zu röcheln, wobei es die weichen Nüstern blähte, aus denen in Strömen das Blut hervorquoll. Dann stürzte auch dieses Pferd und hätte beinahe den alten Gaul mitgerissen. Der setzte die Beine breiter, kam zum Stehen, das Zaumzeug würgte ihn, aber fallen wollte er nicht.

Vom Wagen erhob sich ein Mann, nahm ein Messer, zerschnitt die Zugseile. Nun konnte das Pferd wieder atmen.

Der Mann streichelte die Rippen des Pferdes, die wie Haken aus den Seiten herausstanden.

»Na, mein Lieber, alles hängt jetzt von dir ab – zieh uns raus!« Und das alte Pferd, das anscheinend den Mann verstanden hatte, ging ins Geschirr und zog den Wagen weiter, fort aus dem Lärm, dem Durcheinander, dem Geschrei und Geheul. Dort, wo Granatentrichter oder Furchen waren, da trat das Pferd vorsichtig auf, trotzdem legte sich der Wagen immer wieder schräg, von hinten hörte man Stöhnen und Fluchen.

Endlich bog das Pferd in einen Waldweg ein. Bei den Rot-Kreuz-Zelten blieb es stehen, entspannte die Muskeln und ließ nachdenklich den Kopf sinken. Die Verwundeten wurden abgeladen.

Das Tier wartete nicht ab, bis es mit der Peitsche von neuem angetrieben wurde, es ging herüber zu dem zertretenen Gestrüpp und rupfte mit seinen großen, halb abgekauten Zähnen den wilden Hafer, der daraus hochwuchs.

Dann erwischte es das alte Pferd auch:

Es spürte einen dumpfen Schlag in die Seite, wollte hochspringen, wurde aber vom Wagen am Boden festgehalten. Dann zuckte es noch einmal, begriff nicht, was ihm geschehen war und fühlte nur die Schwäche in den Beinen und den brennenden Schmerz im Inneren.

Das geschah auf dem ausgetrockneten Sumpfboden, wo vom Frühjahr her noch die Abdrücke der Vogeltritte zu sehen waren und wo büschelweise die großen Spiräenstauden standen. Das Pferd, gewohnt, jeden freien Augenblick auszunutzen, wollte sich daran machen, sie auszurupfen, konnte aber nur noch die dichten, weißen, duftenden Blütenrispen beschnuppern.

Was für einen Lärm machte der Soldat, der auf einem Bein hinkend vom Wagen geklettert war! Ächzend, laut stöhnend kam er angehumpelt, schüttelte den Kopf, sagte: »Wann ist dieser Krieg denn endlich aus?« und nahm dem Pferd das Halfter ab.

Abends brachte er ein anderes Pferd und legte dem das Halfter über. Dort, wo es auf seinem Genick auflag, war das Halfter blank gescheuert.

»Für dich ist der Krieg zu Ende«, sagte der Fahrer leise und fuhr dem alten Pferd zum Abschied mit den Fingern durch die zerzauste Mähne.

So blieb das Pferd allein, von allen verlassen, niemandem mehr von Nutzen. Der Duft der Spiräen kitzelte ihm die Nüstern, es sah den kühlen Wald vor sich und hinter sich ein wogendes Meer von Hafer, von dem es sich lange nicht mehr satt gefressen hatte.

Bis zur Nacht wartete es noch, daß etwas mit ihm geschähe und es fuhr manchmal krampfhaft auf, weil es glaubte, jemand käme zu ihm heran. Es wollte zu den Menschen, aber es war dunkel rundum und seine Augen waren trübe geworden. Vor Schwäche blieb es wie angewurzelt stehen. Es gab keinen Laut mehr von sich, nur die Lefzen bewegten sich leicht, wie zu einem sanften Anruf. So stand es zwischen zwei feindlichen Welten, mitten im Zentrum des Krieges. Es ahnte wohl: Wenn es sich niederlegte,würde es niemals wieder aufstehen können, nie die Straße wiedersehen, die es immer weiter geführt und ihm an ihrem Ende etwas Besonderes versprochen hatte.

Der Sergeant Danilo warf noch einen Stummel seiner aus Zeitungspapier gewickelten Zigarette unter den Absatz und blickte wieder durch das Scherenfernrohr, in der Hoffnung, etwas Neues zu sehen.

»Ich möchte wohl selbst... aber dafür krieg' ich die Hände nicht hoch...« Er ließ den Kopf hängen und sagte nach langem Schweigen: »Die Bauern dürfen ihre Pferde schlagen, mit ihren Zügeln, oder mit der Peitsche, auch, aber töten – nein, weil es, so ein Pferd – ein Arbeiter ist.« So lange und nachdenklich hatte er schon lange nicht mehr gesprochen.

»Sicher, sicher« sagte Wanjagin eilig, der zuerst nicht begriffen hatte. – »Sicher, ohne Pferde geht bei uns nichts –« Und dann schwieg er, denn der Sergeant hob den Kopf und sah ihn durchdringend an. Er hätte ja Wanjagin einen Befehl geben können. Aber den gab er nicht.

Wanjagin hielt diesen Blick nicht aus. Er schaute zu Boden, schuldbewußt, wie ein Junge, der einen dummen Streich verbrochen hat.

»Bald schicke ich die Ablösung.«

Wanjagin hörte noch, wie Sand von der Grabenböschung herunterrieselte. Für den Sergeanten waren die Gräben immer zu eng.

»Gott sei Dank«, dachte Wanjagin erleichtert, als die Schritte des Sergeanten nicht mehr zu hören waren und ihm klar geworden war, daß der Zugführer nicht mehr zurückkommen würde. Noch nie hatte sich der Wachdienst so qualvoll lang hingezogen wie in diesen drei Tagen. Zur Ablösung kam Jaschka Galoúchin, ein Soldat, der schon einmal im Rücken des Feindes eingesetzt worden, heil davon gekommen war und nun glaubte, ihm könne niemand mehr etwas anhaben. Er schwang sich geräuschvoll in das Grabenloch:

»Ein Frontgruß dem Beobachter! Immer wachsam? Wieviel Ziele ausgeschaltet?« –

»Eins.«

»Bißchen wenig.«

Ohne sich hinzusetzen, nahm er gleich das Okular des Scherenfernrohrs, drehte an der Schraube, um es einzustellen, lachte hellauf: »Sieh mal da – ein sowjetisches Pferd! Steht vor der Visage der Faschisten und demonstriert Unerschütterlichkeit! Wenn ich mal sterbe, na ja, dann auch im Stehen!«

»Na, du Angeber!« winkte Wanjagin ab, mit überraschender Heftigkeit.

»Was ist mit dir?« Jaschka wich vor Wanjagin zurück, der auf einmal in Zorn geraten war.

»Nichts!« fuhr Wanjagin ihn an; er packte den Karabiner und schwang sich aus dem Graben.

Vorwärtskriechen war schwer. Es gab keine Deckung. Wanjagin preßte sich dicht an den Boden, doch dann sah er ein, daß dies nutzlos war. Er richtete sich auf und schritt ohne Eile, als ob er nachdenken müsse, wie bei einem Spaziergang, weiter vorwärts.

»Die knallen dich ab, du Idiot, Verrückter!« brüllte Jaschka ihm nach, als er sich von seiner Überraschung erholt hatte. Aber Wanjagin war schon an das Pferd herangelangt, legte an und schoß ihm in den Kopf.

Das alte Pferd schwankte, seine Knie brachen, es stürzte zu Boden. Ein Zucken lief vom Hals bis zu den Hinterbeinen, es streckte sich in ganzer Länge aus und tat erleichtert den letzten Atemzug.

Immer noch zornig warf Wanjagin die dampfende Geschoßhülse aus dem Karabiner und ging zurück.

Noch heute träumt Wanjagin von diesem Pferd.

Veijo Meri

Der Töter

Er lag im Morast am Flußufer, unbeweglich, vom Morgengrauen bis zum Abend; wenn es dämmrig wurde, verschwand er. Eine Woche hindurch war er da, ohne sich entdecken zu lassen.

Er trug eine aus einer riesigen Stoffmenge gearbeitete Montur, mit Streifen und Fransen; darin war er wie ein raschelnder Erlenbusch, den der Wind öffnet und schließt, ohne den Blick hindurchzulassen.

Seine Augen suchten unablässig das gegenüberliegende Flußufer ab, den dreißig Meter hohen Sandrücken, im Fernrohr, und ohne Glas. Vor allem an dieser an- und absteigenden Grenzlinie war er interessiert, die über ihm den klaren Himmel vom trüben Land trennte. Von Zeit zu Zeit ließ er, um sich Abwechslung zu verschaffen, seinen kreisrunden Blick den Abhang hinabgleiten: zu den verschiedenen großen grauen Steinhaufen und den grauen Flecken Sand. Bis die im Fluß angestaute Floßholzmenge sich plötzlich über ihn zu neigen schien. Er richtete den runden, sehr wenig einfangenden, sich dafür aber um so weiter erstreckenden Blick langsam wieder nach oben, dorthin, wo das Land aufhörte und sich der Himmel öffnete. Er hob seine Waffe, die in Streifen und Fransen gekleidet war wie ihr Herr, so langsam an, daß nichts auf eine Bewegung hindeutete.

Damit der Körper nicht einschlafe, brachte er ihn von Zeit zu Zeit in Bewegung: er zog die Knie an und krümmte dabei den Rücken, dann streckte er sich, indem er die Beine spreizte, aber so langsam, daß nichts die Bewegung verriet. Damit konnte er eine halbe Stunde zubringen, um danach zwei drei Stunden dazuliegen ohne sich zu rühren.

Um den Donner des Artilleriefeuers kümmerte er sich nicht, die Schußziele lagen weit ab, vor und hinter ihm. Man hatte versucht, ihn mit Granatwerfern zu vernichten am dritten Tag, indem man das Fichtenwäldchen am Flußufer unter massiven Beschuß nahm.

Der Gegner feuerte mit hochexplosiven Geschossen, die in der Luft zerplatzten, aber er hatte das vorausgesehn und sich aufs offne Moor abgesetzt. Er hatte seinen Tarnanzug umgekrempelt und lag dort einen Tag über als gelbblau gefleckte Moorlache, ehe er wieder an seinen Platz zurückkehrte.

Der Frontabschnitt war ruhig, zu ruhig. Immer wieder kam es dazu, daß er durchs Zielfernrohr einem Gegner direkt in die Augen starrte, die durch ihn hindurchzublikken schienen, wissentlich, aber sein Finger rührte sich nicht am Abzug. Auf Grund des Schusses hätte man ihn lokalisieren können.

Sie versuchten ihn dazu zu bringen, daß er schoß. Man arrangierte für ihn Scheinziele: ein Helm bewegte sich wie eine Schildkröte die Randlinie des Abhangs entlang. Wenn sich ein Mensch bewegt, hebt und senkt sich der Kopf immer ein wenig. Wenn seine Füße sich voneinander entfernt haben, ist er kleiner als in dem Moment, in dem sie sich einander genähert haben. Derlei Grundregeln schienen die Fallensteller nie zu lernen. Man hatte ihn auf alle nur möglichen Täuschungsmanöver trainiert. Davon abgesehn schoß er nie auf einen Helm; immer nur ins Gesicht, ins Zentrum des Gesichts. Zielmarke war der Schnittpunkt der über Augen und Nase verlaufenden Achsen, ihr Nullpunkt. Auf einen seitwärts gedrehten Kopf schoß er nur im Ausnahmefall, weil das Ziel uneinheitlich, und es ziemlich schwierig war, so schnell, in einer Zehntelsekunde, einen Fixpunkt zu finden.

Die einzig mögliche Stelle war das Ohr, aber damit man einen effektiven Treffer erzielte, mußte der Einschlag dicht dahinter liegen. Und zudem war die Zielfläche schmal. Außerdem hatte der Helm einen langen Nackenschutz. Wenn ein Mann einen Helm aufhatte, schoß er auf ihn weder von der Seite noch von hinten, außer aus allerkürzester Entfernung. Wegen der schiefen Bauform hatte man den Helm praktisch immer im Anschlagwinkel.

Man betrachtet seinesgleichen als für seinen Beruf geeignet, wenn er sich in der Lage zeigte, auf eine Figur von der Größe eines Kopfes aus einer Entfernung von sechshundert Metern mit hundertprozentiger Treffsicherheit zu schießen. Aber das genügt nicht. Man kann einem Menschen das Gesicht unter den Augen wegschießen, und das Ganze ist nichts als Pulververschwendung. Es gibt Stellen im Kopf, an denen ein Einschuß nicht tötet. Aber er kannte alle Finessen seines Fachs, den Bau des menschlichen Schädels aus dem Effeff. Wenn eine Kugel nicht schlagartig tötete, hatte er versagt, und der Tag war verdorben. Der fortwährende Schmerzensschrei war für ihn beschämend. Nichts weiter wurde von ihm verlangt als die vollkommene Leistung. Einem Mann Glieder und Organe außer Betrieb setzen kann jeder Stümper. Der augenblicklich erfolgende absolute Tod kommt selten vor, so selten, daß viele glauben, so etwas gäbe es gar nicht. Jemand, der auf der Stelle tot ist, hat keine Gelegenheit mehr, einen Laut von sich zu geben, die Glieder versagen der angefangenen Bewegung den Dienst.

Die letzten fünf Tage hatte er niemand erwischt. Dermaßen vorsichtig war der Gegner geworden. Seine Scharfschützentätigkeit auf diesem Frontabschnitt war beendet. Die Verlegung an einen anderen Abschnitt stand ihm bevor. Länger als eine Woche hielt er sich selten in derselben Gegend auf. Er hatte ein Betätigungsfeld, das sich über zwanzig dreißig Kilometer erstrecken konnte, je nachdem wie begehrt er war.

Ohne auch nur einen Schuß abgegeben zu haben, zog er sich bei Anbruch der Nacht vom Moor zurück. Aus dem Fluß stieg Nebel auf, wie aus einer tiefen Kluft, und wälzte sich über die Moorblöße zum Wald hin. Wie ein bläulicher Rauchflecken inmitten weißen Strohfeuerrauchs bewegte er sich in der Richtung fort, ebenso langsam wie der Nebel.

Die in ihren Unterständen eingemieteten Landser sahen, wie er vorüberging. Sie trauten sich nicht, ihm mit Fragen zu kommen, und die Unterhaltung brach ab, als hätte ihnen jemand einen Reißnagel in den Gaumen gedrückt. Nur ein Unterleutnant der Infanterie schloß sich ihm auf dem Pfad an, um ihm eine Zigarette anzubieten, aber er war kein Raucher. Der Unterleutnant fing an, ihm von dem MG-Nest zu erzählen, aus dem sie Seitenfeuer bekommen hätten, und das ihm große Verluste gebracht hätte. Er wiederholte jeden Satz und redete ununterbrochen. Der Feind läge auf der Anhöhe gegenüber, hoch über dem Flußufer. Seine Männer lägen unten auf dem flachen Moor. Alle Flußufer auf der Westseite wären hoch wie Berge, und überall auf der Ostseite gäbe es Moor. Gott hätte sich gedacht, daß hier ein Reich verkehrt herum entstehen solle...

Sie kamen zur Schneise. Der Streifen Tageslicht brachte das weiße Gesicht des Unterleutnants und seine flatternden Augen zum Vorschein. Sein Mund und seine Augen kamen nicht zur Ruhe. Er erklärte, daß er mit sieben Jahren auf dem Eis eingebrochen sei, aber er glaube, das eisige Wasser habe ihm die Augen verdorben. Er sei nachtblind, sehe nichts...

Der Unterleutnant bot, als sie am Ziel waren, wo der Kradfahrer wartete, Schokolade an, aber der Scharfschütze schwang sich, ihm den Rücken kehrend, auf den Soziussitz, und setzte den Büchsenkolben auf die Fußraste. An der Büchse gab es keinen Riemen. Er hatte die Erfahrung gemacht, daß ein Riemen nur hinderlich ist, obgleich die Gewehrschützen auf Riemen und stramme Lederjacken als Rückhalt beim Visieren schwören. Aber das war mehr etwas für Federwildjäger, für stehend freihändiges Schießen. Die Büchse war nicht auf dem Rücken zu tragen, er mußte sie in der Hand behalten. Als der Fahrer auf den Kickstarter trat, knatterten im Wald hundert Maschinen gleichzeitig los. Die fuhren da im Gestrüpp neben ihnen her, wie eine riesige Eskorte.

Der Scharfschütze war in einem fünfzehn Kilometer weit im rückwärtigen Gebiet gelegenen Dorf untergebracht. Jeden Morgen, ehe es hell wurde, wurde er von einem Kradfahrer in die vorderste Linie gebracht und dort jeden

Abend, wenn es dunkel wurde, wieder abgeholt. Er hatte ein eigenes Zimmer im Kasinogebäude neben den vom Regimentsstab belegten Räumen. Dort lag er nachts in einem richtigen Bett, und dort nahm er sein Essen ein, das ihm der Chauffeur aufs Zimmer brachte. Er erhielt Offiziersverpflegung mit einer Extrazulage.

Als er sich beim Bataillon zum täglichen Rapport meldete, den er telefonisch durchgab, kam der Kommandeur auf das MG-Nest zu sprechen, das dem Bataillon große Verluste gebracht habe. Es sei kein Befehl, aber er bitte darum, das MG außer Gefecht zu setzen, oder es in Schach zu halten.

Der Scharfschütze sagte, er habe das MG bemerkt, und er wisse schon. Das MG hatte sich dicht an der Mündung des von Osten herkommenden kleinen Nebenflusses eingenistet, und wahrscheinlich mit dem Auftrag, im versumpften Flußgelände eine seitliche Truppenverschiebung zu verhindern. Es gab dort auch etwas weiter entfernt eine Brücke, aber die war nicht passierbar, noch nicht einmal nachts, weil sie sich deutlich gegen das Wasser abzeichnete und weil das MG dort freies Schußfeld hatte, die Brücke unter Beschuß nehmen konnte auch bei völliger Dunkelheit. Das MG-Nest war von der gegenüberliegenden Seite des Flusses her nicht zu beschatten, der Sumpf war bodenlos und nicht begehbar. Davon abgesehn war es nicht gut möglich, ein MG mit einer einfachen Büchse außer Gefecht zu setzen. Und sich mit einer Panzerbüchse ins vorgeschobene Gelände zu begeben, lohnte sich ebensowenig.

Er ging auf sein Zimmer, nahm sein Essen ein und reinigte sorgfältig sein Gewehr, obgleich er nicht damit geschossen hatte. Er füllte die Patronentaschen mit neuen Patronen. Er hatte Spezialpatronen, deren Pulverkörner genau abgezählt waren. Auf dem Moor könnten die Patronen und das Gewehr Feuchtigkeit angezogen haben. Ebenso sorgfältig wie für seine Waffe sorgte er für sich selbst. Er achtete darauf, daß die Zusammensetzung der Nahrung zweckentsprechend sei. Wenn er sich morgens gründlich entleert hatte, war er wieder für einen ganzen Tag fit, ohne immer wieder an die Befriedigung seiner

Bedürfnisse oder die Verrichtung seiner Notdurft denken zu müssen.

Als ihn die Wache am frühen Morgen weckte, stieg er in seinen Tarnanzug und bekleidete sein Gewehr. Er war entschlossen, sich mit dem MG-Nest zu befassen. Die Sache schien ohne weiteres klar zu sein, als hätte sein Gehirn nachts im Schlaf die Entscheidung getroffen, wie die Aufgabe durchzuführen sei, obgleich es sich um eine schwierige Gleichung handelte, in der es verschiedene Unbekannte gab. Er dachte schon nicht mehr an seine Verlegung, die beschlossen und bereits mit ihm abgesprochen war, an den Einsatz auf dem anderen Abschnitt, wo man ihn sehnlich erwartete. Es gab ja für ihn auch hier noch eine sauber umrissene Aufgabe, und er war sich völlig im klaren über deren Durchführung.

Er zog die Generalstabskarte aus der am Nagel hängenden Kartentasche und vergewisserte sich, daß es da wirklich einen Weg gab, auf dem man auf der anderen Seite des Nebenflusses in den Abschnitt des II. Regiments gelangen konnte. Er hatte nicht gewußt, daß es solch einen Weg gab, ihn aber als bekannte Größe in seine Berechnung eingesetzt.

Nebenbei ging ihm auf, daß der Unterleutnant ihn angelogen hatte mit dem, was er am Abend zuvor über die Gefährlichkeit des MGs erzählt hatte. Wenn das MG-Nest von der Gefechtslinie aus nicht zu beschießen war, wie konnte es dann umgekehrt möglich sein, von dort aus den Abschnitt unter wirksamen Beschuß zu nehmen? Aber irgend etwas brauchte der Unterleutnant ja wohl, um sich wegen der Verluste seiner Kompanie rechtfertigen zu können. Und der Bataillonskommandeur glaubte, was man ihm einzureden versucht hatte.

Sie mußten einen Umweg von vierzig Kilometern machen, ehe sie ans Ziel kamen. Er schickte den Kradfahrer zurück und befahl ihm, ihn abends am selben Platz wieder abzuholen. Er robbte am Fluß entlang und arbeitete sich zur Flußmündung vor, bis ihm das MG-Nest auf der anderen Seite genau gegenüberlag. Das Flußufer war leichter begehbar als das auf der feindlichen Seite. Der Unterleutnant hatte zum Schluß von diesen unheilvollen Ufern geredet, am Abend.

Er richtete sein Gewehr auf das Nest und starrte durchs Glas. Im ersten Tageslicht tauchte in der schwarzen Öffnung der Umriß eines MGs auf, ein Modell mit Wasserkühlung. Gegen die Waffe selbst war er machtlos, aber deren Bedienungsmannschaft konnte er außer Gefecht setzen, dem Gegner sogar an dieser Stelle einen solchen Schlag versetzen, daß ihm für längere Zeit die Puste ausgehen würde. Vereinzelte Gewehrkugeln zischten pfeifend durch die Luft.

Alles schien auf einen sehr ruhigen Tag hinzudeuten. Nur von fern hörte man im Norden das dumpfe Grollen der Artillerie.

Als im rückwärtigen Flußgelände wildes Geschrei losbrach, begleitet von spärlichem, zaghaftem Gewehrfeuer, das sich schließlich zu ohrenbetäubender Knallerei steigerte, wie bei einem Zusammenstoß mit einem feindlichen Stoßtrupp, kümmerte er sich nicht darum. Er bemerkte den im Fluß tauchenden Mann erst, als die Strömung ihn bereits dicht an seine Schußlinie herangetragen hatte. Die Gewehrkugeln peitschten das Wasser, prallten am Wasser ab und schlugen in der Böschung am gegenüberliegenden Ufer ein; sie schlugen dicht vor ihm weiße Stempelmarken in die dunklen Floßhölzer. Er sah einen um einen Stamm geschlungenen Arm, aber der Arm war im selben Augenblick wieder verschwunden.

Die Strömung war stärker und rascher als die im Fluß treibenden Stämme erkennen ließen. Der Unterleutnant war am nördlichen Geländeabschnitt seiner Kompanie ins Wasser gesprungen, und die Strömung hatte ihn bereits dicht unter das MG-Nest abgetrieben. Unglaublich, wie schnell und weit ihn der Fluß nach jedem Untertauchen mit sich fortriß. Zwischendurch ruhte er sich, nur das Gesicht über Wasser haltend, hinter einem der Floßhölzer aus. Die Hand, mit der er sich festklammerte, verriet ihn, aber sobald ihm die Kugeln um die Ohren zu pfeifen begannen, tauchte er wieder unter. Obgleich es Tag war, waren die Flugbahnen der Leuchtspurgeschosse deutlich zu erkennen. Die aus den tiefergelegenen Stellungen abgefeuerten Geschosse hatten zu wenig Durchschlagskraft, sie sprangen an der Wasseroberfläche auf, zurück in die Luft.

Erst als der Schwimmer am gegenüberliegenden Ufer auftauchte und an Land stürzte, erkannte ihn der Scharfschütze an der blonden, langen Mähne – denn der gewöhnliche Landser war kahlgeschoren – und irgendwie auf Grund eines Gesamteindrucks; der Mann war nackt. Er tauchte dermaßen schnell wieder im hohen Ufergras unter, daß es unmöglich war, sich die Stelle zu merken, wo er verschwunden war. Die in der Böschung einschlagenden Gewehrkugeln wirbelten hier und da vom Blick kaum einzufangende winzige Staubwölkchen auf.

Der Unterleutnant schien genau kalkuliert zu haben. Erst als der Scharfschütze nicht mehr auf seinem Geländeabschnitt erschienen war, hatte er sich getraut, und gleich so als könnte ihm keiner mehr etwas.

Als sich der Überläufer am Abhang aufrichtete, war der Scharfschütze der einzige, der ihn bemerkte. Er lag knappe zweihundert Meter von ihm entfernt. Die nächste Infanterie-Stellung lag dreihundert, vierhundert Meter weiter zurück, abseits der Schußlinie. Der Unterleutnant bewegte sich in langen Sätzen wie ein Bergtier auf vier Beinen auf sein Ziel zu. Er war auf dem sandigen Abhang durch seine Hautfarbe so vollkommen getarnt, daß nur die immer wieder gleichbleibend schnell aufsteigende Staubspirale seinen Fluchtweg verriet. Der Scharfschütze reagierte blitzschnell. Er richtete sein Zielfernrohr auf die Horizontlinie des Abhangs und wartete. Vor der Flinte im Glas drei feindliche Schützen und den MG-Stand. Eins der Gesichter mitten im Fadenkreuz. Alle drei Schützen vom Scheitel bis zum Koppelschloß direkt im Visier! Überall, auch weiter entfernt auf den Flanken, tauchten die Männer hinter ihren Verschanzungen auf, um den Ablauf des Geschehens zu verfolgen. Der Überläufer steigerte sich bei zunehmender Erschöpfung bis zur Raserei, sein rhythmisches Aufbrüllen klang gedämpft über den Fluß herüber. Als er oben am Hang zum Sprung ansetzte, um hinter der Kammlinie zu verschwinden, war für den Scharfschützen der Augenblick gekommen. Trotz seiner rasenden Geschwindigkeit schien der Überläufer für die Dauer eines meßbaren Augenblicks auf der Stelle zu erstarren, er zeichnete sich klar gegen den wolkigen Himmel ab.

Oben die Männer, wie vom Schlag gerührt, begannen automatisch nach der Stelle zu suchen, woher die Kugel gekommen war. Wer hatte den Überläufer zur Strecke gebracht? Etwa einer aus den eigenen Reihen? Dem Knall nach mußte die Kugel ganz aus der Nähe kommen. Ihr Verdacht richtete sich auf das vor ihnen liegende Moor in der Flußniederung, aber auf dem Moor war nichts zu entdecken. Es war ungerecht, daß einer, der sich so am hellerlichten Tag selber verraten und verkauft hatte, nicht mit dem Leben davonkommen sollte. Zehn Minuten hatte er gebraucht, um flußab zu paddeln und am Ufer herumzuspringen, und im letzten Augenblick, auf dem Sprung hinter den schützenden Wall, wo das Schützenloch ihn auffing, am Ziel...

Huttunen, einer der Männer auf dem Wall, sank, an der Stirn getroffen, rücklings ins Schützenloch. Die anderen starrten aufs Moor hin, woher der Schuß gekommen war. Der Knall schien sich weiter über den krummen Rücken der Moospolster zu halten. Hals über Kopf, so schnell sie konnten, ließen sie sich ins Loch zurückfallen; sie hatten begriffen: ein Scharfschütze! Aber Huttunen lebte noch.

– Ich verrecke. Er lag, die Augen offen, regunglos da. – Ich sterbe zum Verrecken nicht, klagte er und untersuchte seine Stirn.

– Seht nach, Jungens, ob das Loch bis hinten durchgeht.

Auch ohne genauer hinzusehn, sah jeder hinten das Loch im Schädel.

– Ich seh kein Loch, sagte jemand.

Huttunen richtete sich zum Sitzen auf. Huttunen erhob sich, kam auf die Beine.

– Ich geh zum Verbandsplatz, sagte er leise.

Huttunen ging zum Graben hinüber. Der neben ihm gestanden hatte, blickte ihm nach und sah, wie er hinter dem Grabenknick verschwand.

Der feindliche Scharfschütze lag im Sumpf am Flußufer ihnen direkt gegenüber, denn die Kugel war Huttunen durch Stirn und Hinterkopf gegangen.

– Genau mittendurchgegangen!

Mäenpää sah sich bereits feuern und das Biest unten mit dem MG vernichten. Im Handumdrehen, damit ihm die anderen nicht zuvorkämen, krallte er sich in den Griffen fest und feuerte eine Serie ins Moor ab. Das ging so blitzartig und ohne Überlegung – die im Gefühl der Sicherheit eingelullte Angst kam nicht dazu ihren Finger zu erheben. Eine Kugel flatschte in seine Stirn, und schlug durch, unbemerkt unter dem langen Haar im Nacken. Mäenpää richtete sich steil auf, als versuchte er nach oben zu fallen, und zog, während er weiterfeuerte, das MG mit sich empor. Das MG hackte seinen lose klappernden Takt eintönig stupide fort. Als Mäenpää Schluß machte, von oben herunterkam, bückte er sich, um den Schritt nicht zu verfehlen. Er brach zusammen, ohne einen Laut von sich zu geben, ohne daß sich ein Finger an ihm krümmte.

Als sich die Männer schließlich wieder vorwagten, um die Lage hinter dem Fluß zu erkunden, war dort ein merkwürdig gekrümmter Haufen erschienen, den es da vorher nicht gegeben hatte.

Wann Mäenpää zu stöhnen begonnen hatte, war ihnen entgangen. Aber er war am Leben und zwei von ihnen brachten ihn fort.

– Ich werde niemals im Krieg sterben, sagte er. Das war sein Reden seit je, und deshalb nicht weiter verwunderlich, aber gleichzeitig entwand er sich den Händen seiner Begleiter. Als er im Eingang des Sanitätszeltes den Kopf einzog, sank er ohnmächtig zusammen. Der diensttuende Sanitäter stellte fest, daß ihm eine Kugel durch den Kopf gegangen sei, und schleifte ihn fort, hinter das Zelt zu den Gefallenen. Dort lagen vier Männer, drei von ihnen mit Kopfschuß zwischen den Augen: zur Strecke gebrachte Opfer des Scharfschützen.

Der Arzt war unterdessen mit Huttunen beschäftigt; er hielt das Unmögliche nicht für möglich. Huttunen sollte sich auf den Tod gefaßt machen, da er nun einmal noch nicht gestorben sei. Der endgültige Tod könne jeden Augenblick eintreten, leise und unbemerkt. Mäenpää kroch ins Zelt zurück.

»Was krauchen Sie hier herum?« fragte der Arzt.

– Wenn ich den Kopf einziehe, sterbe ich, sagte Mäenpää, von seinen Ohnmachtsanfällen verwirrt. – Und wenn ich ihn nicht einziehe, sterbe ich.

Der Arzt überließ Huttunen dem Sanitäter und befahl, ihm einen Verband zu machen. Er untersuchte Mäenpää. Er schüttelte den Kopf. Auch bei diesem Mann war nichts zu hoffen, jeden Augenblick konnte es soweit sein.

Es war bereits Nachmittag. Im Zelt gab es nur Huttunen und Mäenpää. Ein friedlicher Nachmittag, es konnte einem so vorkommen, als habe es auf der Welt immer nur diesen Nachmittag gegeben. Sie lagen nebeneinander auf Matratzen, durch die Zeltwände schien Gottes schöner Tag. Sie warteten. Huttunen begann ein leises Ziehen im Kopf zu spüren, er sagte es Mäenpää. Etwas später begann das Ziehen auch bei Mäenpää.

Erst nach einem Monat kamen Huttunen und Mäenpää zu ihrer Einheit zurück. Sie waren von einem klugen Doktor untersucht worden, der den Grund für ihre Unsterblichkeit wußte. Das habe es auch schon früher, im ersten Weltkrieg gegeben, daß ein Mann, dem es an der empfindlichsten Stelle im Kopf den Schädel durchschlagen habe, am Leben geblieben sei. Es mußte im Gehirn einen für Kugeln passierbaren Kanal geben, eine Zone, die gegen durchschlagende Kugeln immun war. So mußte es sein.

– Ein übertrieben scharfer Schütze war das. Schießt dem Huttunen und dem Mäenpää durch den Kopf, haarscharf am Ziel vorbei.

Alexander Baron

Des Menschen Art

Casey und der neue Leutnant erhoben sich von der grasbewachsenen Düne und folgten dem Pfad, der zum Lager führte. Keiner von beiden sagte etwas. Der Leutnant, der seit einer geschlagenen Stunde versucht hatte, ein Gespräch anzuknüpfen, war nunmehr entmutigt. Er hatte gerade unter der Führung von Casey, der die Rangzeichen eines Sergeanten am Ärmel trug, seinen ersten Rundgang durch das Lager hinter sich. Von Zeit zu Zeit hatte Casey gesprochen – kurz und kundig –, aber nur von militärischen Dingen. Der Leutnant, der mit dem Nachschub frisch aus Amerika gekommen war und noch keine Kampfhandlung mitgemacht hatte, beobachtete ihn voll Neugier und Respekt, vielleicht auch mit einem Anflug von Furcht.

Ein schwacher Wind rüttelte an den Fichten, die auf den Hängen wuchsen; irgendwo knackte und krachte ein Ast. Der Leutnant beschleunigte seinen Schritt; die Berichte, die er in den amerikanischen Zeitungen über Partisanen – »allüberall Partisanen« – gelesen hatte, spukten in seinem Gehirn; dann bemerkte er in den Mundwinkeln von Caseys zusammengepreßten Lippen die leise Belustigung. Er verlangsamte seinen Schritt, bis er in die gleiche lautlos-lässige Gangart verfiel – die Gangart des Soldaten – Caseys Gangart. Bei jeder Bewegung ward er nun zum verstohlenen aber bewußten Nachahmer. Er fühlte sich beschämt, weil er sich gesputet hatte, wie ein kleiner Junge, der zum ersten Mal allein ins Kino geht und durch die schreckenerregende Menge der Erwachsenen drängelt – ein paar Mark in der feuchten Hand.

»Kintopp.« Caseys Stimme und das Wort fuhren ihm ins Mark. Er blieb stehen. Casey musterte ihn mit einem zerstreuten Blick, zugleich höhnisch und fragend. Er machte eine Kopfbewegung und der Leutnant begriff. In der Lichtung zu ihren Füßen lief gerade ein Freilichtfilm an. Die Leinwand blinkte ein-, zweimal weiß auf, dann funkelte sie in leuchtenden Farben. Ein begrüßendes Lachen schallte aus dem Haufen amerikanischer Infanteristen, die sich in der Lichtung angesammelt hatten. »Was'n los?« Casey machte aus jedem Wort eine Stichelei. »Wolln se nich in'n Kintopp?«

»Doch«, antwortete der Leutnant einfältig. Wieder folgte er Casey. In der Dämmerung musterte er das Gesicht seines Genossen – die bitteren schwarzen Augen, die eingefallenen, von Stoppeln umsäumten Wangen, die dünnen Lippen, die mit der Zigarette spielten, das Nasenbein, das zerschmettert war, als hätte ein Teufel mit gespaltenem Huf Roheit auf das Gesicht des Mannes gestampft. Der Leutnant dachte, wie schon den ganzen Nachmittag, darüber nach, was dazu gehören mochte, ein solches Gesicht zu prägen.

»Sergeant«, sagte er, »wo sind Sie her?«

Die Zigarette hüpfte auf und nieder: »Wichita, Kansas.« Casey blickte sich nicht um, seine Stimme klang nicht ermutigend.

Der Leutnant meinte hartnäckig sein zu müssen.

»Verheiratet?«

»Naaa.«

»Haben Sie ein Mädchen?«

»Na nu machen se 'nen Punkt.« Caseys Lippen öffneten sich an den Mundwinkeln und er wandte sich mit flackerndem, aufgebrachtem Blick dem Leutnant zu, »was soll 'n...?« er stoppte ab und ging weiter, dann – als würde er von einer inneren Ruhmredigkeit getrieben, die er nicht zügeln konnte: »daheim hab ich 'ne Million Weiber«.

Sie setzten schweigend ihren Weg fort. Wieder war es Caseys Gang, der es dem Leutnant antat. Leoparden mögen so durch die Nacht traben, wie dieser Mann ging. Der Leutnant dachte, wie lange er wohl brauchen würde, zu werden, wie dieser Mann. Er dachte mit Entsetzen daran, denn die Umrisse seines früheren Lebens lagen ganz dicht hinter ihm und zerrten wie das Schwergewicht der Erde:

die Bücher auf dem Bord, der Rasensprenger auf dem Gras im Sommer, das Kreischen der Kinder beim Ballspiel, Janice in dem geblümten Kleid, Janice, die ihn anlachte, die sich im Auto gefühlvoll an ihn schmiegte, die sich beim Tanzen an ihn preßte. Er dachte es mit neidischer Bewunderung, denn dieser Mann da vor ihm war völlig Soldat, hart und schwarz gesengt, ein Mann, der bereits erreicht hatte, was er erst versuchen wollte.

Der Leutnant fürchtete das, was ihm bevorstand. Kein innerer Drang hatte ihn hierhergeführt; in ein Transportflugzeug verladen, wurde er über den Ozean geschnellt, wie das Pulverstäubchen in der Granate. Angst und Verwirrung befielen ihn; sobald er allein war und sich auszuruhen versuchte, brachen sie mit einem großen, lautlosen Schrei aus ihm hervor, verlangten zu wissen, was er hier triebe, warum er nicht zurück könne. Irgendwo waren Feinde: der einzige Haß, den er gegen sie hatte, war, daß sie sein Hiersein verursachten. Es gab gewisse Dinge, zu denen er nun einmal nicht gemacht war: gedankenlos zu leben, gedankenlos der Gefahr zu begegnen, gedankenlos zu töten.

Casey strich voran – der Mann, der so etwas konnte, dem es eingeboren war, ohne denken zu leben – der Mann, der seit jeher einsam und wachsam wie ein Leopard durch die Straßen der Stadt schlich – der Mann, der seit jeher in jedem anderen Menschen den Feind gesehen hatte – der gezwungen war für seinen Unterhalt zu raffen, zu reißen und zu rauben – der Mann, der den namenlosen Feind im Dunkeln töten konnte – der abgebrühte Mann, der Menschenmörder, der Held von Film und Radio und den großen, schwarzen Schlagzeilen. Furcht verwandelte sich zu Ungeduld: zu werden wie Casey; – er war der kleine Junge mit dem Autogrammbuch, der hinter dem großen Fußballhelden herzottelte. Casey, der Fußballheld, strich voran.

Und nun trieb den Leutnant die Angst vor dem Schweigen und allem, was das Schweigen an ihm auslöste, zu einem neuen Versuch: »Sergeant Casey, was waren Sie vor dem Krieg?«

Der Sergeant ging ein paar Schritte weiter, ehe er antwortete: »Alles für 'nen Dollar.«

Erneutes Schweigen.

»Und Casey, wie alt sind Sie?«

Wieder ein Aufflackern des Mißtrauens in Caseys Augen. »Vierundzwanzig.« Der Leutnant wich betreten dem Blick aus. Er war selbst sechsundzwanzig und hatte gedacht, der Sergeant sei der Ältere. Aus der Tasche grub er ein Päckchen Lucky Strikes aus und bot Casey eine frische Zigarette an. Im Schutze ihrer Hände gaben sie sich Feuer und setzten dann den Weg fort.

Wie sie sich dem Lager näherten, wurden die Fichten spärlicher. Vor einer Woche, als das Regiment hier landete, hatte in der Lichtung eine Schlacht stattgefunden. Vor der Schlacht hatte es hier ein Dorf gegeben. Jetzt war der Boden aussätzig von Trichtern. Wo einst die Bauernhütten standen, waren jetzt ausgebrannte Stätten mit ein paar geschwärzten Holzstümpfen, die aus der Erde ragten. Bäume lagen wie Leichen übereinander. Die noch standen, waren voll klaffender Wunden und Splitter, ihr Laubwerk abgerissen und auf dem Boden verstreut. Jenseits des Lagers gab es noch mehr zerstörte Bäume, dann noch einen seichten Abhang, dann die Straße, um deren Besitz sie gekämpft hatten, dann bis zu den Bergen ein oder zwei Meilen Reisfelder.

Und in der Luft, über dem hartnäckigen Brandgeruch, hing eine seltsame Süße, ein Duft, der zuerst kaum merklich war, aber immer fühlbarer wurde, bis er plötzlich unerklärlicherweise ins Ekelhafte umschlug. Der Leutnant wußte noch nicht, woher er kam, aber Casey hätte es ihm erklären können: Die meisten der gefallenen Amerikaner waren schon vor Tagen eingescharrt worden; aber unter der Asche ihrer Hütten lagen noch tote Bauern und in den Reisfeldern, von den hohen Schößlingen verdeckt, die toten koreanischen Soldaten; und nun stieg der süße und schreckliche Geruch ihrer Verwesung auf, um die Lebenden anzufallen.

Mitten drin aber hockten die Soldaten, ihre Waffen übers Knie gelegt und sahen sich einen Film an. Casey und der Leutnant waren nah genug, Mickey Mouse zu erkennen, die über die Leinwand tanzte. Die Abendgeräusche – das ferne Feuer der Geschütze, das Anlaufen der Motore auf irgendeinem Flugplatz – verloren sich unter dem Gelächter der Zuschauer.

Sie standen eine Weile und blickten auf ihre Leute herunter. Der Leutnant war niedergeschlagen von dem Mißlingen seiner Annäherungsversuche. Es schien ihm, als läge augenblicklich der Sinn seines Lebens darin, sich mit Casey zu verstehen. Er versuchte eine neue Methode.

»Kintopp, Aufführungen und sowas, kriegt ihr wohl eine Menge?«

»Naaa.«

»Was tun die Leute denn, wenn sie sich ausruhn?«

Casey sah den Leutnant nur selten an, wenn er sprach. Er heftete seine Augen mit einem mürrischen, undurchdringlichen Blick starr auf den Boden vor ihm, oder in den weiten, trüben Himmel. Nie war irgendein Anzeichen des Nachdenkens oder einer menschlichen Persönlichkeit, deren Interesse zu wecken war, hinter diesen Augen zu finden. »Nischt. Rumliegen wohl.«

»Und Sie? Was tun Sie?«

Casey verzog mürrisch das Gesicht, so daß der Leutnant nicht wußte, ob er es sarkastisch meinte: »Ich schau Witzblätter an.«

»Ja aber die Menschen von hier. Versteht ihr euch nicht mit den Menschen von hier?«

»Menschen?« – zum ersten Mal wurde der Blick Caseys lebendig; ein scharfer, fragender Lichtstrahl schoß unter seinen Brauen hervor, »gibt keine Menschen hier.«

»Ja, aber...«

»Gooks*, sonst nischt.«

»Ja, aber die Freundlichen? Ich hab viel von den Freundlichen gelesen.«

»Freundlichen?« In der Stimme des Sergeanten schwang das Nichtverstehen mit. »Det sag ich doch, nischst als Gooks.«

* Gooks = Abfälle; hier: Bezeichnung für Koreaner und Chinesen

»Ja, aber die Weiber. Sie wollen doch nicht sagen, es gibt keine Weiber hier?« Das kam dem Leutnant wie eine Eingebung. Sicherlich mußte das eine Saite zum Klingen bringen. »Wollen Sie mir erzählen, es gibt keine Weiber hier?«

Casey machte ein höhnisch-verneinendes Geräusch. »Wenn se eine fangen, hamse eine.«

Der Leutnant gab sich geschlagen. Er ließ seinen Stummel fallen, verrieb ihn mit dem Fuß und wollte weiter gehen; aber Casey starrte in die Bäume hinauf. Die Zigarette, die in seinem Mundwinkel hing, sprang plötzlich nach oben, wie der wachsame Lauf eines Flakgeschützes. Er zog den Leutnant am Ärmel und wies wortlos in die Höhe.

Einen Augenblick lang konnte der Offizier gar nichts in den Baumkronen erkennen; dann gewahrte er durch das Muster aus Ästen, Schatten und Dämmerung, den Mann, einen Koreaner, der sich an die Krone einer zwanzig Fuß hohen Fichte klammerte. Sein Herz pochte vor Aufregung bei diesem ersten Anblick eines lebendigen Feindes und minutenlang glaubte er, ihm würde übel. Mit steifen Fingern fummelte er nach der Maschinenpistole, dann erst erkannte er, daß sie auf solche Entfernung nutzlos sein würde.

Casey, der die Baumkrone angestrengt beobachtete, hängte langsam seine Garand von der Schulter ab. Er hielt sie schußbereit, machte aber keinerlei Anstalten zu zielen. Der Leutnant, dem die Spannung wie ein Finger in der Kehle stak, wartete. »Heckenschütze«, murmelte er, »kleiner, brauner Bastard!« Casey lehnte sich herüber, bis sein Mund nah am Ohr des Offiziers war: »Feldstecher«, sagte er. Er flüsterte nicht, sondern sprach auf die Weise der Soldaten, leiser als Flüstern, aber nicht so pfeifend.

Der Leutnant entsann sich seines Feldstechers. Er richtete ihn auf die Astgabelung, in der der Koreaner saß. Mit zitternder Hand stellte er die Gläser ein, so daß das Bild scharf wurde, verschwamm, scharf wurde, verschwamm, und wieder scharf wurde, bis er geradewegs in das Gesicht seines Feindes blickte.

»Hier«, sagte Casey. Der Offizier reichte ihm die Gläser. »Bei Gott«, sagte Casey, »er lacht.«

Der Leutnant nahm den Feldstecher zurück und schaute noch einmal. Der Koreaner blickte zu den Soldaten in der Lichtung herunter und auf die Leinwand. Der Leutnant konnte die braune harte Brust erkennen, die durch das lose schmuddelig-weiße Hemd des Koreaners sichtbar war und die kräftigen nackten Beine. Und das Gesicht, nun erkannte er auch das Gesicht – auf den ersten Blick affenhaft und grinsend, aber bei näherem Hinschauen ein Bauerngesicht, in das Hunger und Leiden unauslöschlich gegraben waren, bei jedem Wechsel des Ausdrucks erkennbar – auch jetzt als sein verzogenes Gesicht auf die Leinwand herunter grinste.

»Bastard«, murmelte der Leutnant, »was zum Teufel treibt er?« sagte er zu Casey. »Bring ihn um.«

Casey antwortete nicht.

»Ich sag dir doch, bring ihn um. Eh er einen von unsern tötet.«

»Er hat kein Schießeisen.«

Der Leutnant war beschämt. Er hatte den Mann mit den Augen des Menschen angeschaut, nicht mit den Augen des Soldaten. Er hatte nicht gesehen, was er als erstes hätte merken müssen. Die Wirklichkeit entwich ihm. Er fühlte sich schwindlig und abgetrennt, er schmerzte von der Anstrengung sich stillzuhalten und in die Baumkrone hinaufzustarren. Meilenweit entfernt hörte er wie im Traum, wo Raum und Zeit ihre Unendlichkeit enthüllen, das Kreischen des Lautsprechers und das antwortende Getöse des Lachens. »Er ist ein Spion«, murmelte er, »siehst du nicht, daß er ein Spion ist. Bring ihn um, sag ich dir.«

Casey beachtete ihn nicht.

Es war Casey, noch immer voll Selbstbeherrschung und Wachsamkeit, der die Leinwand aufflackern und leer werden sah, als der Film zu Ende ging. Er zerrte den Leutnant beim Arm und machte ihm mit der Hand ein Zeichen. Die beiden Männer verließen geräuschlos den Weg und kauerten sich hinter einem Baum nieder. Geräuschlos, schnell und sehnig glitt der Koreaner nieder. Er stand sekundenlang am Fuß des Baumes und tauchte dann in das spärliche Gestrüpp.

Casey sichtete den Gewehrlauf entlang. Seine Augen waren in einem müden teilnahmslosen Schielen halbgeschlossen. Der Koreaner tauchte bei den Büschen weiter unten auf und bewegte sich schattengleich auf die Hauptstraße zu. Wie er sich bewegte, bewegte sich das Gewehr mit ihm, langsam.

Der Leutnant spähte durch seinen Feldstecher und strengte sich an, die Dämmerung zu durchdringen. Er erwischte den Koreaner, stellte ein und sah aufs neue das Gesicht des Mannes. – »Jesus«, Freude drang ihm durch Mark und Bein. Jetzt wußte er's. Ihm wurde weich und leicht. Jetzt wußte er, daß er keinen Feind vor sich hatte. Auf dem Gesicht des Bauern drückte sich das gleiche Grinsen aus wie vorher; er war unverkennbar – ein Ausdruck vollkommenen Behagens, an dem er ängstlich festhielt, wie ein kleiner Junge, der vom Kino heimrennt.

»Casey, das ist kein Spion. Er ist glücklich! Er hat sich nur den Film angesehn, und jetzt geht er heim.«

»Was Sie nich sagen.« Casey legte sein Kinn auf den Gewehrkolben und schaute mit leerem Blick den Lauf entlang, der sich vor dem Koreaner vorausbewegte. »Fast als wär er 'n Mensch.«

Er zog den Drücker.

Jules Roy

Der Knotenpunkt

Sobald die Halifax-B in der Luft war und die vorgeschriebene Haarnadelkurve flog, mit der die Abflüge geregelt und der Massenverkehr über dem Flugstützpunkt in Fluß gehalten wurde, befiel die Bordschützen eine seltsame Krankheit. Sie sahen Flugzeuge, die auf sie niederstießen, und auch Chevrier hatte solche Halluzinationen. Für Augenblicke unterdrückte er einen Schrei, und seine Kehle schnürte sich zusammen. Er hatte Lust, den Piloten zu schütteln – ihm all diese Apparate zu zeigen, die auf sie eindrehten, um sie zu zerfetzen. Aber der Pilot war so ruhig wie zuvor. »Schon in Ordnung«, antwortete er sanft, »schon gut.« Da warf sich Chevrier seine grundlose Angst vor: ›Meine Augen täuschen mich‹, dachte er, ›und den Bordschützen geht es genauso...‹ Das wiederholte er sich, dann bohrte ein neues rotes Licht sich in seinen Schädel.

An diesem Abend kurvten die Maschinen, als wären sie von einem grausigen Veitstanz ergriffen, und man mußte ihnen einzeln ausweichen. Vor der Küste gab es noch einen Moment, der sie alle bis ins Mark erstarren ließ: als nämlich der obere Schütze unvermittelt ein gewaltsames Manöver befahl. Es war aber nur ein roter Leuchtturm am fernen Horizont, der wie ein Bordlicht aussah.

Über der englischen Küste wurden die Positionslampen ausgeschaltet. Die Gefahr eines Zusammenstoßes war zwar nicht geringer, aber die Nervenanspannung der Bordschützen ließ nach. Sie sahen keine Maschinen mehr um sich und schwiegen jetzt, und daraus schöpfte jedes Mitglied der Besatzung eine Art paradoxer Ruhe. Seit Beginn des Fluges saß Chevrier an der äußersten Spitze der verglasten Kabine (von dort konnte er den Himmel vor sich besser übersehen), und der Navigator hatte sich damit abgefunden, ohne seine Hilfe auszukommen. Der Strom der Maschinen flutete in einem Bett aus kalten Schatten. Chevrier lehnte sich gegen den Gurt seines Sitzes zurück und schloß eine Zeitlang vor Erschöpfung die Augen.

Chevrier begann jetzt zu begreifen, wohin der Krieg ihn führte. Er hatte die Schmiede kennenlernen wollen, war durch das Feuer gegangen, und der Hammer hätte ihn beinahe auf dem Amboß zermalmt. Darunter litt er. Er verdankte sein Leben einem Wunder, das zwanzig Zentimeter maß. Das hatte einen Sinn, der ihm allmählich deutlich wurde und ihn erschreckte. Vielleicht war alles idiotisch auf der Welt – idiotisch schon die Tatsache, daß Menschen geboren wurden und starben, aber der Kampf dieser Menschen, die um ihre Geburt nicht gebeten hatten, erfüllte Chevrier mit Haß und Furcht. Er weigerte sich, den Sarkasmen Morins Glauben zu schenken. Vor allem weigerte er sich, zu glauben, er habe sich einem stumpfsinnigen Gesetz unterstellt, indem er wieder in ein Flugzeug gestiegen war. Selbst wenn das aus einer Regung menschlicher Achtung geschehen war, wollte er nicht, daß es völlig umsonst geschehen sei; und sollte diese menschliche Achtung das höhere Gefühl gewesen sein, dem er gehorcht hatte, dann wollte er es Achtung vor dem Menschen nennen. Er hätte dem Oberst sagen können: »Entschuldigen Sie vielmals, aber ich habe Ihre Geschichte verstanden. Machen Sie weiter, wenn es Ihnen Spaß macht; *ich* fliege nicht mehr. Geben Sie mir einen Posten auf dem Boden, meintwegen in Ihrem Stab, aber ich fange nicht wieder an...« Das erinnerte ihn undeutlich an etwas, was ihm abging. Um das nämlich zu sagen, hätte er einen gewissen Mut und vor allem eine Verachtung für die Menschheit haben müssen, die er nicht besaß. Er hatte sich auf eine irre Geschichte eingelassen. Der Morin hatte recht – Morin sah diese Geschichte, wie sie wirklich war, und trotzdem hatte er sich darauf eingelassen; Chevrier entdeckte schlagartig ihre ganze Widersinnigkeit, aber er hatte sie gewollt, und er war nicht alleine dabei. An diesem Punkt des Abenteuers störte ihn nicht mehr der Irrsinn, sondern die Vernunft. Er würde nicht versuchen, sein Leben zu retten. Wenn er sterben sollte, würde er ebensogut auf einem Fahrrad umkommen, und sollte er leben, würde ihn auch ein Zusammenstoß mitten im Fluge nicht umbringen.

Er fröstelte in der Höhenkälte.

›Sicher ist es die Kälte und nicht die Angst‹, dachte er. Er schaltete die Bordheizung ein und zog seine dicken, gefütterten Lederhandschuhe an. In der Kabine, die in Abständen erbebte, fühlte er sich all denen näher, die das gleiche Handwerk betrieben wie er, und *deshalb* war er wieder in ein Flugzeug gestiegen. Auf dem Boden konnte er die Kameraden ohne Teilnahme betrachten – konnte ihnen vorwerfen, daß sie schlechte Tischmanieren hatten und den Serviermädchen nachliefen, aber er stellte sie über die gesamte Menschheit, weil sie es freiwillig auf sich nahmen, diese Nächte zu durchleben und diesen jähen Tod zu riskieren.

Außer den einfachen Leuten schätzte sie niemand. Es gab Bombenflieger in ganz England; die Insel wimmelte von ihnen. Sie waren jung und lärmend, sprachen alle Sprachen der Erde und besuchten die Bars – sie waren brutal gegen die Frauen und verachteten die Polizei. Tag und Nacht brodelte der Himmel von ihren Abflügen und Landungen. Von Zeit zu Zeit explodierte einer von ihnen und lag brennend bei einem Dorf, das er mit seinen Flammen bedrohte. Welche Zuneigung konnte man für sie empfinden? Chevrier war einer von diesen anonymen Bombenfliegern und teilte ihr Los. Er wußte, daß er der zähen Last der Nacht erliegen würde, aber eine Art verbissener Neugier trieb ihn an, durchzuhalten. Und außerdem war da noch etwas anderes.

In dieser Nacht sollten sie Frankreich bombardieren. Das Ziel war ein Eisenbahnknotenpunkt, über den täglich Hunderte von deutschen Zügen geleitet wurden. Chevrier hatte den Auftrag angenommen. Es galt, den Feind um jeden Preis zu vernichten, selbst wenn das Vaterland zerstückelt werden sollte. In diesem Krieg, wo die Soldaten sich über den Begriff der Ehre stritten, sah sich Chevrier dem brutalen Prinzip des Gehorsams gegenüber. Menschen, die nicht seine Landsleute waren, befahlen ihm,

Bomben auf sein Vaterland zu werfen, und er ließ sich darauf ein, ohne zu wissen, ob er nicht bei seiner Rückkehr als Mörder behandelt und als Mörder verurteilt werden würde. Er riskierte, seine Mutter zu töten und sein Heimatdorf einzuebnen, wenn es dem Feind gefiele, dort einen Kommandobunker oder einen Artilleriepark zu errichten. ›Es wird immer Leute geben, die mich anerkennen, und andere, die mich hassen‹, dachte er, ›aber ich kann nicht mehr zurück.‹

Er hatte sich gefragt, ob er zum Söldner geworden sei, und in bestimmten Augenblicken litten die Kameraden unter ihrem bedrückenden Zustand, weil eine Sprachgrenze sie von den Engländern trennte. An dem Tage, wo er es auf sich genommen hatte, gegen eine bestimmte Vorstellung von Unmenschlichkeit Krieg zu führen, hatte Chevrier auch seine Vorstellung eines Vaterlandes über bestimmte Grenzen hinweg ausdehnen, ja, sie von jeder Eingrenzung freimachen müssen. »Mein wahres Vaterland ist vielleicht eher die Milchstraße als die Erde«, pflegte er zu Morin zu sagen. Im Augenblick wußte er, daß es sich auf das Land beschränkte, wo noch Freiheit herrschte.

Das Geschwader überquerte den Ärmelkanal, und die Dunkelheit tat allen Besatzungen wohl. Dann zitterten vor ihnen einzelne Lichtschimmer auf, und eine schwarze Erde schob sich vor.

Da lag Frankreich. Keiner sprach ein Wort. Es glich dem Rande einer Wüste, die früh genug von den Kanonen geweckt werden würde. Die Piloten, die ihre Maschinen darauf zutrieben, verschlossen ihre Seele seiner aufwühlenden Gegenwart, einzig von der Sorge beherrscht, seine Verteidigungslinie an der günstigsten Stelle zu durchbrechen. Sie hörten die ungeheure Stimme nicht, die diesen Kontinent aus dem Schlafe schreckte, sondern erhoben sie unbedacht gegen diejenigen, die aus dem Schatten tauchten und ihre Köpfe zu ihnen emporwandten. Worte hatten wirklich keinen Sinn mehr. Alles, was Chevrier bisher gesagt hatte, war in diesem Flug über die französische Küste enthalten. Nichts von dem, was er getan hatte – kein

Schmerz des Exils –, hätte Wert gehabt, wenn es nicht zu dem Zeichen geführt hätte, das er an diesem Abend seinen Landsleuten brachte. Seit vier Jahren hatte er Frankreich nicht gesehen, und er kehrte im Gewitter der Bomber zurück, um es zu erdrücken und zu erretten, neben einem Piloten, der sich wegen des schwachen Lichtstrahls aus dem Navigationsapparat Sorgen machte, die Stablampe aus seinem Stiefel zog, um den Kompaß zu kontrollieren, und die Bordschützen fragte, ob sie Flugzeuge bemerkten.

Doch die Bordschützen sahen nichts, und jeder in der Besatzung war beunruhigt. Vielleicht lag die B nicht mehr auf dem richtigen Kurs. Wenn sie über eine Geschützstellung gerieten, liefen sie Gefahr, verfolgt und zur Strecke gebracht zu werden wie eine lächerlich vereinzelte Zielscheibe. Alle gewöhnlichen Ängste überkamen sie, sobald sie flogen – wie beim erstenmal. Die Erdmasse unter ihnen war Frankreich, die dichteren Schatten seine Wälder. Wenn sie hier heruntergeholt würden, dann gäbe es Leute, die sie verstecken, sie ernähren oder vielleicht erschießen würden – auch das war schon vorgekommen. Chevrier bedauerte nicht, sein Land anzugreifen: Endlich fand er zu den Männern, von denen man ihm erzählt hatte – den Männern, die Brücken sprengten, Tankwagen ansteckten und heimlich Zeitungen druckten. Er fand zu ihnen und brachte ihnen eine Botschaft. Der Durst, der seine Lippen und sein Herz ausgedörrt hatte, sein chronischer Ekel am Exil, seine wütende Ungeduld und die Demütigung, um Waffen zu betteln – all das existierte nicht neben dem Kampf dieser Männer; es zählte nicht dort, wo nur Blut und Tränen Wert hatten. Sein Tod, selbst wenn er ihn am Abend des Zwischenfalles getroffen hätte wie eine schwarze Granate, wäre leicht gewesen gegen ihren Tod. In diesen Kampf gegen die Tyrannei also war er aufgenommen worden: Es war ihm vergönnt, seinerseits die Probe der Tränen und des Blutes abzulegen.

Die Besatzung wurde unruhig, als sie auf den Kurs der übrigen Flugzeuge gedrängt wurde, und noch mehr, als sie sich allein glaubte. Plötzlich geriet die B in einen Luftwirbel und richtete sich wieder auf, wie ein Schiffssteven unter einer Woge. Es war aber der Sog eines Kameraden, und die Besatzung war beruhigt.

Wie das Tier, das der Piqueur aus dem Wildbestand aussucht, um es zu töten, wurde zur vereinbarten Zeit der Knotenpunkt von den Aufklärern bezeichnet, und die roten Leuchtkugeln glommen zu ihrer Linken auf: Die B hatte sich verflogen. Die Wirbel, die sie ins Schlingern gebracht hatten, rührten nicht von den Flugzeugen ihres Zuges her, oder höchstens von Besatzungen, die sich ebenfalls verflogen hatten. Sie mußten den Kurs ändern, den Zug einholen, ohne ihn zu stören, anschließend dem Befehl gemäß zum Kap 142 zurückkehren, um keinen zu behindern, und dann die Bomben über dem Bahnhof und nirgend anders abwerfen. Chevrier fühlte, wie sein Mund sich mit galligem Geschmack anfüllte, und kurze Atemstöße begannen in den Kopfhörern zu keuchen.

»Mikrophone abstellen«, befahl er.

Ein langer Umweg war nötig, um das Ziel von Osten zu umfliegen und dann wieder in nördlicher Richtung fortzusetzen. Die Besatzung würde mit fünf oder zehn Minuten Verspätung die letzte sein. Das Knistern eines Mikrophons war zu hören.

»Kommandant«, sagte der Navigator.

»Ja.«

»Wir haben mindestens fünf Minuten Verspätung. Sie können den Rückflug anordnen und die Bomben über dem Wasser abwerfen.«

»Ich weiß.«

Es war keine Rede davon, den Helden zu spielen. Wenn Chevrier sich versteifte, riskierte er nur Ärger. Hätte er vor dem Angriff technische Schwierigkeiten gehabt und befohlen, weiterzumachen, wäre er sofort für eine Erwähnung im Heeresbericht vorgeschlagen worden, aber nicht, wenn er in leichtsinniger Weise die Sicherheit der Besatzung aufs Spiel setzte. Die Anweisungen waren eindeutig. Wenn Schwierigkeiten ihm verboten, innerhalb der erlaubten Grenzen des Zeitplanes zu bombardieren, mußte er umkehren. Hatte er keine Schwierigkeiten und versuchte er, einen Fehler außerhalb des Zeitplanes wettzumachen, würde er bei seiner Rückkehr getadelt werden, ganz gleich, wie groß die Gefahr gewesen war. Der, den sie »Krausbart« riefen, hatte sich, als er eines Tages mit defektem Radio weitergeflogen war, anschnauzen lassen müssen. Und was wäre aus ihm geworden, wenn er vor dem Ziel zurückbeordert worden wäre? Der Fehler dieses Abends fiel nicht nur dem Navigator zur Last. Hätte Chevrier ihm bei seinen Berechnungen geholfen, wären die Winde der Wetterstation zuverlässig gewesen und die Signale nicht so früh gestört worden, dann hätte der Fehler vermieden werden können.

Chevriers Mund schwamm in Bitterkeit. Die Besatzung war bei dem vorigen Flug durch ein Wunder dem Tode entgangen, und dieses Mal würde Chevrier alle ernüchtern. Man würde kein Vertrauen mehr zu ihm haben. »Sie können den Rückflug anordnen...« Der Navigator war sehr ruhig. In seiner Stimme schwang nicht der geringste Vorwurf, nur ein enttäuschter Ton, weil es ihm nicht gelungen war, die B trotz aller Hindernisse zur angesetzten Zeit an den Knotenpunkt zu bringen. Bei der Rückkehr würde man keine Nachsicht für sie aufbringen, sondern sie als ungeschickte und gefährliche Kerle ansehen. Die Entscheidung lag bei Chevrier. Kehrte er zurück, ohne bombardiert zu haben, dann zählte der Einsatz nicht, und die Besatzung wäre verbittert.

Dafür war der Flug zu hart gewesen. Wirklich, es war eine irre Geschichte. ›Aus welchem Grund sollte ich mich in einer so irren Geschichte klug benehmen?‹ sagte sich Chevrier. Er würde sie alle in den Teich befördern. Sie würden zusammen gewinnen oder verlieren – die Verantwortlichen und die, die es nicht waren. Waren denn nicht in der Nacht des Zusammenstoßes die Bordschützen, die das Flugzeug nicht gemeldet hatten, verantwortlich gewesen? Und der Funker, der seine Antenne nicht ausgefahren hatte? Man würde Chevrier bestimmt anschnauzen, aber man würde ihn respektieren...

»Hallo, Pilot«, rief er. »Umfliegen Sie das Ziel von rechts und setzen Sie sich an den Angriffspunkt.«

»In Ordnung.«

Der Pilot war zufrieden. Machte er sich die Lage nicht klar, oder war er so mutig, weil er vor seinem Knüppel und seinen Gashebeln sitzen durfte? Keiner von der Besatzung widersprach – keiner hatte Lust zu widersprechen. Die Bordschützen hockten sich in ihre Kanzeln. Der Navigator legte seinen Bleistift auf den Tisch und fühlte nach dem Fallschirm, der unter seinem Sitz war, bereit, an die Kombination geschnallt zu werden. Auch der Navigator war zufrieden. Wenn Chevrier den Rückflug angeordnet hätte, hätte er ihn in Grund und Boden verachtet; so war er froh, einen Kommandanten zu haben wie Chevrier.

Der Angriff auf den Knotenpunkt verlief unter einem Sprühregen von Explosionen, rötlichen Wolken und prasselnden Flammen am scheinwerferdurchwühlten Himmel. Im Strahlenkreis der Leuchtkugeln flog die B an dem Zug der Bomber zurück, die ihre Ladung abgeworfen hatten und dem Dunkel entgegeneilten. Von Zeit zu Zeit fing einer von ihnen Feuer, wurde zu einer ungeheuren, qualmenden Fackel, die herumwirbelte, senkrecht niederstürzte und am Boden ausbrannte. Als die B zum Schwenken bereit war, war der Tanz vorüber. Noch hatte Chevrier die Wahl, und nur, wer nichts davon verstand, konnte ihm vorwerfen, aufgegeben zu haben. Er konnte sich weigern, den hundertundfünfzig Kanonen des Knotenpunktes und den beutegierigen Jägern als Zielscheibe zu dienen. Doch es war zu spät. Er hatte sich der Besatzung gegenüber verpflichtet. Vor dem Walde von Scheinwerfern, die auf sie warteten, dachte er plötzlich an eine Szene aus dem spanischen Bürgerkrieg: Die Gefangenen mußten zwischen zwei Reihen von Männern hindurchlaufen, die mit Peitschen und Sensen bewaffnet waren, und wer bis zum Ende durchhielt, kam mit dem Leben davon. Er hielt sich nicht bei diesem Bild auf, weil er fühlte, wie eine grausame Faust in seine Magengrube stieß. Er schämte sich dieses tierischen Teiles seiner selbst, das zitterte und sich verkroch. Verwünschungen dagegen kamen ihm auf die Lippen, als der Heckschütze ein Flugzeug meldete.

»Was für ein Flugzeug?« rief Chevrier. »Wenn es ein Jäger ist, dann schieß doch in Gottes Namen!«

Die Stimme des Heckschützen war belegt vor Furcht und vor Schluchzen.

»Was ist das für eine Stimme?« herrschte ihn Chevrier an. »Bist du heiser?«

»Nein.«

»Dann nimm gefälligst deine normale Stimme an.«

In dem Heckschützen demütigte sich Chevrier selbst, und mit einem Schlag rettete er sie beide. Er hatte Lust, seinen Kopf zu schütteln, als hinge eine Mähne daran. Er war wirklich verratzt, und wenn seine Kameraden ihn gesehen hätten, hätten sie nicht schlecht gelacht. Ein Scheinwerfer fing die B ein, dann ein zweiter und dritter. Chevrier sah ihre glühenden Augen unter sich. Vor ihnen warteten andere Scheinwerfer auf das Flugzeug und schwenkten bereits auf sie zu, wie in dem Spiel, wo man einen Kameraden von Hand zu Hand weiterreicht. Die B wurde schon angestrahlt, aber der Pilot hörte nicht auf, nach vorn zu stoßen, auszuweichen und hochzuziehen, um zu versuchen, zwischen den blauen Lichtkegeln hindurchzukommen. Die Salven peitschten über die Flügel und durchschlugen Rumpf und Nase des Flugzeuges. Chevrier gab Befehl, die Fallschirme anzuschnallen. Er war sicher, nicht mehr bis ans Ende der Scheinwerferreihe zu kommen, doch da ließen die Lichtkegel die B los und tanzten hinter ihr wütend durcheinander. Chevrier warf die Bomben auf den Bahnhof ab und flog davon.

»Ah, die Schweine...«

Der kleine Heckschütze quittierte den Beschuß mit einem Fluch auf den Lippen. Weiter war nichts zu sagen. »Die Schweine...« Das war in Ordnung. Der Kleine war plötzlich ein toller Kerl.

»... – haben uns nicht gekriegt«, antwortete Chevrier. »Das haben wir dem Piloten zu verdanken.«

Der Pilot lächelte. Nachdem er ihn während der Übungsflüge so oft angeschnauzt hatte, weihte ihn jetzt der Chef der B zum Kriegsflieger unter einem Spalier blitzender Schwerter und einem Hagel von Peitschen und Sicheln. Das einfache Wort glich alles aus. Der Pilot verstand; er verlangte nicht mehr.

Irwin Shaw
Leutnant Dumestre

Der Capitaine wurde immer einsilbiger und verstummte schließlich ganz. Er war damit beschäftigt, Papiere in eine schwere Satteltasche zu stopfen, und pfiff dabei leise vor sich hin. Von Zeit zu Zeit warf er einen Blick hinaus auf die Ebene, auf der in der Spätnachmittagssonne der Wind den Sandstaub in Wirbeln hochblies. Wenn er eine Weile gedankenverloren in die Ferne geschaut hatte, schüttelte er sich ein wenig und setzte das Packen fort. Er sah Leutnant Dumestre dabei nicht an.

Leutnant Dumestre, sauber in eine gutgeschnittene Uniform gekleidet, saß auf dem Schreibtischrand. Er war ein hochgewachsener, fast blond wirkender Mann und sah für die Leutnantsuniform etwas zu jung aus; er sah auch zu jung aus, um wirklich ernst genommen zu werden, zu jung, um im Krieg zu sein.

Er wandte den Blick nicht von dem Capitaine. Der Capitaine war ein rundlicher, untersetzter Mann, der sich sehr jovial gegeben hatte, als sie sich in Algier zum ersten Mal begegnet waren. Damals hatte der Capitaine den Wein bezahlt und galant angesichts all der hübschen Frauen in dem Café geseufzt. Jetzt war dem Capitaine nichts Joviales oder Galantes mehr anzumerken, während er sich anschickte, auf eine durchaus geschäftsmäßige Art und Weise zu verschwinden.

»Werden Sie wiederkommen, Sir?« fragte Leutnant Dumestre schließlich, da ihm das Schweigen in dem Geschäftszimmer, nur gelegentlich durch das leise Summen des Capitaines unterbrochen, einfach unerträglich geworden war.

Der Capitaine unterbrach das Packen und blickte wieder nachdenklich auf die unendliche Ebene hinaus, als ob dort draußen in dem Sandstaub und dem Buschwerk eine Antwort auf diese tiefgründige, wenn auch irgendwie recht vage Frage zu finden wäre. Er stand eine Weile schweigend da und vergaß sogar, vor sich hinzusummen.

»Werden Sie wiederkommen?« fragte der Leutnant laut.

Der Capitaine wandte sich schließlich um und sah den Leutnant an. Sein Blick war kühl, und man hätte nie vermutet, daß er jemals einem Leutnant eine Flasche Wein in seinem Leben bezahlt hatte.

»Wiederkommen?« sagte der Capitaine. Er drehte sich um und schulterte die Satteltasche. »Wer weiß?«

»Wie verhalte ich mich den Amerikanern gegenüber?« Seine Stimme, stellte der Leutnant verärgert fest, klang viel höher, als sie eigentlich sein sollte.

In Saint Cyr war man ihm dauernd in den Ohren gelegen, einen tieferen Tonfall anzuschlagen. »Ein mit hoher Fistelstimme gegebener Befehl, Mister, ist kaum dazu angetan, nennenswerte Streitkräfte zu größeren Heldentaten anzufeuern.«

»Was geschieht, wenn die Amerikaner eintreffen?«

Der Capitaine setzte sich sorgfältig den Helm vor einem Spiegel auf. »Das werde ich hoffentlich feststellen«, sagte er.

»Und in der Zwischenzeit?«

»In der Zwischenzeit haben Sie Befehl, Widerstand zu leisten. Selbstverständlich.«

Der Leutnant blickte ins Gelände hinaus und hoffte sehnlichst, daß die Amerikaner am Horizont noch erscheinen würden, bevor sich der Capitaine auf seinen persönlichen Rückzug begab. Aber die einzige Bewegung, die zu sehen war, war ein Unteroffizier, der zur Beobachtungsstelle der Batterie eilte.

»Sie werden spätestens morgen früh hier sein«, sagte der Leutnant.

»Durchaus möglich.« Der Capitaine ging aus der Tür und stieg in seinen Wagen. Der Leutnant folgte ihm und grüßte. Der Capitaine grüßte, der Wagen fuhr an, und der Capitaine fuhr von dannen.

Der Leutnant schritt langsam den Weg bis zum vordersten Geschütz entlang und dachte an den Capitaine, der sich auf der Fahrt über die geschotterte Straße nach Algier befand, wo andere Leute die Entscheidungen fällten, wo andere Leute sagten: »Wir werden uns nach links verschieben, wir werden nach rechts eindrehen...« Und der Capitaine würde es nicht nötig haben, selbst einen Entschluß zu fassen. Gleichgültig, wie sich die Dinge weiter entwickelten, würde er keine besondere Verantwortung zu tragen haben; er würde ein anständiger Mann bleiben, wer auch immer letzten Endes die Oberhand behielt, und würde weiterhin ganz jovial für seine neuen Leutnante im zweitbesten Restaurant der Stadt eine Flasche Wein bezahlen...

Der Leutnant begab sich zu der kleinen Lehmhütte, die als Beobachtungsstelle eingerichtet war, erklomm die Leiter und stand neben dem rotäugigen kleinen Unteroffizier unter dem Schirm und blickte durch das Glas auf die Ebene hinaus. Er schaute, bis ihm die Augen weh taten, aber außer den hier und dort tanzenden Sandwirbeln war nichts zu sehen.

Die Bedienungsmannschaft des vordersten Geschützes hatte eine Zeltbahn aufgespannt und sich im Windschatten daruntergelegt. Gewöhnlich schliefen die Männer den ganzen Nachmittag über. Aber heute schlief niemand. Sergeant Fourier war sogar aufgestanden und blickte in die Weite hinaus.

»Irgend etwas zu sehen?« fragte Labat.

Der Sergeant kniff die Augen zusammen. »Nichts.«

»Warten. Warten ist das halbe Leben«, sagte Labat. Er war ein langer, häßlicher Mensch mit großer Nase und langen Ohren. Er war aus Paris, geriet leicht in höchste Erregung, fuchtelte aufgeregt mit den Armen in der Luft herum und war ein großer Patriot der Französischen Republik. »Im Krieg muß man auf alles warten! Sogar auf die Amerikaner! Es kommt schon noch alles in Bewegung. Die Amerikaner sind berühmt für ihr Tempo... Und wir warten immer noch...«

»Nur noch einen Tag«, sagte Boullard. Boullard war ein großer, ruhiger Mann, schon etwas über vierzig, mit einem runzeligen, braungebrannten Bauerngesicht. »Sie werden schon noch früh genug hier sein.«

»Ich kann nicht mehr warten«, sagte Labat. Er erhob sich und blickte hinaus. »Ein ganzes Jahr lang habe ich in der Maginot-Linie gesessen. Jetzt sitze ich seit zwei Jahren hier. Meine Geduld ist allmählich zu Ende. Noch ein Tag ist zuviel.«

»Halt den Mund«, sagte Boullard ruhig. »Du gehst uns allen auf die Nerven.«

Labat legte sich hin, schob die Hände unter den Kopf und blickte zu dem Zeltdach empor. Sergeant Fourier kam zurück und setzte sich hin.

»Immer das gleiche Lied«, sagte Sergeant Fourier, »nichts zu sehen.«

»Für die Amerikaner muß es noch schlimmer sein«, sagte Corporal Millet. Er war ein Mann, der trotz seiner fünfunddreißig Jahre immer noch von Gesichtspickeln geplagt wurde. Sein ganzes Gesicht war von roten Punkten übersät, und er pflegte häufig seinen Zorn hierüber an den Untergebenen auszulassen. »Für die Amerikaner muß es unerträglich sein.«

»Warum?« fragte Labat zornig. »Warum denn ausgerechnet für die Amerikaner?«

»Sie sind von Natur kein Militärvolk«, sagte Corporal Millet. Er hatte die ölige, immer etwas überlegen wirkende Stimme eines Anwalts, und an schlechten Tagen waren seine Leute oft versucht, ihn umzubringen. »Sie sind normalerweise gewohnt, sich ruhig hinzusetzen und bloß auf den Knopf zu drücken.«

»Corporal«, sagte Labat unbewegt, »du bist vielleicht der größte Idiot in der französischen Armee des Jahres 1942.«

»Scherz beiseite«, sagte Corporal Millet. »Tatsache ist, daß der Krieg für ein Volk schwerer ist als für das andere. Die Amerikaner müssen Höllenqualen leiden.«

»Ich wiederhole«, sagte Labat. »Der größte.«

Corporal Millet war Anhänger von Vichy, und Labat machte sich ein Vergnügen daraus, ihn in Zorn zu versetzen.

»Knöpfe drücken«, sagte Boullard nachdenklich. »Ich könnte im Augenblick auch so ein paar Knöpfe gebrauchen.«

»Siehst du«, sagte Corporal Millet und wies auf Boullard. »Boullard ist der gleichen Ansicht.«

»Siehst du«, sagte Boullard. »Boullard ist nicht der gleichen Ansicht.«

Einen Augenblick lang trat Schweigen ein, während die Männer an den Wind und die Häßlichkeit der Menschen und die Möglichkeiten baldigen Sterbens dachten.

»Dieser Krieg«, sagte der Sergeant. »Dieser hundsgemeine Krieg.«

»Warum reden wir nicht über die Frauen«, sagte Kanonier Jouvet. »Ich habe den Krieg satt. Ich habe Lust auf Busen und Hüften.« Kanonier Jouvet war zwanzig Jahre alt und bemühte sich immer krampfhaft, es den älteren Kameraden in jeder Hinsicht gleichzutun.

»Es kann nicht sein«, sagte Labat, »daß die Amerikaner auf der Bildfläche erscheinen und wir den Befehl erhalten, auf sie zu schießen. Das ist ein Ding der Unmöglichkeit.«

»In der französischen Armee«, sagte Boullard, »ist nichts unmöglich.«

»Warum nicht?« fragte Corporal Millet. »Eine Invasion auf französischem Boden...«

»Ich kann diese beiden Worte nicht mehr hören«, sagte Boullard. »Französischer Boden.«

Labat trank einen Schluck aus seiner Feldflasche. Er machte den Verschluß wieder zu, dachte dann aber, daß er morgen vielleicht schon nicht mehr am Leben sein würde, sagte leise: »Zum Teufel«, öffnete die Feldflasche noch einmal und trank noch einen Schluck des kostbaren Wassers.

»Die Frage ist doch die«, sagte Kanonier Jouvet, »sind die Amerikaner als Freunde, Feinde oder als Touristen zu betrachten?«

»Was für ein Krieg«, seufzte Sergeant Fourier. Er hatte vor drei Monaten eine Masseuse mit guter Kundschaft in Algier geheiratet und war für seine Verhältnisse ein gemachter Mann. »Was für ein hundsgemeiner Krieg!«

»Wir werden schon rechtzeitig unsere Befehle bekommen«, sagte Corporal Millet laut.

»Und das ist gerade das, wovor wir Angst haben«, sagte Labat.

»Schließlich sind wir ja Soldaten«, sagte Corporal Millet und betupfte zärtlich seinen größten Gesichtspickel. »Wir haben Offiziere. Sie haben ihre Anweisungen.«

»Bitte, Corporal«, sagte Labat. »Ruhig. Derartige Äußerungen sind dazu geeignet, mich aus der Haut fahren zu lassen.«

»Die Amerikaner –« Sergeant Fourier seufzte erneut. »Es ging doch alles zunächst nach Plan. Es war zwar nicht sonderlich erfreulich, aber es war auszuhalten. Sie sind ganz verrückt darauf, irgendwo zu landen... Dabei haben sie ganz Europa vor sich, wo sie landen könnten. Aber nein! Sie müssen sich ausgerechnet Afrika aussuchen! Wir werden alle sterben!«

»Sei bitte etwas lustiger«, sagte Boullard, »oder halte gefälligst den Mund.«

Die Männer saßen einen Augenblick schweigend da, und jeder hing dem Wort ›sterben‹ nach, das schließlich ausgesprochen worden war.

»Wirklich lächerlich«, sagte Labat, »ausgerechnet von einem Amerikaner erschossen zu werden.« Labat hatte bei Sedan gekämpft und hatte sich verbissen den Weg der Länge nach durch Frankreich gebahnt, voller Flüche auf die Politiker, die Offiziere, die Deutschen und die Engländer und die Italiener und die Amerikaner. Schließlich war er als blinder Passagier auf einem Frachter nach Algier gelangt und hatte sich gleich am nächsten Tag wieder zur Truppe gemeldet.

»Ich weigere mich«, sagte Labat, »ich lehne es einfach ab, mich von einem Amerikaner umbringen zu lassen.«

»Du wirst tun, was dir befohlen wird«, sagte Corporal Millet.

Labat starrte Corporal Millet düster und gefahrdrohend an. Sein sonst zwar nicht sehr hübsches, aber doch irgendwie angenehm wirkendes Gesicht wirkte hart und verzerrt. Er kniff die Augen zusammen und sagte gehässig. »Corporal der vereinigten Gesichtspickel, weißt du, wie dein Befehl lautet?«

»Nein.«

»Weiß es sonst jemand?« Labat blickte in die Runde. Sein Gesicht war gerötet, und er war wütend auf Corporal Millet und die französische Regierung und seine persönliche Lage an diesem Nachmittag.

Sergeant Fourier räusperte sich umständlich. »Der Leutnant. Er muß es wissen. Der Capitaine ist weg...«

»Was für eine herrliche Sache muß es doch sein«, sagte Boullard, »wenn man Capitaine ist...«

»Los, wir wollen den Leutnant fragen«, sagte Labat.

»Sergeant Fourier, wir ernennen dich zu einem Einser-Komitee.«

Sergeant Fourier blickte sich unbehaglich um, zog nervös seinen kleinen rundlichen Bauch ein und fühlte sich gar nicht wohl bei dem Gedanken, daß irgendeine Handlungsweise dieser Art seine angenehm anonyme Zukunft mit der Masseuse in Algier in Gefahr bringen könnte. »Warum ausgerechnet ich?« fragte er.

»Höchster Unteroffiziersgrad am Platze«, sang Labat. »Der Dienstweg zum Offizier.«

»Ich habe noch keine zwei Worte mit ihm gesprochen«, protestierte Sergeant Fourier. »Er ist ja auch erst fünf Tage hier. Und er benimmt sich sehr reserviert... Das einzige, was er mir in den fünf Tagen gesagt hat, war: ›Achten Sie darauf, daß die Leute nachts nicht im Freien rauchen‹.«

»Das reicht«, sagte Labat aufgeräumt. »Man sieht ja, daß er dich gern hat.«

»Keine dummen Witze«, sagte Boullard scharf. »Zum Witzemachen haben wir keine Zeit mehr.«

»Ich mache nur deshalb Witze«, meinte Labat nüchtern, »weil ich bereit bin, mir die Kehle durchzuschneiden.«

Er stand auf, ging zum Rand der Zeltbahn und blickte, den übrigen den Rücken zukehrend, über die rätselvolle Ebene, um Ausschau zu halten nach der ersten schicksalsschweren Staubwolke.

»Was für ein Mann ist eigentlich dieser Leutnant Dumestre?« fragte Boullard.

»Schwer zu sagen«, sagte Sergeant Fourier mit der Zurückhaltung, die man nach dreijähriger Dienstzeit in einer Armee sich aneignet, wo ein voreilig abgegebenes positives Urteil über einen Mann, bevor dessen Tapferkeit, Rechtschaffenheit und Kameradschaftlichkeit erwiesen waren, eines Tages den plötzlichen Tod zur Folge haben konnte. »Er ist sehr ruhig, steif...«

»Ein schlechtes Zeichen«, sagte Boullard.

»Achtet genau auf den vorschriftsmäßigen Dienstanzug.«

»Auch ein schlechtes Zeichen.«

»Es hat keinen Sinn, die Sache zu übereilen«, protestierte Sergeant Fourier.

»Es ist wegen der Amerikaner«, sagte Boullard. »Die haben es eilig, nicht ich. Es gibt jetzt nur noch eines zu tun.« Er rieb sich das Kinn geistesabwesend mit dem Handrücken, wie ein Mann, der feststellen will, ob er sich rasieren muß oder nicht. Die anderen Männer beobachteten ihn schweigend. Sie waren gespannt zu hören, was er an diesem letzten, die Nerven bis zum äußersten anspannenden Nachmittag noch zu sagen hatte. »Nur noch eines«, wiederholte Boullard. »Wir töten ihn.«

Leutnant Dumestre stand auf der Beobachtungsstelle und fühlte, wie ihn die Kopfschmerzen in immer stärkeren Wellen überfielen. Jeden Nachmittag häuften sich Elend und Langeweile in geradezu unerträglichem Maße. Mit schmerzenden Augen starrte er über die allmählich dunkler werdende Ebene, die sich allmählich, unfaßbar und trügerisch, in einer Unzahl bläulicher und rötlicher Schattenkomplexe aufzulösen schien und in der die Umrisse von Menschen und Maschinen auf höchst willkürliche und gefährliche Weise unterzugehen schienen...

Leutnant Dumestre schüttelte den Kopf und schloß die Augen.

Wie macht man es eigentlich? fragte er sich. Wie übergibt ein Leutnant einer im Vormarsch befindlichen Armee eine Batterie ohne Befehl? Wie rettet ein Leutnant in einer derartigen Situation sein Leben? In der Ferne entsteht eine

Staubwolke, bald schlagen die ersten Granaten in der Nähe ein, und um einen herum stehen lauter zweifelnde und unsichere Leute, die man nicht kennt, die aber aus irgendeinem unglückseligen Zufall dem Befehl des Leutnants unterstellt sind. Warum hatte er seinen Posten in Algier verlassen? Ausgerechnet in dieser einen, verrückten, schicksalsschweren Woche mußte seine Versetzung ins Dilemma, seine Versetzung in den Tod verfügt werden... Zur Zeit Napoleons behauptete man, daß jeder französische Grenadier den Marschallstab im Tornister mit sich herumtrage. Heutzutage trug jeder französische Soldat in seinem Rucksack eine fatale und unlösbare Schicksalsfrage mit sich herum.

Leutnant Dumestre hatte um seine Versetzung aus Algier gebeten, weil er dort zu viel Geld ausgegeben hatte. Das war der einzige Grund. Die Rechnungen kamen, der monatliche Haushaltsplan wurde aufgestellt, gewisse Summen für seine kranken Eltern in Paris wurden von vornherein abgezweigt, und es lag auf der Hand, daß man von einem Leutnantsgehalt kein Geld in einer lebenslustigen Stadt ersparen konnte, besonders wenn man sein ganzes Leben lang wohlhabend gewesen war und nicht daran gedacht hatte, jeden Franc zehnmal umzudrehen, bevor man ihn ausgab...

So, Algier war also zu kostspielig. So, die Wüste würde sich wahrscheinlich als noch viel kostspieliger erweisen.

... Dort in Algier wußte er, daß die Männer seiner Batterie ihn hinter seinem Rücken nachgeäfft hatten – wegen seiner langsamen und schwerfälligen Art, wie er Befehle zu geben pflegte, stets bemüht, seine Stimmlage so tief wie möglich zu halten... Sie hatten ihn nachgeäfft, aber er kannte sie und hatte sogar das Gefühl, daß sie ihn gern hatten. Aber jetzt stand er hier, an dem entscheidenden Tag der letzten zwei Jahre, umgeben von einer Gruppe mürrischer Fremder, die ihn mit kühler und unverhohlener Feindseligkeit betrachteten, als einen Neuankömmling und Offizier in einer Armee, wo Neuankömmlinge automatisch suspekt und Offiziere automatisch verhaßt waren...

Leutnant Dumestre schritt langsam nach Westen über

die staubige Ebene. Die Sonne war untergegangen, der Wind hatte sich gelegt, und das Gehen würde ihm vielleicht guttun. Vielleicht, dachte er, und lächelte still vor sich hin, kommt ein amerikanischer Spähtrupp und nimmt mich gefangen ... Damit wäre das ganze Problem gelöst ... Es ist wie bei einem Kind, dachte er, das die Hoffnung hat, am nächsten Morgen wegen Halsschmerzen nicht in die Schule gehen zu müssen. Er schaute hinüber zu dem immer mehr verschwimmenden Horizont, hinter dem irgendwo die Amerikaner marschierten. Wie einfach war es doch, Amerikaner zu sein!

Leutnant Dumestre blieb stehen, setzte sich wie ein kleiner Junge auf die flache Erde, legte den Kopf in die Hände und weinte. Doch plötzlich hielt er inne und biß sich auf die Lippen und dachte: Was für ein Unsinn, ein erwachsener Mann ... Auch auf diese Frage muß es eine Antwort geben. Schließlich bin ich nicht der einzige entwurzelte Franzose auf diesem Kontinent. Das Hauptproblem sind aber die Männer. Wenn ich nur wüßte, was sie wollen ... Wenn es nur irgendeine Möglichkeit gäbe, unter ihnen zu sein, ohne daß man gesehen wird. Es ist nicht das erste Mal, daß Armeen kapitulieren. Offiziere sind mit weißer Flagge aufgetreten und haben ihren einstigen Feinden ihre Dienste angeboten. Der Capitaine war in Algier, wer könnte also ihm, Leutnant Dumestre, in den Weg treten? Mein Herr, ist jemand hier, der französisch spricht? Mein Herr, Leutnant Dumestre, Batterie C, wünscht Ihnen hiermit zu erklären, daß er sich den amerikanischen Streitkräften in Nordafrika anschließen und unter der Flagge der Vereinigten Staaten bis zum Kriegsende gegen den gemeinsamen Feind zu kämpfen beabsichtigt ... Es muß doch eine Übergabetechnik existieren, so wie es für alles andere in der Armee bestimmte Regeln gibt. Seine Eltern würden vorläufig auf seine Hilfe verzichten müssen. Wenn bloß die Männer ...

Leutnant Dumestre schlug sich auf den Schenkel und stand auf. Er hatte einen Entschluß gefaßt. Es blieb ihm unter den Umständen nichts anderes übrig, als ganz offen mit den Männern zu sprechen und ihnen die Situation zu erklären, ganz offen und ungeschminkt... Er machte sich schnellen Schrittes wieder auf den Rückweg zur Batterie.

»Männer«, würde er sagen, und zwar mit möglichst tiefer Stimme, »so liegen die Dinge. Morgen wird eine amerikanische Armee vor uns erscheinen.« Man wußte nie, wieviel die Leute ohnehin schon wußten, was für Gerüchte sie erreicht hatten, was nicht für Nachrichten auf den Latrinen und bei der Zigarette nach dem Frühstück besprochen und weitergetragen wurden. »Ich habe Befehl, Widerstand zu leisten«, würde er sagen, »aber persönlich stehe ich auf dem Standpunkt, daß wir durch diesen Befehl nicht mehr gebunden sind, denn ich glaube, daß alle Franzosen jetzt für die gleichen Ziele kämpfen müssen, für die auch die Amerikaner kämpfen.« Vielleicht klang das zu heroisch, aber es war unmöglich, Krieg zu führen, ohne gelegentlich ein bißchen heroisch zu reden. »Ich beabsichtige, die weiße Flagge zu hissen und die ganze Batterie den Amerikanern zu übergeben.« Jetzt trat das Problem der Andersdenkenden auf. »Jeder, der mir bei diesem Schritt nicht folgen will, kann ungehindert die Batterie verlassen und sich nach hinten absetzen...« Nein, sie würden sich das anhören, darüber sprechen, und am Morgen wäre plötzlich ein Trupp Kavallerie da, und mit Leutnant Dumestre würde kurzer Prozeß gemacht. Aber angenommen, sie waren alle Vichy-Anhänger? Schließlich erhielten sie ja ihren Sold von der Regierung in Vichy, und es gab Tausende von Franzosen in Afrika, die sich eindeutig auf die deutsche Seite geschlagen hatten. Diese Leute würden ihn kaltblütig über den Haufen schießen.

Aber mit wem sollte er reden? Vielleicht mit Boullard; er war Bretone, ein bretonischer Bauer. Er war schon ein älterer Mann und machte einen ordentlichen und vernünftigen Eindruck.

Er holte tief Luft und ging rasch weiter, auf die Feuerstellungen zu. Er wußte noch nicht, was er sagen würde, aber er wußte, daß er irgend etwas sagen würde, irgend etwas würde sagen müssen...

Unter dem Zeltdach sprach Boullard mit leiser Stimme zu seinen Kameraden. Das Ländlich-Freundliche war aus seinem Gesichtsausdruck verschwunden; er sah jetzt entschlossen und zu allem fähig aus. »Wir werden zunächst so tun, als ob wir Widerstand leisten wollten«, sprach er zu den Leuten, die im Kreis herumsaßen und zu ihm aufsahen. »Dabei kann natürlich plötzlich jemand ums Leben kommen.« Er blickte von einem zum anderen. »Ein Leichnam ist so gut wie jeder andere...«

Jouvet, der jüngste unter ihnen, war der einzige, der nicht stillsitzen konnte. Er rieb die Absätze aneinander und zog mit den Schuhen Figuren in den Sand.

»Wir töten den Leutnant«, sagte Boulllard, »und nehmen unser Leben selbst in die Hand. Was wir dann damit machen, ist unsere eigene Sache.«

»Betrachten wir die Sache mal von der politischen Seite«, sagte Labat. »Politisch sind wir erledigt, wenn die Deutschen gewinnen...«

»Vielleicht«, sagte Sergeant Fourier mit unsicherer Stimme; das Bewußtsein, einen Entschluß fassen zu müssen, bereitete ihm schwere seelische Qual. »Vielleicht sollten wir erst noch mal abwarten, was geschieht...«

»Wir werden so lange warten, bis man uns begräbt«, sagte Boulllard.

»Aber mindestens«, sagte Labat, »sollten wir mit dem Leutnant sprechen. Feststellen, was er vorhat.«

»Ich war an der Maas«, sagte Boullard. »Ich weiß, wie wenig Sinn es hat, mit einem Leutnant zu reden. Ich übernehme die Verantwortung. Wenn ihr alle Angst habt...« Er blickte sich voller Verachtung um. »In diesem Kriege werden noch viele Männer fallen. Mir ist es gleich, ob es einer mehr oder weniger ist...«

»Wir müssen erst mit ihm reden«, sagte Labat eigensinnig.

»Warum?« fragte Boullard laut.

»Vielleicht steht er auf unserer Seite. Vielleicht will er auf der amerikanischen Seite weiterkämpfen...«

Boullard lachte rauh. Dann spuckte er aus. »Ich komme mir vor wie in einem Kindergarten«, sagte er. »Wenn er noch immer Offizier in der französischen Armee ist, dann ist er auch kein Freund der Amerikaner. Wenn es in diesem stinkenden Krieg überhaupt noch eine Hoffnung gibt, dann sind es die Amerikaner. Ich bin vierundvierzig Jahre alt und habe zwei Kriege mitgemacht. Im dritten will ich von vornherein auf der richtigen Seite stehen...«

»Und trotzdem«, sagte Labat leise und beharrlich, »und trotzdem sollten wir vorher mit ihm reden.«

»Ich für meine Person«, sagte Corporal Millet unvermittelt und stand auf, »ich habe Dienst am Scherenfernrohr –«

Er ließ die Hände sinken, als Boullard sein Gewehr aufnahm und ihm die Brust mit dem Bayonett berührte.

»Hier hast du Dienst, Corporal.« Boullard bewegte die Bajonettspitze leise auf dem Brustknopf hin und her. »Wir müssen einen Entschluß fassen, und dazu ist Vollzähligkeit erforderlich.

Corporal Millet setzte sich langsam wieder hin.

»Es ist mir gleich«, sagte Labat und sah grinsend zu Millet hinüber, »was du mit dem dienstbeflissenen Corporal machst, aber dem Leutnant geschieht nichts, bevor wir nicht mit ihm gesprochen haben.«

Er klopfte Boullard leicht, mit freundschaftlicher Geste, auf die Schulter. Boullard wandte langsam den Blick von Millet, und der Corporal seufzte.

Boullard blickte den Männern, die gemeinsam mit ihm in der Wüste gefangen waren, forschend ins Gesicht. Sergeant Fourier, der von einer Pension und seiner Masseuse träumte und noch immer unter dem Eindruck eines vagen, schmerzlichen Gefühls für Patriotismus und Ehre stand, erwiderte den Blick nicht. Jouvet, der sich im Alter von zwanzig Jahren den uralten, ineinander verschlungenen Fäden eines blutigen und nicht mehr übersehbaren Jahrhunderts gegenübersah, erweckte den Eindruck, als würde er jeden Augenblick zu weinen anfangen. Labat lächelte, aber er war offenbar von seiner Auffassung nicht abzubringen. Corporal Millet schwitzte und gab sich die größte Mühe, nicht so auszusehen, als würde er sofort zum nächstbesten Offizier rennen und den Beginn einer Meuterei melden.

»Also gut«, sagte Boullard, »meinetwegen, wenn ihr es

so haben wollt. Aber das eine kann ich euch sagen: ein Wort zu viel und wir werden alle an die Wand gestellt.«

Jouvet machte sich mit seinem Taschentuch zu schaffen, und Boullard sah ihn neugierig, aber unpersönlich an.

»Wir brauchen uns jetzt noch nicht festzulegen«, sagte Labat. »Wir werden erst einmal vorsichtig vorfühlen...«

»Besser!« sagte Sergeant Fourier laut. »Ja, das ist besser!«

Boullard starrte ihn kalt an. Sergeant Fourier verstummte verlegen und nahm ein Päckchen Zigaretten heraus.

»Es ist bestimmt möglich«, sagte Labat zu Boullard gewandt, »einen Menschen zu beurteilen, ohne ihm eine direkte Frage vorzulegen...«

»Möglich«, sagte Boullard ohne Begeisterung.«

»Ich würde mit ihm reden«, sagte Labat. »Ich bin an solche Sachen gewöhnt. Ich bin sieben Jahre lang auf Gewerkschaftskongressen aufgetreten, und das will schon was heißen...« Er sah sich um und hoffte auf ein zustimmendes Lachen, damit die tödliche Spannung verging, aber nur der kleine Jouvet, stets entgegenkommend und hilfsbereit, lächelte schwach und etwas gequält, weil er merkte, daß Labat damit einen kleinen Scherz hatte machen wollen.

»Also gut«, sagte Boullard. Er fingerte an seinem Gewehr herum und richtete es kaum wahrnehmbar auf Corporal Millet. »Ich werde mir dann mein Urteil bilden. Und du...« Die Mündung zeigte eindeutig auf Corporal Millet. »Du wirst den Mund halten. Ist das klar?«

Corporal Millet setzte sich steif hin. Bekümmert stellte er bei sich fest, daß seine Ehre eigentlich ein gewisses Minimum an Widerstand verlangt hätte. Außerdem kam ihm deutlich zum Bewußtsein, wie wenig er nach einer eventuellen Eingliederung in die amerikanische Armee noch zu sagen haben würde. Er sah Boullards riesenhafte Hände an, die ruhig den Gewehrschaft umspannt hielten. »Das ist eure Sache«, sagte er schwach. »Ich wasche meine Hände in Unschuld.« Boullard lachte.

Sergeant Fourier zündete sich eine Zigarette an, stand auf und trat an den Rand des Zeltdaches. Dort rauchte er still vor sich hin, während hinter ihm kein Wort mehr unter den wartenden Männern gesprochen wurde.

Leutnant Dumestre schritt langsam über den holprigen harten Boden auf die Feuerstellung zu. Er versuchte, sich die einleitenden Sätze zurechtzulegen, die er den Soldaten sagen wollte. »Männer«, könnte er zum Beispiel sagen, »ich will einmal völlig offen mit euch reden. Ich werde eine weiße Flagge hier neben den Geschützen aufrichten und die Batterie den Amerikanern...« Oder er konnte auch sagen: »Es besteht die Möglichkeit, daß morgen früh amerikanische Truppen hier erscheinen werden. Stellt das Feuer ein, bis ihr Befehl von mir bekommt...« Für diesen letzteren Weg ließ sich viel sagen, denn man brauchte sich nicht sofort auf eine bestimmte Linie festzulegen, und es war auch weniger gefährlich, denn er brauchte den Befehl zur Übergabe oder zum Feuern ja erst so spät zu geben, daß die Ereignisse sowieso schon über ihn hinweggerollt sein würden. Er konnte sich förmlich sehen, wie er im trüben Mondlicht vor seine Männer hintreten und mit ihnen sprechen würde... wie er alle Register seiner Überzeugung ziehen und ihnen klarmachen würde, was im vorliegenden Falle das einzig Richtige sei, für sie selbst, für ihre Ehre, ihre Heimat, ihre Familien, für Frankreichs Ruhm... Dann schüttelte er sich, lächelte müde über diesen schönen Traum und mußte daran denken, wie linkisch und ungeschickt er immer wirkte, wenn er vor der Front stand, wie sehr ihm die Rednergabe fehlte und wie wenig es ihm sonst immer gelungen war, andere für irgend etwas zu begeistern...

Oh, mein Gott, dachte er, ich bin der falsche Mann. Ich stehe am falschen Platz, der falsche Mann...

Er trat um das Zeltdach herum und gewahrte die wachsame, verhaßte Silhouette eines Gewehrs, die sich unverwandt gegen den sternenklaren Himmel abhob.

Sergeant Fourier rauchte nachdenklich unter freiem Himmel, und die übrigen Männer saßen merkwürdig still und schweigend unter dem Dach. Als Sergeant Fourier ihn sah, warf er die Zigarette schuldbewußt und so unauffälig wie möglich fort. Er stand still und erwies dem Leutnant die Ehrenbezeigung. Mit dem rechten Absatz versuchte er dabei heimlich, den glühenden Punkt auf dem Fußboden auszutreten. Der Anblick des kleinen Mannes mit dem runden Bauch, der wie ein Schmierenkomödiant aussah und so tat, als habe er nicht geraucht, irritierte Leutnant Dumestre, der den ganzen Vormittag und den ganzen Nachmittag und Abend hindurch in bitterstem Ernst um Krieg und Brudermord und Blutschuld gerungen hatte...

Er erwiderte den Gruß des Sergeanten kurz. »Was ist denn hier los?« fragte er scharf; seine hohe Stimme ließ alle Männer unter dem Zeltdach die Blicke in kalter Ablehnung und automatisch zu ihm hinwenden. »Sie wissen doch, daß nicht geraucht werden darf.«

»Verzeihung, Sir«, sagte Sergeant Fourier dumm, »ich habe nicht geraucht.«

»Sie haben geraucht«, sagte Leutnant Dumestre; dabei spürte er zutiefst und auf schmerzliche Weise, wie lächerlich dieses Hin und Her im Grunde war.

»Ich habe nicht geraucht, Sir«, sagte Sergeant Fourier. Er stand aufrecht, in tadelloser Haltung da und war beinahe glücklich darüber, daß es wenigstens für zehn Minuten diese harmlose kleine Auseinandersetzung gab...

»Es ist Ihnen immer wieder eingetrichtert worden!« schrie Leutnant Dumestre in höchster Erregung und beklagte innerlich den Tonfall und sein Bestehen auf militärischer Form bei einer so unpassenden Gelegenheit, aber irgendwie war er unfähig, seit der Abreise des Capitaines und unter dem Eindruck der bevorstehenden Ankunft der Amerikaner sich zu beherrschen und seiner Stimme eine andere Klangfarbe zu verleihen. »Jeden Augenblick können wir bombardiert werden. Eine Zigarette leuchtet wie ein Scheinwerfer und ist noch aus dreitausend Meter Höhe zu sehen! Warum zeichnen Sie nicht eine Skizze der Feuerstellung und veröffentlichen sie in den Morgenzeitungen?« Er sah, wie Labat zu Boullard hinüberblickte, kalt mit den Achseln zuckte und sich mit einer unheilvollen Gebärde abwandte. Irgend etwas schnürte ihm die Kehle zu, aber es brach einfach aus ihm heraus... als ob ihm endlich nach all den quälenden Zweifeln des Tages die Freiheit zurückgegeben worden wäre. Hier befand er sich wenigstens auf vertrautem Grund. Ein Fall von Gehorsamsverweigerung. Gefährdung der Sicherheit einer Feuerstellung. Sein gequältes Hirn suchte und fand den Ausweg aus dem fürchterlichen Dilemma des Sich-Entscheiden-Müssens und fiel wieder in die altgewohnten Bahnen, in die ausgetretenen Pfade von Saint Cyr, von zahllosen Garnisonen, Kasernen zurück... »Ab sofort gilt erhöhte Alarmbereitschaft. Wachablösung alle zwei Stunden«, kam es schrill mit hoher Fistelstimme, »eine halbe Tagesausstattung Munition ist aus der Protzenstellung bis drei Uhr früh in die Feuerstellung zu schaffen.« Er sah, wie die Gesichter der Männer zusammenzuckten, aber er sah auch noch etwas anderes in ihnen, konnte aber im Rausch der Befehlsausgabe nicht genau sagen, was es eigentlich war. Noch während des Sprechens hätte er am liebsten alles wieder ungeschehen gemacht – wußte aber, daß ein besserer Mann die Zigarette bewußt übersehen oder einen Witz darüber gemacht hätte... Und er haßte Sergeant Furier, der teilnahmslos dort stand, aber auf eine Weise war er ihm auch dankbar, denn er hatte ihm in dieser späten Stunde noch einmal die Chance gegeben, die Entscheidung zu verschieben.

Er wandte sich auf dem Absatz um und ging davon. Vielleicht würde er um Mitternacht noch einmal zurückkommen und die Frage mit den Amerikanern ins Reine bringen. Voller Abscheu zog er die Schultern hoch, als er den Klang seiner eigenen Stimme wieder im Ohr nachhallen hörte, aber es war jetzt nichts mehr zu machen, und er ging weiter, ohne sich umzusehen. Um Mitternacht, dachte er, um Mitternacht ist immer noch Zeit...

Unter dem Zeltdach sah Boullard seine Kameraden an. Ihre Gesichter waren ernst. Außer bei Millet stieß Boullard bei allen auf stilles Einverständnis. Boullard trat mit seinem Gewehr unter dem Zeltdach hervor.

Um Mitternacht, dachte Leutnant Dumestre, als ihn die Kugel traf, um Mitternacht ist immer noch Zeit...

Sie begruben ihn rasch, ohne die Grabstelle zu bezeichnen, und ließen sich vor den Geschützen nieder, um die Amerikaner zu erwarten.

Budd Schulberg

Genug

Ich dachte, ich hätte die ganze Skala der Kommandoposten durchlaufen, von halbzerstörten Bauernhäusern bis zu herrlichen Schlössern am Rhein – aber so etwas war noch nicht dabeigewesen: ein kaltes kleines Nonnenkloster auf einem Hügelzug mit dem Blick auf ein elsässisches Pfefferkuchendorf und die deutschen Linien dahinter. Eine Sonderaufklärungseinheit der Siebten Armee, die sich für den Rheinübergang bereit machte, war eingezogen, aber die Nonnen waren nicht ausgezogen, und so hausten die beiden Organisationen nebeneinander unter dem gleichen Dach – die französischen Nonnen widmeten sich hingegeben dem Frieden, die Aufklärungsgruppe widmete sich hingegeben dem Krieg. Es war eine schwierige Aufgabe, eine gefährliche Aufgabe, nachts durch die feindlichen Linien zu dringen, um Truppenbewegungen und Geschützstellungen zu erkunden, aber abends in der Messe bestand die Unterhaltung hauptsächlich aus Scherzen und Neckereien, ab und zu vom regelmäßigen Jerry-Artilleriefeuer unterbrochen, das sich anhörte, als gehe es direkt über unsere Köpfe hinweg. »Elsaß-Alice«, sagte der junge CO. »Sie versucht seit einer Woche, uns zu finden. Heut abend ist sie nicht mal nahe dran.«

Die Nonne, die uns gewissenhaft und stumm bediente, ohne jemals ihren Ausdruck zu verändern, so, als hätte sie ihr ganzes Leben lang unter amerikanischen Offizieren gelebt, die nicht einmal beim Essen ihre Pistolen abschnallten, füllte unsere Kaffeetassen von neuem. Der Kaffee war so gut, daß niemand aufstehen wollte, und so blieben wir bei unseren Tassen sitzen, zogen gemächlich an den Zigaretten oder Pfeifen, die wir an den flackernden Kerzen anzündeten, deren weicher gelber Schein den Tisch erhellte. Jeder war satt und entspannt, der Krieg saß uns im Moment nicht im Genick, und es war noch zu früh, in die Schlafsäcke zu kriechen. Eine gute Zeit für Gespräche. Zuerst sprachen wir von den Dingen, über die in jenem Winter jeder im ETO gern sprach. Wie lange der Krieg dauern werde, wie lange unsere Jungens noch hierbleiben würden, nachdem es mit den Übermenschen zu Ende war, und was wir tun würden, wenn wir endlich wieder in den Staaten waren. Ich erzählte, und der junge CO erzählte, und ein Leutnant aus Brooklyn, der erzählte eine Menge, und ein ehemaliger Kavallerieoffizier aus Texas erzählte, wie er in New York City eine Reitschule aufmachen wolle.

Aber der Captain sagte kein Wort. Er hatte ein ernstes, wettergegerbtes Gesicht und eine bedächtige, abwägende Art, zu essen und sich zu bewegen und dem zuzuhören, was gesagt wurde. Alles, was ich von ihm wußte, war das, was der CO mir erzählt hatte: daß er Berufssoldat sei, Kompanieführer in der ersten Division. Was er hier unten im Elsaß tat, wurde mir nicht erzählt. Die Unterhaltung ebbte allmählich ab, als ich zufällig Aachen erwähnte. Ich weiß nicht mehr, was genau ich gesagt habe, etwas über die unglaubliche Zerstörung, die mir noch neu war, etwas über die unerwartete Fügsamkeit der Menschen dort.

Dann fragte ich den Captain beiläufig, um ihn ins Gespräch zu ziehen: »Warten Sie – die erste Division war doch in der Gegend von Aachen, oder?«

Der Captain nahm seine Zigarette aus dem Mund. »Ja, wir waren in Aachen«, sagte er.

»Dicke Luft, wie, Captain?« sagte der Leutnant aus Brooklyn.

Der Captain wartete so lange, daß ich dachte, das Thema wäre beendet. Schließlich sagte er: »Meine Einheit wurde vierundsechzig Tage vor Aachen aufgehalten.«

»Schwere Verluste?« fragte der CO.

Der Captain zog eine neue Zigarette aus seiner Packung und reichte die anderen in die Runde. »Als wir's geschafft hatten, war unser Bataillon nicht mal mehr eine starke Kompanie. Aber geschafft haben wir's schließlich. Bloß, es war knapp. Sehr knapp.«

Er inhalierte langsam, nahm mit seiner verhaltenen Bedachtsamkeit die Zigarette aus dem Mund, und wieder dachte ich, damit wäre die Angelegenheit erledigt. Ganz plötzlich aber war er mitten in seiner Geschichte. Er erzählte sie mit einer solchen Sparsamkeit an Worten und Gefühlen, daß ich erst hinterher merkte, was für eine Geschichte er uns da erzählt hatte. Nachdem der Captain fertig war, gab's nichts mehr zu sagen. Der CO blies die zerflossenen Kerzenstummel aus. Ich ging nach oben, in eine der kalten, engen Schlafkammern, die die Nonnen für uns geräumt hatten, zog mich bis auf meine langen Unterhosen aus und schlängelte mich in meinen Schlafsack. Ich machte die Augen zu, aber ich dachte immer noch an den Captain und seine Geschichte. Ein paar Minuten darauf griff ich nach meiner Taschenlampe, nach Bleistift und Papierblock und versuchte – auf die Gefahr hin, die Batterie zu erschöpfen, was nachts im Kampfgebiet gleichbedeutend mit dem Verlust beider Augen ist –, die Geschichte niederzuschreiben, wie der Captain sie erzählt hatte. Nicht Wort für Wort, denn ein solches Gedächtnis habe ich nicht, aber am nächsten Morgen, sobald es hell genug war, überlas ich das Geschriebene und war befriedigt, daß ich der Erzählung des Captain so nahegekommen war, wie ich es nur vermochte. Hier also ist sie, etwas ordentlicher geschrieben, etwas lesbarer, hier und da korrekter interpunktiert, doch sonst genauso, wie ich sie in jener Nacht im Kloster hingekritzelt habe, während die Artillerie des »Führers« systematisch, aber vergeblich, über unsere Köpfe schoß:

Ich weiß nicht mehr genau, wann ich zum erstenmal auf Shapiro aufmerksam wurde. (Er hieß nicht so, aber wenn Sie nichts dagegen haben, werde ich ihn so nennen, denn in Anbetracht dessen, was schließlich passierte, dürfte es besser sein, ihn einfach Shapiro zu nennen und es dabei bewenden zu lassen.) Ich glaube, zum erstenmal fiel er mir auf dem Transporter auf, mit dem wir von Afrika hochkamen. Ich war damals Kompanieführer. Die einzigen Leute, mit denen ich normalerweise in Kontakt kam, waren die Leutnants, die meine Züge führten, und die Sergeants, die

die Trupps führten. Aber am ersten Tag auf See wurde ich auf diesen Shapiro aufmerksam, einen neuen Ersatz. Ja, stimmt. Jetzt, wo ich dran denke, fällt's mir wieder ein. Sergeant McCardle meldete ihn. Er erwischte Shapiro, wie er sich nach Einbruch der Dunkelheit auf Deck eine Zigarette anzündete. Beim erstenmal verwarnte er ihn, verwarnte ihn bloß, mehr nicht. Aber am nächsten Abend erwischte er ihn wieder. Damals waren die U-Boote der »Heinis« hinter unseren Geleitzügen her wie der Teufel, so war's also kein Scherz. Beim zweitenmal meldete McCardle ihn. »Sir, wenn Sie meine Meinung wissen wollen, ich halt' ihn für 'n durchtriebenen Judenjungen aus Brooklyn«, sagte McCardle. »Wenn der 'n Soldat ist, bin ich 'n Rabbiner.«

Na, ich hoffe, ich tret' keinem hier zu nahe mit dem, was ich erzählen will, aber um die Wahrheit zu sagen: Der Gedanke, Juden in meiner Einheit zu haben, war mir auch nicht so ganz angenehm. Nicht, daß ich irgendwelche Vorurteile habe – mir war bloß, als wären sie für unsere Art von Beruf nun mal nicht gebaut. Aber natürlich konnte ich in meiner Kompanie solche Redereien nicht dulden. Ich sagte also: »Hören Sie zu, McCardle. Mich interessiert nicht, welcher Rasse oder Religion einer angehört. Mich interessiert nur, ob einer das Zeug zum Soldaten hat oder nicht.«

»Jawohl, Sir«, sagte McCardle. Er war ein großer, athletischer, gewalttätig aussehender Kerl. Ein Ballspieler aus Boston. Zwei Jahre in der National Guard. Einer von den Männern, bei denen ich mich drauf verlassen konnte, daß sie meinen grünen Ersatz auf Vordermann bringen würden, da war ich ziemlich sicher.

Na, wir brachten ihn nicht vors Kriegsgericht oder so was, aber ich knöpfte mir Shapiro vor, nahm ihn ordentlich ins Gebet, sagte ihm, wir würden einen Soldaten aus ihm machen, ob's ihm paßte oder nicht. Ja, wirklich: In meinem ganzen Leben hatte ich noch nie ein so armes Würstchen einen Soldaten mimen sehen. Er war ein O-beiniger kleiner Kerl, und er sah aus, als hätt' er nicht die Kraft, einen Karabiner in die Hand zu nehmen, geschweige denn, ihn abzuschießen. Aber es war nicht die Größe, die so gegen ihn sprach. Ich hab' ein paar kleine Kerlchen vom Point gesehen, die waren die wildesten Draufgänger, die man sich vorstellen kann – nehmen Sie zum Beispiel unseren kleinen Terry Allen hier. Aber dieser Kumpel Shapiro hatte nun mal nicht die Spur von einem Soldaten in sich. Seine Uniform war in einem saumäßigen Zustand. Ich mußt' ihn erst den Schlips richten und den obersten Knopf seiner Jacke zumachen lassen. Seine Schuhe waren nicht geputzt. Und als ich ihn darauf aufmerksam machte, sagte er: »Ich weiß, Captain, der Service auf diesem Schiff ist einfach grauenhaft. Gestern abend habe ich meine Schuhe zum Putzen 'rausgestellt, und wie ich sie heute früh 'reinholte, sahen sie genauso aus, wie ich sie hingestellt hatte.«

Na, ich hab' Shapiro irgendeine Strafe aufgebrummt, ich weiß nicht mehr, was es war, aber wenn ich gedacht hatte, daß ich von nun an Ruhe vor ihm haben würde, dann hatte ich mich ganz schön in die Finger geschnitten. Als wir im Aufmarschgebiet außerhalb Londons waren – es wird ja nicht mehr nötig sein, den Namen geheimzuhalten, aber ich vergess' ihn immer wieder –, da muß ich mit Shapiro mehr Ärger gehabt haben als mit all meinen anderen Männern zusammen. Sergeant McCardle meldete ihn dauernd. Ich wußte natürlich, daß McCardle dieses Vorurteil hatte, ich erwähnte es zu Anfang, also untersuchte ich jedesmal persönlich, ob Shapiro auch wirklich getan hatte, wessen McCardle ihn beschuldigte. Es war nie irgendwas Großes, verstehen Sie, nur eine Kette auf die Nerven fallender Kleinigkeiten: Er bummelte beim Antreten, hielt seine Waffen nicht sauber, ging in der Stadt in Lokale, die *off limits* waren, und ein halbes Dutzend andere Dinge, die mir im Augenblick nicht einfallen. Wir ließen ihn Extrawache schieben, gaben ihm keinen Ausgang in die Stadt, sperrten ihn sogar mal ein paar Tage ein, aber nichts schien Shapiro ändern zu können. Ich glaube, bei all seinem Vorurteil hatte McCardle ihn richtig eingeschätzt: ein durchtriebener Judenjunge aus Brooklyn.

Einen Monat erschien Shapiro nicht zum Morgenappell.

Als er schließlich aufkreuzte, war er nach seinem Wochenendausgang nach London einen halben Tag AWOL, und solch unerlaubte Entfernung von der Truppe konnte ich nicht durchgehen lassen. Ich beschloß, ihn hart anzupakken. Für die Dauer unserer Ausbildung durfte er das Lager nicht verlassen. Bei uns ging's ganz schön rund in den Tagen, und die Jungens waren scharf auf die sechsunddreißig Stunden in London, aber ich hatte es satt, mich mit Shapiro 'rumzuärgern.

Eines Sonntags kam ich früh am Nachmittag aus London zurück, um ein paar Berichte zu machen. Da saß Shapiro vor dem CP auf einer Bank. Es nieselte ein bißchen, wissen Sie, englisches Wetter, und Shapiro saß so da, Hände in den Taschen und Kopf eingezogen, ein Bild des Jammers. Als er mich sah, stand er auf und machte eine Ehrenbezeigung; die Ausgangssperre schien ihn also nicht zu jucken. »Wie geht's denn so, Shapiro?« sagte ich. »Lausig, Sir«, sagte Shapiro. »Ich weiß nicht, was ich mit mir anfangen soll.«

Na, da war's, daß mir eine Idee kam. Wie sich herausstellte, war's eine der besten Ideen, die ich je hatte, solange ich die Kompanie führte. »Warum gehen Sie nicht auf den Schießstand 'raus und üben ein bißchen? Schaden kann's Ihnen nichts.«

Wissen Sie, über Shapiros Schießkünste wurden nämlich in der Kompanie die meisten Witze gerissen. Er war der kümmerlichste Schütze, der mir je untergekommen war, und in dieser Zeit der Zivilsoldaten sind mir eine ganze Menge traurige Gestalten untergekommen, das dürfen Sie mir glauben. Da hab' ich Shapiro denn gesagt, ich würde dafür sorgen, daß er so viel Munition kriegte, wie er haben wollte, wenn er seine Wochenenden draußen auf dem Schießstand zubrächte.

Na, Shapiro hatte nichts Besseres zu tun, da ging er dann an die Arbeit. Nach einer Weile fing die Sache an, ihm Spaß zu machen. Ich hab's selber gesehen, denn als ich einen Monat oder so später wieder über solchen Berichten saß – das ist das einzige, was mir an der Army nicht gefällt, diese verdammten Berichte –, da ging ich zum Schießstand

’raus, um ein bißchen mit meiner 45 zu schießen, und da war Shapiro und ballerte drauflos. Er hatte sich fünfhundertprozentig verbessert. Jeden Sonntag in den nächsten sechs Wochen, während der Rest der Kompanie in den diversen Kneipen hockte, war Shapiro draußen auf dem Schießstand und wurde besser und besser. Gegen Ende Mai erzählte mir Leutnant Ainsworth, Shapiro wäre der beste Mann in seinem Zug. Und in jeder freien Minute, die er hatte, trainierte er weiter. Verdammt, als ich ihm die Munition gab, da hatte ich wirklich was angefangen.

In der Zeit ungefähr spürte ich, wie der D-Day auf uns zugekrochen kam. Tag und Stunde wußte ich noch nicht, aber ich war zu lange in der Army gewesen, um nicht zu fühlen, daß was in der Luft lag. Da ließ ich denn Shapiro zu mir kommen, und ich sagte: »Shapiro, ich habe beschlossen, Ihre Ausgangssperre aufzuheben. Diesen Samstag um achtzehn Uhr bekommen Sie mit den anderen Männern Ihrer Kompanie Ausgang für sechsunddreißig Stunden. Aber wenn sie Montag früh eine Minute *nach* sechs kommen, dann Gnade Ihnen Gott!«

Na, Shapiro fuhr nach London ’rein, und er muß ein ziemliches Wochenende gehabt haben. Den Samstagabend traf Ainsworth ihn in einem Klub, wo er in so einer irischen Jazzband den Baß spielte. Und Sonntag nacht muß er bis Montag früh stracks durchgefeiert haben. Ich erwähnte Sergeant McCardle, seinem Gruppenführer, gegenüber die Verbesserung in Shapiros Führung und seine erstaunliche Entwicklung als Schütze. Aber Mac blieb immer noch bei seiner Meinung. »Sir, wenn Sie mir verzeihen, das zu sagen«, sagte er, »ich glaub’ immer noch nicht, daß Sie aus einem Judenjungen einen Soldaten machen können.«

In den nächsten Tagen dachte ich nicht viel an Shapiro. Ich hatte meine eigenen Sorgen, alles für den Abmarsch zur Einschiffungsstelle bereitzumachen. Das Datum wußten wir immer noch nicht, aber es brauchte keinen West-Point-Schleifer, um zu wissen, daß wir mit einem Bein auf dem Boot standen. Dann ging’s zur Küste ’runter. Wir warteten, kriegten unser LCI, und warteten wieder, bis die Flotte sich schließlich zu formieren begann. Aber davon wollt' ich nicht erzählen. Lassen Sie mich von Shapiro erzählen und von McCardle, denn irgendwie handelt diese Geschichte von beiden.

Unsere Einheit ging am Omaha Beach an Land. Wenn einer von Ihnen da war, dann wissen Sie, was das heißt. Wenn Sie nicht da waren, haben Sie wahrscheinlich davon gehört. Omaha war – na, es war das Böseste, was die alte »Rote« je erlebt hatte, und wenn Sie noch wissen, was sie uns in Afrika und Sizilien für Freude gemacht haben, dann wissen Sie, was das heißt. Die Jerries warteten auf uns in Omaha, und sie spuckten uns auf die Köpfe, und lange ging's auf dem Strand so heiß her, daß ich nie kapieren werde, wie wir's fertiggebracht haben, daß wir nicht gleich in den Kanal zurückgeworfen worden sind. Wir konnten nichts anderes tun, als uns eingraben und ausharren. Die Luft rasselte vom Maschinengewehrfeuer, und die Jerry-Artillerie hatte uns genau auf dem Korn. Es sah aus, als müßten wir den Rest des Krieges in diesen Deckungslöchern zubringen. Ganz plötzlich sah ich, wie vielleicht fünfunddreißig Schritt vor mir einer 'rausspringt. Es war Shapiro. Und der tat das Verrückteste, was ich je auf einem Schlachtfeld gesehen habe. Auf Omaha hatten wir zu der Zeit keine Latrinen, also stellte Shapiro sich da hin und bot ein wunderbares Ziel. In aller Gemütsruhe zog er sich die Hose 'runter und ließ der Natur freien Lauf, während um ihn 'rum die Kugeln und Geschosse bloß so krachen und pfeifen. Ich schätze, man muß es gesehen haben, um's zu glauben. Ich glaube, auf jeden, der's sah, hatte es seine Wirkung. Teufel, wenn der Kleine sich da oben seelenruhig aufpflanzen kann, schienen sie zu sagen, ich schätze, dann können wir's riskieren.

Als er fertig war, nahm er einen Augenblick seinen Stahlhelm ab und holte Toilettenpapier hervor, das er drin aufbewahrt hatte. Endlich brachte er seine Uniform wieder in Ordnung, schnappte sich seine M 1 und lief vorwärts. Jeder, der Shapiro diesen Tag sah, stimmte mit mir überein, daß er ganz hervorragend war. Die Kampfumstände schienen auf sein Schießen keinen Einfluß zu haben, außer vielleicht, daß sie seinen Blick noch um einiges schärften.

Ich war stolz auf jeden Mann in meiner Kompanie, aber ich glaub' nicht, daß ich auf irgendeinen so stolz war wie auf Shapiro. Als wir schließlich den ersten Sturm überstanden hatten und uns vom Strand weg landeinwärts kämpften, machte ich Shapiro zu unserem Kompaniescharfschützen. Alle stimmten überein, daß er für diese Aufgabe der beste Mann war. Alle, außer vielleicht McCardle. McCardle mußte zugeben, daß Shapiro ein sehr guter Soldat geworden war, aber er war nicht sicher, wie er den ständigen Druck ertragen werde. McCardle hatte ein Vorurteil, wissen Sie, einen Satz vorgefaßter Meinungen, denen zufolge ein Kerl wie Shapiro so und so handeln würde, und wenn man solche Vorstellungen erst mal im Kopf hat, braucht's einen Haufen Pulver, um sie wieder 'rauszusprengen.

Jedenfalls: Shapiro kämpfte auf dem ganzen Weg durch Frankreich wie ein Wilder. Ich könnte Ihnen hundert Dinge erzählen, die er angestellt hat, aber das würde zu lange dauern. Na, vielleicht gibt Ihnen dies einen Begriff. Spät im Sommer hatten wir uns mal für die Nacht in einem Feld nahe der Maas in Belgien eingegraben. Gegen drei Uhr früh wurde Shapiro wach und blickte über den Rand seines Deckungslochs. Genau vor ihm stand, mit der Mündung seiner 8,8 genau über Shapiros Deckungsloch, ein feindlicher Panzer, ein »Tiger«. Das Verrückteste dabei war, daß McCardle von seinem Schützenloch aus, fünfzig oder sechzig Fuß entfernt, die ganze Geschichte mit ansah. Shapiro hielt seinen Kopf unten und wartete. Er versuchte sogar, nicht zu laut zu atmen, hat er uns später erzählt. Das Warten muß Shapiro schön lang geworden sein, aber schließlich begann sich die Nacht zu heben. Ein paar Minuten später öffnete der erste Jerry die Luke und kletterte 'raus. Der Rest der Besatzung kam ihm gleich nach. Sie wollten sich bloß mal die Beine vertreten. Sie waren nicht weiter als dreißig Fuß von Shapiro entfernt. Ganz langsam schob Shapiro den Lauf seines Gewehrs über den Rand seines Deckungslochs. Sogar von da aus, wo er war, konnte McCardle sehen, daß Shapiros Hände zitterten. Aber als er abzog, fiel ein Deutscher um. Die anderen machten überrascht kehrt. Shapiro zitterte jetzt nicht mehr, sagte McCardle. Ehe die Panzerbesatzung wußte, wie ihnen geschah, hatte Shapiro sie allesamt zu »guten Deutschen« gemacht.

Für die Arbeit dieses Morgens bekam Shapiro den *Silver Star* und eine Beförderung zum *buck* Sergeant. »Was halten Sie jetzt von Ihrem Judenjungen?« fragte ich McCardle. »Ich weiß nicht, Sir«, sagte McCardle. »Vielleicht hab' ich mich geirrt, könnt' sein.« McCardle war ein sehr halsstarriger Ire.

Wir überschritten die deutsche Grenze und gingen auf Aachen los. Wie diese Jerries sich an Aachen klammerten! Das Wetter war böse, und wir mußten Nacht für Nacht draußen im Regen und im Schlamm schlafen und warteten darauf, daß die Jerries mürbe werden sollten. Aber sie wurden nicht mürbe. Wir schätzten, wir würden in einer Woche in Aachen sein, aber ein Monat verging, und wir waren noch keinen Schritt weitergekommen. Die Einheit lag unter unglaublichem Beschuß. Tag und Nacht. Ohne Pause. Die Verluste waren schwer, sehr schwer, jeden Tag. Bei kleinem sah's so aus, als würde keiner von uns lebendig nach Aachen 'reinkommen. Außer den Patrouillen natürlich, die sich nachts einschlichen. Shapiro war oft dabei und leistete immer ganze Arbeit. Bei einem dieser Unternehmen erwischte es ihn am Bein, aber er machte weiter und führte seinen Auftrag aus. Ein andermal brachte er einen Mann 'rein, der auf dem Rückweg auf eine Mine getreten war. Ich weiß nicht, wie er's schaffte, die halbe Portion; er hatte eben das Zeug zu einem sehr guten Soldaten.

Eines Abends rief ich McCardle und sagte ihm, er solle einen Stoßtrupp führen; nicht einfach rekognoszieren, sondern versuchen, ein paar von den Jerry-Maschinengewehrnestern auszuheben, die die Zugänge zur Stadt bewachten. McCardle war mittlerweile Leutnant geworden und an die Stelle eines Offiziers getreten, den wir drei oder vier Wochen zuvor verloren hatten. »Sie können sich Ihre Leute aussuchen«, sagte ich ihm. »Außer Shapiro. Shapiro müssen Sie mitnehmen. Er ist der beste Mann, den wir haben.«

Zwanzig Minuten später kam McCardle wieder. »Shapiro kann ich nicht nehmen, Sir«, sagte er. Er hatte sich ein Taschentuch um die Finger gebunden, und das ließ langsam Blut durch.

»Warum nicht Shapiro?« sagte ich. Wir waren alle ziemlich mit den Nerven 'runter, und ich war ein bißchen gereizt. Ich dachte McCardle hätt's vielleicht irgendwie so eingerichtet, daß er Shapiro nicht zu nehmen brauchte.

Dann erfuhr ich, was passiert war.

McCardle hatte Shapiro in den Kompaniegefechtsstand, ein halbzerstörtes Bauernhaus, holen lassen und ihm den Befehl gegeben. Sobald Shapiro hörte, was er tun sollte, lief er aus dem Haus. McCardle ihm nach. Shapiro rannte um das Bauernhaus 'rum und in die Scheune 'rein, wo ein paar von den Jungens schliefen, und kletterte auf den Heuboden und zog sich eine Decke über den Kopf. McCardle konnte sehen, wie seine Schultern zuckten, konnt' ihn schluchzen hören. McCardle ging ihm auf den Boden nach und legte seine Hand auf Shapiros Schulter. Shapiro knurrte, genau wie ein wildes Tier, sagte McCardle, ganz genau wie 'n wildes Tier, und schüttelte seine Hand ab. Dann griff McCardle unter die Decke. Shapiro stieß einen scheußlichen Laut aus und biß McCardle in die Finger. Davon stammte das Blut am Taschentuch.

Ich ging in die Scheune 'raus, um zu sehen, ob ich irgendwas mit Shapiro anstellen konnte, aber er ließ mich nicht 'ran. Shapiro hatte genug. Gegen die Sanitäter kämpfte er fast genauso erbittert, wie er gegen die Jerries gekämpft hatte, aber schließlich kriegten sie ihn von dem Heuboden 'runter. Für einen guten Mann ist das eine verteufelte Art und Weise, seine Einheit verlassen zu müssen, aber so geht's nun manchmal. Shapiro war ein guter Mann, aber er hatte genug.

McCardle und ich, wir gingen wieder zum Haus, und ich erläuterte ihm seinen Auftrag. Wir sprachen nicht mehr davon, was passiert war, bis er sich früh am nächsten Morgen zurückmeldete. »Übel mit Shapiro«, sagte ich. »Ja«, stimmte er zu. »Einerlei, wie gut solche Judenjungen sind – schätze, sie sind zu empfindlich für so'n Geschäft.«

Der Kampf um Aachen ging weiter. Wir sahen unsere

besten Freunde fallen, die besten Offiziere, und jeden Tag erwischte es mehr. Das war der Punkt, wo meine Zugführer kamen und mir sagten, sie fürchteten, ihre Leute hätten so ziemlich genug. Vom Divisions-G 2 wußte ich, daß wir's schafften, wenn wir noch ein, zwei Wochen ausharrten, denn die Jerries konnten Aachen nicht ewig halten. Ja, es gab Anzeichen, daß ein paar Übermenschen anfingen, sich abzusetzen. Ich beschloß, noch mal einen Spähtrupp in die Stadt zu schicken, um 'rauszufinden, was denn nun los war. Ich bat Leutnant Ainsworth, er solle McCardle zu mir schicken. Ein paar Minuten später kam Ainsworth mit einem merkwürdigen Gesichtsausdruck wieder. »Ich glaube, Sie kommen besser und sprechen selber mit McCardle, Sir«, sagte er.

Ich folgte ihm auf der steilen Holzstiege in den Keller. Da lag McCardle. Längelang auf der Erde. Er hatte sich die Finger in den Mund gestopft und schluchzte wie ein Baby. Ich legte ihm meine Hand auf den Arm und versuchte, ihm beizukommen, aber es hatte keinen Zweck. Er konnte nicht aufhören, zu weinen. »Ich will Shapiro«, schluchzte er. »Ich will Shapiro, das arme kleine Schwein Shapiro.«

McCardle hatte genug. Es war furchtbar zu sehen, wie dieser große zähe Ire sich auf die Finger biß und heulte, als bräche ihm das Herz, aber man konnte ihm nicht helfen. Er hatte genug. Am nächsten Morgen mußten wir ihn mit ein paar anderen ähnlichen Fällen zurückschicken.

Ein paar Tage später kamen wir schließlich nach Aachen 'rein, oder in das, was von Aachen übrig war. Aber es tat mir leid, ohne McCardle und Shapiro 'reinzukommen. Das waren zwei der besten Männer, die ich als Soldat jemals gekannt habe.

George Garrett

Wie Weltkrieg II zu Ende ging

Captain G. von der USA Army lag mit dem Gesicht nach unten in einem Straßengraben, das faulige Wasser, überraschend warm für einen so bitter kalten Tag, sickerte durch sein Drillichzeug. Nässe kroch seinen Magen entlang und badete seine Lenden. Sein Kopf, den die dunkle Schüssel seines Helms vor dem Himmel verbarg, lag knapp über dem Wasser, die Lippen berührten fast den aufgewühlten Schlamm. Er lag da, Getöse über sich und ringsum, ohne eine Spur von Furcht, er fühlte sich beinahe schläfrig. Er kam sich vor wie ein Ochsenfrosch, der im Schlamm am Uferrand eines irisüberwucherten Teiches zappelt, aber diese Empfindung schwand, und ein erotischer Tagtraum setzte ein. Eine kolossale Blondine, die nichts an hatte als schwarze Strümpfe, mit breiten Hüften und gewaltigen Brüsten, schien darin eine Rolle zu spielen, und er lag vor ihr hingestreckt in einem Graben wie ein Büßer oder ein Novize. Es war absurd, was ihm alles in den Sinn kam, während um ihn herum der Krieg weiterging. Und es war absurd, daß der Krieg weiterging. Der Waffenstillstand war seit gestern unterzeichnet, und alles war vorüber, zumindest auf dem Papier.

Er war weder erstaunt noch erschrocken, als er in der Stille den Kopf hob und die schmutzverkrusteten Stiefel am Grabenrand sah, die Hosen, die an den Knien aufgerissen waren, den schweren Gürtel, das schräg von der Hüfte nach abwärts zeigende Gewehr mit aufgepflanztem Bajonett und, nach und nach, die ganze Gestalt des feindlichen Soldaten, wie ein gleichschenkliges Dreieck, das auf der Spitze ein kleines, verstörtes Gesicht trug, beschmutzt, stoppelbärtig unter dem flachen Schatten des Stahlhelms. Es war, als wäre man wieder ein kleines Kind, das zu der eckigen und undurchdringlichen Welt der Erwachsenen aufblickt. Er lachte laut auf und planschte mit Händen und Füßen im Wasser.

»Ich nehme ein Bad«, sagte Captain G. in der Muttersprache des Soldaten. Der Soldat sah ihn an und lachte. Das Gewehr senkte sich.

»Ich nehme ein Bad«, wiederholte er.

»Sie sehen aus wie eine Sau im Koben«, sagte der Soldat. »Los, kommen Sie 'raus. Sie machen Ihre Uniform schmutzig.«

»Kommen Sie schon«, sagte der Soldat gutmütig, »kommen Sie aus dem Wasser 'raus.«

Der Captain stand langsam auf und kletterte aus dem Graben. Er stand neben dem Soldaten, und wortlos schauten beide auf die Straße. Der große Geländewagen hatte sich auf die Seite gelegt, das Vorderrad drehte sich noch immer wie eine Roulettscheibe, die ausläuft. Der Fahrer des Captains war ein schlaffes Etwas auf der Straße unter dem Schatten des kreisenden Rades. Er hatte versucht, seinen Karabiner zu laden, aber die Patronen waren zu Boden gefallen, als er getroffen wurde, und einige der kupferfarbenen Hülsen waren auf die Straße gerollt. Die beiden anderen Toten lagen hinter dem Wagen, einer in einer dunklen Blutlache, auf die Seite gerollt wie ein Schläfer, das Gewehr wie ein Spielzeug fest an sich gedrückt. Der andere lag mit weitausgebreiteten Armen neben dem Straßengraben. Er hatte keine Waffe, und sein Helm hatte sich gelockert und war auf die Straße gefallen. Er hatte Toilettenpapier in seinem Helm aufbewahrt, um es vor Nässe zu schützen, und jetzt schlängelte es sich als bizarre Girlande auf der Straße. Es sah aus, als sei ein Ozeanbrecher über ihnen zusammengeschlagen, hätte sie in einem blitzenden Anrollen auseinandergewirbelt, hochgeschleudert und ertränkt. Die abgeernteten Felder ringsum lagen kahl, und der Himmel war farblos und schmierigtrüb wie ein schmutziges Laken. »Sonderbar, wie linkisch sie gestorben sind«, sagte Captain G.

Der Soldat grunzte und setzte dann, ohne dem Captain die geringste Aufmerksamkeit zu schenken, mit einem

Sprung über die Straße zu dem Gefallenen, der wie gekreuzigt dalag. Er hatte eine Armbanduhr glitzern sehen. Der Captain hockte sich am Straßenrand nieder, sammelte säuberlich die Patronenhülsen auf und steckte sie in die Tasche. Dann blickte er prüfend über die Felder. Etwa eine Dreiviertelmeile entfernt lag zwischen ein paar windzerzausten, verkümmerten Bäumen das Bauernhaus, ein armseliger, dungfarbener Steinklotz, dahinter der graue Dunst der Wälder. Er sah eine Krähe mühsam, plump, mit zähem Flügelschlag aus den Wäldern auffliegen und auf einem Baum beim Bauernhaus landen. Das erbitterte ihn. Er beschloß, den Soldaten zu fragen, ob er die Krähe nicht abschießen wollte, und wandte sich nach ihm um. Er kam verlegen grinsend über die Straße zurück.

»Kaputt«, rief der Soldat.

»Kein Wunder«, sagte Captain G. und schaute mitfühlend auf die zerbrochene Uhr.

Gemächlich rauchend marschierten sie über das sumpfige Feld zum Bauernhaus. Der Soldat hatte das Gewehr über die Schulter gehängt und den Helm keck aus der Stirn geschoben. Er sagte immer wieder, wie gut ihm die Zigarette des Captains schmecke. Beim Näherkommen konnte Captain G. das Maschinengewehr sehen, aber es war niemand in der Nähe. Es stand in einem kleinen Loch, harmlos und sympathisch anzusehen auf seinem schlanken Dreifuß inmitten einer Menge leerer Patronenhülsen. Plötzlich kam ein Soldat um die Hausecke; er aß im Gehen mit den Fingern aus einer Büchse. Er ging direkt an ihnen vorbei, ohne von ihnen Notiz zu nehmen. Der erste Soldat stieß die Haustür auf und Captain G. ging hinter ihm hinein.

»Herr Leutnant«, sagte der Soldat, »da bringe ich einen.« Und er ging wieder hinaus.

Als er sich an die Dunkelheit im Raum gewöhnt hatte, sah Captain G. einen Mann am Boden liegen, in eine Decke gehüllt. Der Mann rieb sich die Augen, stützte sich auf die Ellbogen hoch, ließ die Decke um seine Beine gewickelt und schaute Captain G. an.

»Sie sind ganz naß«, sagte der Offizier. »Wie sind Sie denn so naß geworden?«

Captain G. fiel plötzlich ein, daß er noch immer seine Pistole bei sich trug. Er zog sie aus dem Halfter und streckte sie, mit dem Griff voraus, dem Offizier entgegen.

»Das werden Sie mir wohl abnehmen müssen.«

Der Offizier stand langsam auf und reckte sich. Er hatte weder Hosen noch Schuhe an.

»Wie ich sehe, tragen Sie nicht die vorschriftsmäßigen Socken«, bemerkte Captain G.

Der Offizier kramte in einer Zimmerecke herum, bis er eine Kerze fand, zündete sie an und musterte die Pistole.

»Eine minderwertige Waffe«, sagte er. »Entschieden eine minderwertige Waffe.«

Er schien sehr zu frieren. Seine dünnen Beine hatten eine Gänsehaut, und seine Hände zitterten. Er warf die Pistole quer durch die Stube. Sie landete an einer Tischkante und fiel dann zu Boden. Sie hätte leicht losgehen können. Ganz plötzlich ärgerte sich Captain G.

»Das ist doch toll«, brüllte er los. »Der Krieg ist aus. Verstehen Sie denn nicht? Seit gestern nacht ist er aus.«

»So?«

»Selbstverständlich. Warum sollte ich Sie anlügen? Von Rechts wegen sollten Sie mein Gefangener sein. Sie alle sind meine Gefangenen.«

Der Offizier zuckte die Achseln und ging wieder in die Ecke, wo er auf allen vieren herumzusuchen begann. Der Captain ging zur Tür. Es hatte angefangen zu regnen. Drei oder vier Soldaten saßen im Dreck neben dem Maschinengewehr und spielten Karten.

»Werft diese Karten zusammen«, brüllte Captain G. »Weg mit den Karten! Ihr seid im Dienst.«

Sie blickten verständnislos auf, glotzten ihn eine Weile an und spielten wortlos weiter. Ärgerlich trat der Captain auf sie zu, aber als er den Soldaten sah, der ihn gefangengenommen hatte, nahm er seine Armbanduhr ab und gab sie ihm. »Hier«, sagte er, »nimm die meine.«

Als er in das Bauernhaus zurückkehrte, fand er den Offizier auf dem Boden hocken; er versuchte mit dem Bajonett einen Korken aus einer Weinflasche zu stochern.

Captain G. stand vor ihm und schaute ihm interessiert zu, bis der Offizier aufgab und den Korken einfach in den Flaschenhals stieß.

»Nie hat man genügend Zeit für alle Feinheiten«, erklärte der Offizier.

»Macht nichts«, sagte Captain G. »Ich bin kein Kenner.«

Sie setzten sich einander gegenüber auf den kalten Steinfußboden und ließen höflich die Flasche hin und her gehen, während sie redeten.

»Ich weiß, wie einem Besiegten zumute ist«, sagte Captain G. »Ich bin Südstaatler.«

»So?«

»A propos Wein, da möchte ich Ihnen gern eine Geschichte erzählen, wenn Sie nichts dagegen haben.«

»Bitte«, sagte der Offizier, »schießen Sie los.«

»Also, mein Urgroßvater war in Georgia ein sehr bedeutender Mann. Er hatte ein großes Haus, viele Tagwerk Grund und ein paar hundert Sklaven. Aber Sie dürfen nicht denken, er sei ein Provinzler gewesen. Im Gegenteil, obgleich er weit draußen auf dem Land lebte, war er ein gebildeter Mensch, ich möchte sogar sagen Kosmopolit. Er konnte Bücher in griechischer und lateinischer Sprache lesen, und er spielte Geige.«

»Donnerwetter.«

»Bitte, ich komme jetzt zum Kern der Geschichte.«

»Entschuldigung. Erzählen Sie weiter.«

»Ich will versuchen, Ihnen von der Niederlage und der Sache mit dem Wein zu erzählen.«

»Bitte, erzählen Sie.«

»Außer seinen übrigen Qualitäten war mein Urgroßvater auch ein großer Weinkenner. Er hatte einen wundervollen Keller und kaufte dafür Weine aus ganz Europa ein. Nun, wie's eben so geht, war er während des Krieges fort und seine Frau allein mit den Kindern und den Sklaven im Hause.« »Natürlich«, sagte der Offizier und nickte.

»Und Shermans Armee kam durch diesen Teil von Georgia. Sie waren fürchterlich. Sie saugten das Land aus, und es stimmt, daß sie, wo immer sie hinkamen, brandschatzten, vergewaltigten und plünderten. Nun, bis zum Haus meines Urgroßvaters waren sie noch nicht gekommen. Und eines Tages saß meine Urgroßmutter in ihrem Zimmer und strickte Socken für meinen Urgroßvater, als Lewis, das war der Hausneger, hereinkam. »Ma'am«, sagte er. »Ich habe gehört, ein Trupp Kavallerie sei in der Nähe.«

»Wessen Kavallerie, Lewis?«

Das sah meiner Urgroßmutter ähnlich. Sie wußte sehr wohl, daß der nächste Kavallerietrupp der Konföderierten bestenfalls bei Atlanta stand, aber selbst angesichts der Niederlage mußte bei ihr alles seine Ordnung haben.«

»Eine bemerkenswerte Frau«, sagte der Offizier.

»Lewis seufzte nicht einmal, oder zeigte sich ungeduldig. »Shermers Kavallerie, Ma'am«, sagte er. Auch er hatte Stil. Er wollte nicht einmal den Namen richtig aussprechen. »In diesem Falle«, sagte sie, »sollten wir etwas unternehmen. Aber was?« – »Ich bin dafür, daß wir die Weinvorräte vernichten, ehe sie darüberkommen« – »Ich glaube, da hast du recht«, sagte sie. »Ein Trupp betrunkener Soldaten auf dem Hof würde nicht gut tun.«

Und jetzt stellen Sie sich das Bild vor: Spätnachmittag, Licht und Hitze beginnen eben erst nachzulassen. Die Dame sitzt oben in ihrem stillen Zimmer. Draußen herrscht Geschäftigkeit. Die Sklaven schleppen aus dem dunklen, kühlen Keller alle die wunderbaren Flaschen und Fässer, während andere Sklaven einen tiefen Graben schaufeln. Als sie mit graben fertig sind, gibt Lewis das Kommando, und eine Flasche nach der anderen wird zerbrochen, und die Fässer werden angestochen. Der Wein fließt in den Graben. Die letzte Flasche wird über dem Graben geköpft, Roter und Weißer mischen sich aufs Geratewohl, fast golden im Licht, stelle ich mir vor, ein funkelnder Strom von Wein.

Dann, plötzlich, Staub sprüht auf, die trägen Hühner flattern nach allen Richtungen in einem Wirbelsturm von Federn und Gekreisch, und in den Hof reitet der Kavallerietrupp. Es sind wilde Männer, staubig, bärtig, durstig. Wie der Blitz sind sie abgesessen und, flach auf dem Bauch wie Schweine in der Suhle, schlappern sie den Wein mit den Zungen, schöpfen ihn mit den Händen, spritzen einander an und lachen dazu die ganze Zeit hemmungslos, wie im Delirium.«

Die Geschichte des Captains war zu Ende, und sie saßen eine Weile in dem stillen Raum, man hörte nur das schwache, wischende Geräusch des Regens auf dem Dach.

»Wie schade«, sagte der Offizier schließlich. »Eine schreckliche Geschichte.«

Er nahm seine Decke und wickelte sie sich um die Beine. Die Nacht fiel ein, und es wurde kalt.

»Wir beide wissen Bescheid«, sagte der Offizier. »Wir kennen die äußerste Sinnlosigkeit des Krieges.«

»Und den Triumph«, rief der Captain. »Sehen Sie den Triumph nicht, die großartige Gleichgültigkeit. Das wunderbare, unfaßbare Achselzucken der Überlebenden?«

»Nein«, sagte der Offizier emphatisch, »ich sehe nur die Perversität der Besiegten.«

Er wälzte sich herum und wickelte sich fester in die Decke. Er tastete nach etwas, was er als Kissen benutzen könnte. »Nehmen Sie meinen Helm«, bot Captain G. an.

»Und was bedeutet das ganze?« sagte der Offizier.

»Nichts. Es bedeutet gar nichts«, sagte Captain G. »Muß es denn etwas bedeuten?«

Der Offizier lächelte, schloß sanft die Augen und döste. Captain G. fühlte wieder, wie Ärger in ihm hochstieg. Er stand auf und marschierte in der Stube auf und ab.

»Eine Krähe«, sagte er, »eine Krähe hockt auf einem Ihrer Bäume. Wenn nur jemand diese Krähe herunterschießen würde.«

Keine Antwort kam, nicht das geringste Lebenszeichen.

»Ich verlange von Ihnen, daß Sie dieser Krähe den Garaus machen lassen«, brüllte der Captain. »Ich befehle es Ihnen!«

Aber der Offizier war bereits fest eingeschlafen und niemand nahm Notiz von Captain G. und davon, ob er weinte oder nicht.

Autoren und Quellen

Sollten in diesem Band Beiträge von Autoren aufgenommen worden sein, deren Quellen hier nicht einwandfrei nachgewiesen werden konnten, so bitten wir die Besitzer der Rechte, sich mit dem Verlag in Verbindung zu setzen.

DEUTSCHSPRACHIGE AUTOREN

Hans Bender, geb. 1919 in Mühlhausen/Kraichgau, lebt in Köln. – Er veröffentlichte Gedichte, Geschichten, Romane, Aufzeichnungen und gab mehrere Anthologien heraus. Als Soldat in Rußland von 1940 bis 1945; danach bis 1949 in russischer Gefangenschaft.

»Iljas Tauben« aus: »Worte Bilder Menschen«, Carl Hanser Verlag, München 1969.

Heinrich Böll, geb. 1917 in Köln, lebt in Hürtgenwald-Großhau bei Köln. – Er veröffentlichte Gedichte, Erzählungen, Romane, Theaterstücke, Essays, Aufsätze, Glossen. Als Soldat »zwischen Kap Griz Nez und der Krim« von 1939 bis 1945.

»Der Angriff« aus: »Du fährst so oft nach Heidelberg und andere Erzählungen«, Lamuv Verlag, Bornheim-Merten 1979.

Wolfgang Borchert, geb. 1921 in Hamburg, gest. 1949 in Basel. – Er veröffentlichte Gedichte, Erzählungen, Kurzgeschichten und das Theaterstück »Draußen vor der Tür«. 1941 Soldat, 1942 schwer verwundet und wegen »defaitistischer Äußerungen« zum Tode verurteilt; zur »Bewährung« an die Ostfront; todkrank nach Hamburg zurückgeschickt.

»Der viele viele Schnee« aus: »Das Gesamtwerk«. Herausgegeben von Bernhard Meyer-Marwitz. Rowohlt Verlag, Hamburg 1955.

Herbert Eisenreich, geb. 1925 in Linz/Österreich, lebt in Wien. – Er veröffentlichte Gedichte, Erzählungen, den Roman »Auch in ihrer Sünde«, Hörspiele, Essays. Soldat von 1943 bis 1945; schwere Verwundung, Gefangenschaft.

»Doppelbödige Welt« aus: »Die Freunde meiner Frau und neunzehn andere Geschichten«. Diogenes Verlag, Zürich 1966 und 1978.

Franz Fühmann, geb. 1922 in Rokytnice/Tschechoslowakei, lebt in Ost-Berlin. – Er veröffentlichte Gedichte, Erzählungen, Reiseliteratur, Kinderbücher, Reportagen, Hörspiele und Filmszenarien. Wurde als Oberschüler zur Wehrmacht eingezogen; Soldat und Gefangenschaft in Rußland bis 1949.

»Das Gottesgericht« aus: »Die Elite«. Erzählungen. Diogenes Verlag, Zürich 1970.

Felix Hartlaub, geb. 1913 in Bremen, nach einem Luftangriff April 1945 in Berlin verschollen. Seine Schwester Geno Hartlaub veröffentlichte aus dem Nachlaß die Erzählungen »Parthenope oder Das Abenteuer in Neapel«, die Aufzeichnungen »Im Sperrkreis«, »Das Gesamtwerk« und Briefe. Ab 1939 Soldat; 1940 Archivar des AA in Paris, ab 1942 historischer Sachbearbeiter in der Abteilung Kriegstagebuch im »Führerhauptquartier«, zuletzt zur Infanterie abkommandiert.

»Mond und Pferde« aus: »Das Gesamtwerk«. Herausgegeben von Geno Hartlaub. S. Fischer Verlag, Frankfurt am Main.

Geno Hartlaub, geb. 1915 in Mannheim, lebt in Hamburg. – Sie veröffentlichte Erzählungen, Romane, Hörspiele, Reiseliteratur und gab das Werk ihres Bruders Felix Hartlaub heraus. 1939 zur Wehrmacht dienstverpflichtet; Kriegsgefangene in Norwegen.

»Wird noch gesprochen?« aus: »Wer die Erde küßt. Orte, Menschen, Jahre«.
R. Piper Verlag, München 1975. Rechte bei der Autorin.

Hugo Hartung, geb. 1902 in Netzschkau/Vogtland, gest. 1972 in München. Er veröffentlichte Erzählungen, Romane, Hörspiele, Aufzeichnungen. Nahm 1945 an den Kämpfen um die Stadt Breslau teil.

»Schütze Jasrich« aus: »Im Rasthaus. 32 deutsche Erzählungen aus dieser Zeit«. Auswahl Walther Karsch. F. A. Herbig Verlagsbuchhandlung, Berlin 1954. Rechte bei Frau Dr. Sigyn Hartung, München.

Hermann Lenz, geb. 1913 in Stuttgart, lebt in München. – Er veröffentlichte Gedichte, Erzählungen, Romane. Ab 1940 Soldat, bis 1946 Kriegsgefangener in den USA.

»Messer abliefern!« erschien unter dem Titel »Brennpunkte der Erinnerung« in: »1945 – Ein Jahr in Dichtung und Bericht«. Herausgegeben von Hans Rauschning. Fischer-Bücherei 663. S. Fischer Verlag, Frankfurt am Main 1965. Rechte beim Autor.

Karl Mundstock, geb. 1915 in Berlin, lebt in Berlin-Pankow. – Er veröffentlichte Gedichte, Erzählungen, den Roman »Helle Nächte«, Reportagen, Kinderbücher; auch Fernsehautor. Während des Krieges zur Wehrmacht eingezogen, 1944 wegen »Wehrkraftzersetzung« verhaftet, Kriegsgefangenschaft in England.

»Der Wolf« aus: »Sinn und Form«, Beiträge zur Literatur. 11. Jahr, 1959, 1. Heft. Herausgegeben von der Deutschen Akademie der Künste. Verlag Rütten & Loening, Berlin 1959. Rechte beim Autor.

Paul Schallück, geb. 1922 in Warendorf/Westfalen, gest. 1976 in Köln. – Er veröffentlichte Erzählungen, Romane, Essays, Hörspiele. Als Soldat 1944 in Paris verwundet; bis 1946 in französischer und amerikanischer Gefangenschaft.

»Am Ufer der Seine« aus: »Gesamtwerk, Band 5«. Literarischer Verlag Braun, Köln 1977. Rechte bei Frau Else Keller, Köln.

Wolfdietrich Schnurre, geb. 1920 in Frankfurt am Main, lebt in West-Berlin. – Er veröffentlichte Gedichte, Kurzgeschichten, Romane, Fabeln, Tiergeschichten, Hör- und Fernsehspiele. Ab 1939 Soldat, mehrfach wegen »Defätismus« inhaftiert, 1945 nach einem mißglückten Desertionsversuch in einer Strafkompanie.

»Die Reise zur Babuschka«, in: »Erzählungen 1945–1965«. List Verlag, München 1966.

Herbert Zand, geb. 1923 in Knoppen bei Bad Aussee/Steiermark, gest. 1970 in Wien. – Er veröffentlichte Gedichte, Erzählungen, Romane, Aufzeichnungen. Als Soldat in Rußland schwer verwundet.

»Tödliche Heimkehr« aus: »Gesammelte Werke. Band: Demosthenes spricht gegen die Brandung«. Herausgegeben von Wolfgang Kraus. Europa Verlag, Wien 1972.

Viktor Astafjew, geb. 1924 in einem Dorf in Sibirien, lebt in Wologda. – Er veröffentlichte Erzählungen, auch für Kinder. Als Soldat im Krieg schwer verwundet. Bisher keine Übersetzungen ins Deutsche.

»Das alte Pferd« aus: »Irgendwo dröhnt noch der Krieg«. Sammelband. Verlag Sovremennik, Moskau 1975. Die Erzählung wurde von Hans Walter Poll für diesen Band aus dem Russischen übersetzt.

Alexander Baron, geb. 1917 in Maidenhead, lebt in London. – Er veröffentlichte Erzählungen, Romane, Theaterstücke; in deutscher Übersetzung erschien 1959 der Roman »The Golden Princess/Die goldene Prinzessin«. Sechs Jahre diente er als Soldat; kam mit der Armee nach Sizilien, Italien und Westeuropa.

»Des Menschen Art« aus: »story. Monatsschrift der modernen Kurzgeschichte«. Herausgegeben von Wolfgang Cordan. 6. Jg., Heft 5, 1951. Aus dem Englischen übertragen von Eva Hesse. Rechte beim Autor.

Italo Calvino, geb. 1923 in Santiago de las Vegas/Kuba, wuchs in San Remo/Ligurien auf und lebt seit 1964 in Paris. – Er veröffentlichte Romane und Erzählungen, die von 1957 an auch in deutscher Übersetzung erschienen. Von 1943 an nahm er am Partisanenkampf in Italien gegen die deutsche Besatzung teil.

»Zuletzt kommt der Rabe« aus: »Die überfallene Konditorei. 13 stories«. story-bibliothek. Nymphenburger Verlagshandlung, München 1960. Aus dem Italienischen übertragen von Nino Erné.

Konstantin Fedin, geb. 1892 in Saratow, gest. 1971 in Moskau. Er veröffentlichte Romane, Erzählungen und Bühnenstücke. Besuchte als Schriftsteller wiederholt die Schauplätze der Front im Zweiten Weltkrieg.

»Der Junge aus Semljowo« aus: »Begegnung mit der Vergangenheit. Erzählungen«. Aufbau-Verlag, Berlin 1958. Aus dem Russischen übersetzt von Monica Huchel.

George Garrett, geb. 1929 in Orlando/Florida, lebt in Chateau Dr Columbia/South Carolina. Er veröffentlichte Gedichte, Kurzgeschichten, Romane, die oft in dem Milieu spielen, das er als Fußballtrainer und Boxer kennenlernte. Als Soldat kam er mit einer amerikanischen Besatzungstruppe nach Europa.

»Wie Weltkrieg II zu Endc ging« aus: »Die Rivalen. 12 stories.« story-bibliothek. Nymphenburger Verlagshandlung, München 1960. Aus dem Amerikanischen übertragen von Hedda Soellner.

Tadeusz Konwicki, geb. 1926 in Nowa Wilejkal, lebt in Warschau. – Er veröffentlichte Reportagen und Filmdrehbücher. Während des Zweiten Weltkriegs war er Angehöriger der Heimatarmee.

»Korporal Koziołek und ich«: aus: Polnische Prosa des 20. Jahrhunderts. Ein Lesebuch, Band 2. Herausgegeben von Karl Dedecius. Carl Hanser Verlag, München 1969. Aus dem Polnischen übertragen von Karl Dedecius.

Veijo Meri, geb. 1928 in Viipuri, lebt in Helsinki. – Er veröffentlichte Novellen und Romane, die oft den Krieg als Thema behandeln. Seinen Roman »Minillaköysi/Das Manilaseil« verglich man mit Jaroslaw Hašeks »Schwejk«.

»Der Töter« aus: »Erzählungen«. Verlagsgemeinschaft Ernst Klett – J.G. Cotta'sche Buchhandlung Nachfolger GmbH, Stuttgart, 1981. Aus dem Finnischen übertragen von Manfred Peter Hein.

Mario Rigoni Stern, geb. 1921 in Asiago/Venetien, lebt dort. – Er veröffentlichte Kurzgeschichten und Romane; sein Tagebuch »Il sergente nella neve/Alpini im russischen Schnee« wurde 1953 ins Deutsche übersetzt. Als Soldat an den Kämpfen in Frankreich, Griechenland, Albanien und Rußland beteiligt.

»Begegnung in Polen« aus: »Füchse unter Sternen. Erzählungen«. Akazienbuch. Fretz & Wasmuth Verlag, Zürich 1964. Aus dem Italienischen übertragen von Alice Vollenweider.

Jules Roy, geb. 1907 in Rovigo/Algerien, lebt auf einem Gut in den Pyrenäen. – Er veröffentlichte Gedichte, Romane, Theaterstücke, Reportagen, Essays. Berufssoldat, später Leiter des Informationsdienstes der französischen Luftwaffe. War ab 1942 in England an Aufklärungsflügen und an Bombardierungen Deutschlands beteiligt.

»Der Knotenpunkt« aus dem Roman: »Das glückliche Tal«. Der Auszug erschien in: »Frankreich erzählt. Dreizehn Erzählungen«. Ausgewählt und eingeleitet von Pierre Berteaux. Fischer-Bücherei 398. S. Fischer Verlag, Frankfurt am Main 1961. Aus dem Französischen übertragen von Hanns Grössel.

Budd Schulberg, geb. 1914 in Hollywood, lebt auf einer Farm in Pennsylvania. – Er veröffentlichte Kurzgeschichten und Romane, die auch als Filme Welterfolge wurden, u. a.: »Schmutziger Lorbeer« und »Die Faust im Nacken«. Von 1943 bis 1946 diente er in der US-Navy.

Genug« aus: »Gesichter in der Menge. Zwanzig Stories«. C. Bertelsmann Verlag, München 1962. Aus dem Amerikanischen übertragen von Rudolf Rocholl.

Irwin Shaw, geb. 1913 in Brooklyn/New York City, lebt in der Schweiz. – Er veröffentlichte Dramen, Kurzgeschichten und Romane, u. a. den Welterfolg »The Young Lions/Die jungen Löwen«, worin er die Schicksale eines Deutschen, eines Amerikaners und eines Juden auf den Kriegsschauplätzen des Zweiten Weltkriegs schildert. Offizier der US-Army in Europa.

»Leutnant Dumestre« aus: »Rückblick und 26 andere gesammelte Erzählungen«. Verlag Fritz Molden, Wien – München – Zürich – New York 1981. Aus dem Amerikanischen übertragen von Peter Motram und J. Czernicky.

Konstantin Simonow, geb. 1915 in Petrograd, gest. 1979 in Moskau. Er veröffentlichte Gedichte, Poeme, Erzählungen, Romane, Tagebücher. Welterfolg mit seinem Stalingrad-Roman »Tage und Nächte«. Im Zweiten Weltkrieg Frontberichterstatter.

»Der dritte Adjutant« aus: »Sowjetische Erzählungen der 30er–50er Jahre«. Damnitz Verlag, München 1978. Aus dem Russischen übertragen von Thea-Marianne Bobrowski.